共同富裕：浙江农家践行（2003—2018）

Common Prosperity: The Development of Rural Households Economy in Zhejiang Province (2003-2018)

高晶晶　高国栋　史清华　著

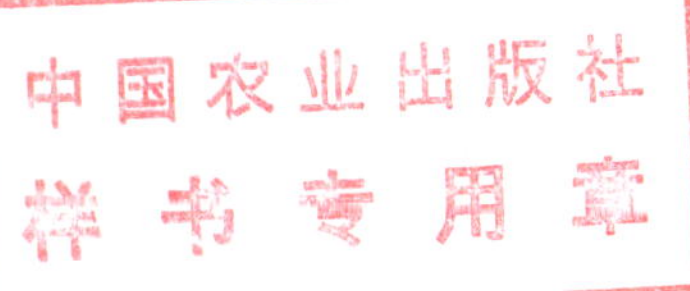

中国农业出版社
北　京

图书在版编目（CIP）数据

共同富裕：浙江农家践行：2003—2018 / 高晶晶，高国栋，史清华著. —北京：中国农业出版社，2022.6

（华村一家丛书）

ISBN 978-7-109-29534-6

Ⅰ.①共… Ⅱ.①高… ②高… ③史… Ⅲ.①共同富裕－研究－浙江－2003－2018 Ⅳ.①F127.55

中国版本图书馆 CIP 数据核字（2022）第 105027 号

共同富裕：浙江农家践行（2003—2018）

GONGTONG FUYU：ZHEJIANG NONGJIAJIANXING（2003—2018）

中国农业出版社出版

地址：北京市朝阳区麦子店街 18 号楼

邮编：100125

责任编辑：潘洪洋

版式设计：杜　然　　责任校对：沙凯霖

印刷：北京中兴印刷有限公司

版次：2022 年 6 月第 1 版

印次：2022 年 6 月北京第 1 次印刷

发行：新华书店北京发行所

开本：720mm×960mm　1/16

印张：18.75

字数：252 千字

定价：68.00 元

本书出版得到以下基金的资助与支持

国家自然科学基金

新时期扶贫开发理论与政策研究（71833003）

农村要素市场改革对中国经济增长的影响研究（71603154）

城镇化背景下的劳动力转移与村庄秩序问题研究（71773076）

化学农资施用的内在机理以及减控或替代方式研究（71973094）

中国农村贫困成分的识别、分解及其改变的路径研究（71673186）

粮食安全背景下农户储粮行为的变化及其内在机制研究（72173085）

互联网视角下返乡农民工创业及其对农村多维减贫的传导机制研究（71803032）

经济增速放缓下的农民工就业：面临的问题、影响程度与对策研究（72073087）

国家社会科学基金

劳动力流动视角下健全城乡融合发展机制研究（21&ZD077）

本书出版得到以下机构与基金的支持与资助

浙江省农业农村厅

全国农村固定观察点办公室

上海交通大学安泰经济与管理学院出版基金

上海市人民政府决策咨询研究基地顾海英工作室

“华村一家丛书”总序

华 村 一 家

随着通信技术的发展，传统的由山河湖海分割的地球似乎一下子变了个样，无论是东西的黑夜与白昼，还是南北的酷暑与严寒，自然的区分与障碍似乎都已被科技进步所穿越。世界已经进入一个村庄时代，人们形象地称这个时代为“地球村时代”。

在这个地球村中，居住在东部的华夏人，在上天赋予的极为有限的生存条件下，创造了辉煌的文明。尽管在五千年文明史中，他们时有分合，但渴望统一的华夏人，用自己的聪明才智发明了世界上历史最为悠久的文字之一：方块字，从而找到了彼此交流与沟通的“语言桥梁”。在秦的“车同轨，书同文”规制下，华夏人聚合在一起，形成中华大家庭。生活在这个大家庭的华夏人普遍认同“天下华人是一家”，这已成为生长在这个大家庭中的每一位成员生命中所固有的特征，“龙”作为这个群体的图腾，使得这群人的凝聚力更加强大，无论走到哪里，都自称“龙的传人”。1984年春节联欢晚会上，张明敏先生的一曲《我的中国心》把全球华人聚合在一起，好似一家。从此每逢春节，不论身处何地，华夏儿女都会聚合成一个家庭，唱响这首曲子。一个特色鲜明的“华村一家”由此展现在全球各个角落。

尽管随着时代的发展和科技的进步，华夏文明已从传统的农耕文明向现代工业文明、信息文明演变，但五千多年的传统文化依旧在传承、在发扬、在光大。在工业化、信息化、城市化以及农业现代化强力推进过程中，城乡融合，共同富裕，“华村一家”，特色尽显。

团 队 形 成

作为“华村一家”的子民，我们有义务也有必要对生活在这个大家庭中的成员之行为进行专门研究，由此我们组建了“华村一家”研究团队。结合所学与自身能力，团队执着于研究华村人家的传统行为及其演变，这一行为可以用三个“传统”来概括：**传统居处行为，传统就业行为，传统身份地位**。我们的研究最早可追溯到20世纪80年代初，尽管在那时，作为团队领头人的我还是一名在校本科生，但受所学经济与管理专业的影响，在学习期间就开始了对农家的访问。在那时，我们的访问不叫访问，而叫“实习”，我们的实习是吃在农家，住在农家，与农家同乐式的实习。四年本科，有寒暑两假实习，有课程实习，还有毕业实习，这些实习有的是有组织进行，有的是自己独立进行，累计到农家访问或实习达半年以上。这些实习让我有限的书本学习与实践真正地结合在一起，从中体会到“纸上得来终觉浅”。诚然，我生于农家、长于农家，但真正对中国北方农家更深入地了解还是通过这些实习。大学毕业后，我考取了研究生，但专业依旧未变，到农家访问的次数越来越多，访问涉及的区域也越来越广，从农家得到的见识也越来越丰富。我的硕士学位论文《银川市郊区产业结构转换研究》的完成正是基于对宁夏银川郊区农家访问的结果。研究生毕业后，我被分配到一个研究所工作，最初一年即是作为山西省委农村工作队队员到基层农村进行“三同”（同吃、同住、同劳动）工作。有了学生时代的实习经历，对这一年的“三同”工作自感信心十足。我所在的村隶属于国家级贫困县，那里的生产水平相对较低，生活水平相对落后，经过一户一户地访问与了解，以及与村干部协商，结合我所在的工作单位山西省农业科学院之优势，我们采用更新农作物品种策略，实施了农作物产量“倍增计划”。实施之初便遇到重重困难，其中最为困难的是村民缺少购买良种的资金。根据实际情况，我们采用物物兑换的方式，实现了当家品种的全部更新，当年该村的玉米、大豆以及次年的小麦等主要粮食作物均实现了产量倍增。朴实的屯留县余吾镇河头村人对我们的努力给予了“丰厚”的回报：对我们这些他们心目中的“公家人”给予了最好的招待。我们一天一家到各户轮着吃饭，尽管各家的饭菜不同，有的丰盛，有的简朴，但对于每一户人家来说，他们都拿出了自家最好的东西招待我们，都是在用心“敬”我们。从他们的眼神中，我看到了什么是庄稼人的质朴，庄稼人期望的“公家人”是什么样子，党的富民政策应当定位在何处，“公家人”应如何把党的富民政策贯彻到庄稼人心里。

有了学生期间的农家实习，有了工作头年的“三同”生活，我深感研究中国“传统与变迁”意义重大。所以在接下来的30多年“三农”问题研究与教学工作中，着力打造“华村一家”团队就成为我义不容辞的责任和使命。团队的建设构想起源于20世纪末我在中国农业大学攻读博士时。我的博士论文选题即是“农户经济增长与发展研究”。真正开始团队建设则是我进浙江大学做博士后的事。尽管那时的我还只是浙江大学一名准工作人员，但在开明教授黄祖辉先生的支持下，临时组团开展的中国农户研究事业已初露头角。2001年博士后出站正式进入上海交通大学后，团队建设就成为当务之急。我深知，团队建设的核心是人，可在研究所工作多年的我，只是对研究所的团队建设比较了解。研究所的团队建设有相对固定的人员组合，而大学则不同，特别是研究型大学，其研究团队的建设除了有相对固定的几名合作者外，更多的是来来去去的学生。大学的研究团队就如一座兵营，有铁打的江山，没有铁打的兵，但也有不变的魂，即学风。正是基于此认识，“华村一家”团队从最初组团开始就狠抓学风，以兴趣培养为核心，以能力考核为手段，以事业进取为目标，着力打造团队中的每一位成员。

自2002年组团以来，团队在我的带领下，以上海交通大学强大的经济管理学科实力做后盾，以做强做精为目标，通过自身在国内农业经济管理学科研究的优势与人脉，与学科组顾海英教授、于冷教授一道合作，于2003年底以跨越式思维完成了“农业经济管理”博士学位授权点的申报并成功获批。2004年正式开始了上海交通大学农业经济管理博士生招生与培养工作。经过近20年的努力，我们的团队建设进入了一个完全的生长季，有艰辛繁忙的春种、有硕果累累的秋收。鉴于我们的业绩，“华村一家”研究团队于2012年荣获上海交通大学首届“十佳科研团队”称号。

团 队 绩 效

人才培养与绩效 截至2021年底，我作为“华村一家”团队牵头人已直接培养硕士研究生22名、博士研究生12名，博士后1名，目前在校博士生4名，硕士生4名，博士后2名。总体上看，团队的研究生培养是比较成功的，特别是博士研究生的业绩非常突出。

程名望同学，作为博士开门弟子，让我实现了一把人人都期盼的“开门红”。其实，这一期盼最初也仅仅就是一个期盼，属于“非分之想”。要知道名望的开局是比较低的：本科“双非”、硕士边疆211，考博成绩又有短板，以至于要接受“自费”才能达到入校门槛，这对于一位来自普通农家的孩子来说，条件是多么地苛刻。但也正因如此开局，让一位极为珍惜机会又拥有极强韧性的人有了搏击之动力。程名望的业绩走势着实让老师们、让同窗们感到意外，博士期间的一波优异业绩，为他登顶交大文科“珠峰”奠定坚实基础。三年艰辛，程名望最突出的表现是为上海交通大学安泰经济与管理学院博士研究生培养开了两个先河：一是率先在国内顶尖期刊《经济研究》（2006）上发表论文，二是率先代表上海交通大学文科获得上海市优秀博士论文（2008）。2007年毕业后进入国内“985”名校同济大学，教学与科研能力得到全方位展示，不仅被评为“上海市优秀青年教师”，还入选上海市三大人才计划：浦江学者、曙光学者和东方学者（上海市特聘教授），其成果两获上海市哲学社会科学优秀成果一等奖，一获教育部人文社科优秀成果一等奖。2014年晋升教授，2018年入选“教育部青年长江学者”，2021年入选“教育部长江学者”，成为“华村一家”团队名副其实的学科带头人。程名望的表现给了当下人才招聘“出身论者”一记响亮的耳光。“英雄莫问出处”，不仅是过去，也是现在，乃至未来社会发展的一个重要方向。

徐翠萍同学，是团队中的“大姐大”。出身“名门”浙江大学，但本硕博连跨化学、企业管理、农经三个学科，能够坚持下来真的不容易，能够优质完成博士学业更难能可贵。攻博期间，如其所誓“绝不给老师丢脸”，她不仅在国内顶尖刊物《管理世界》（2007）和《中国农村经济》（2009）上有论文发表，更在国际农经顶尖刊物 *Journal of Agricultural Economics*（2012）上有论文发表。挟其师兄之势，以巾帼不让须眉之勇，在2013年又为师门赢得两个宝贵好评：上海市优秀博士论文，全国优秀博士论文提名。她的这一努力为交通大学农经学科在上海滩站稳脚跟、在全国崭露头角立下汗马功劳。毕业后先赴浙江工业大学教学，随后赴美从事数据挖掘工作。同时，她还是三个宝宝的"超人"妈妈。能干的人，不论性别，不论专业，不论地方，都会有靓丽业绩展示，虽在异国他乡工作，也多次赢得上司的口头表扬和公司的书面表彰，作为导师我知道后别提心里有多高兴。

晋洪涛同学，作为团队首位在职攻读博士学位的成员，在年龄、"出身"以及时间均不占优的情况下，高度珍惜这个机会，紧跟其师兄与师姐之行，同样在攻博期间实现了在顶级期刊《管理世界》和《中国农村经济》发文的梦想，其博士论文出版后还获河南省哲学社会科学优秀成果二等奖，他本人也因教学业绩优秀获"河南省优秀青年教师"称号。其最突出的表现是，攻博期间利用自己在职身份，成功申报并获国家社科和国家自科两个基金项目，这也为其在原单位破格晋升副高职称奠定了坚实基础。晋洪涛的努力，也让我在研究生招生中对在职学生给予格外关注。当然，他的努力也让我品尝到清代诗人龚自珍的梦想实现之味："九州生气恃风雷，万马齐喑究可哀。我劝天公重抖擞，不拘一格降人才。"诚然，在当今这个社会，我们不需要那么多的抱怨，要的是脚踏实地，要的是一步一个脚印，相信汗水总会浇出鲜花，相信天公总会有抖擞之时。

俞宁同学，上海交通大学农经学科的"穿三甲"。招他入门的初衷本是冲击国家（百篇）优秀博士论文，可他的志趣不在"方块字"的编排，而是"ABC"的排列与组合，国际化是他的梦想，由此他也成为"华村一家"团队中一个典型的"另类"。从攻博开始，他就在国际经济学期刊 *China Economic Review* 崭露头角，随后相继在 *Economics Letters*、*Economic Theory*、*Economic Theory Bulletin*、*Social Choice and Welfare*、*Journal of Economic Theory*、*American Economic Review*、*Journal of Econometrics* 等期刊上连续发表多篇学术论文。俞宁不仅是安泰学院首个在国际经济学顶尖刊物发文的博士研究生，而且发表的级别一次次在提升。在国内获得博士（管理学）学位后，他到美国斯坦福大学深造，取得第二个博士（经济学）学位，毕业后留美在埃默里大学任助理教授。2018

年他的学术论文“Context-dependent choice as explained by foraging theory”在 *Journal of Economic Theory* 上发表，助其实现教授梦（南京审计大学），其学术成果先后获中国信息经济学乌家培奖和江苏省哲学社会科学优秀成果一等奖，他本人也于 2020 年晋升“教育部青年长江学者”。2021 年江苏省授予其“留学回国先进个人奖”。目前他兼任中国信息经济学会学术委员会委员与基础理论专委会副主任、中国运筹学会博弈论分会副秘书长、中国经济学年会微观理论与行为经济专委会委员。在我看来，他的聪明最显著的表现就是关于“Arrow's Impossibility Theorem”的证明，全文一页 A4 纸，让这一证明由最初 Arrow 本人的 40 页（1951），到他人简化的 28 页，再到俞宁的仅 1 页，诺贝尔经济学奖得主 Arrow 本人看了都说：“Your proof is really nice，short，and，more important，transparent. It gives an insight into the way the assumptions work.”不可否认，聪明用在学术研究上，其价值将是无限的。

盖庆恩同学，我的山西老乡，同样出身“名门”哈尔滨工业大学，与其师姐一样从本科的材料学专业跨到硕士的管理学专业，进而再跨到博士的经济学专业，可谓学科大跨度之学者。这样的学科大跨度学者，必然有超强能量，其在安泰 4 年及随后的表现也证明了这点。盖庆恩在师兄师姐的影响下，为“华村一家”团队再创辉煌，攻博期间先后在《管理世界》《经济研究》和《经济学（季刊）》连发四篇高质量学术论文，博士论文也于 2016 年获得上海市优秀博士论文称号，为上海交通大学应用经济学科在上海滩的地位提升再立一功，他的努力让“华村一家”团队第三次获此殊荣。毕业后，他到上海财经大学工作，科研能力得到全面展示，在国内顶级期刊《经济研究》和《管理世界》上年均发文 1～2 篇，助其获得讲席副教授一职。

彭小辉同学，是我培养的第二位在职博士，也是继其师兄晋洪涛后，在攻博期间获取国家项目，同时晋升副高职称的博士。他在攻博期间的业绩，相对其本科“双非”背景来说可圈可点，有《管理世界》论文，也有《中国农村经济》论文，工作后也有国家社科项目“进账”，其成果多次获得上海市、江苏省以及教育部人文社科二、三等奖。现就职于南京师范大学。

袁方同学，是我在2011年安泰夏令营平台发现的一名优秀本科生，也是安泰2010年开办硕博连读项目以来我首次从这一平台招收的学生。袁方资质不错，本科华中农业大学，属于211院校，其最大的亮点就是对问题的判别与他人不同，且有"穷追"之精神。其在进入交通大学第二年，就因一篇管理思想史的课程论文《不平等之再检验：可行能力和收入不平等与农民工福利》让人刮目相看，论文修改后在《管理世界》(2013)的发表更是彰显了其后生可畏。从这篇论文出发，先后引发了两个国家自科基金的成功申报。袁方攻博期间先后两次获得国家奖学金，成为"华村一家"团队获国奖的第一人，也是团队成员在攻博期间赴外访学（美国南加州大学）的第一人，同时还是安泰学院开办硕博连读项目以来首位按时(5年）完成博士学业的研究生。袁方的突出表现是，开创了团队在校学生借助导师名义争取国家基金的先例，同时他也是用自己努力争取来的项目，资助自己完成学位论文的首位博士。毕业后他远赴广东外语外贸大学就职，目前为副教授。

张锐同学，我在安泰带的第三位在职博士，智商一等一，勤奋略需提升，为团队开辟农村能源新领域，在《管理世界》和国际顶级刊物都有论文。在跟随导师先后获得上海市、教育部人文社科优秀成果二等奖的同时，其以博士论文为蓝本出版的专著于2021年又获浙江省哲学社会科学优秀成果二等奖，可喜可贺！目前就职于浙江财经大学，副教授。

刘彬彬同学，是我在母校西北农林科技大学招来的一名博士生，为人踏实、处事简单，同时她还是一位非常有福气之人，是团队中真正验证了"吃亏是福"者。继其师兄袁方后，她是第二位在校期间借助老师名号获取国家自科基金支持的学生，同时也是将成果成功地发表在《管理世界》(2017）和《中国农村经济》(2018）上，并获上海市哲学社会科学优秀成果二等奖的学生。她的典型表现：开创团队成员博士期间两获国家奖学金先河，并为团队赢得首个"上海市优秀（博士）毕业生"称号。目前她在华东政法大学任教。

高晶晶同学，也是我的山西老乡，本科就读于厦门大学，硕士就读于中国海洋大学，博士来到上海交通大学，在安泰跟随我完成自己最后的学业。在其师兄袁方和师姐刘彬彬的影响下，以两篇高质量的工作论文，赢取了国家自科基金评委的好评，从而实现自找题目、自寻资助的博士学业梦。在这条路上，高晶晶虽然不是第一人，前面有师兄袁方、师姐刘彬彬，但她的努力让我在带博士的探索道路上又一次看到曙光，不是一定要有高质量的学术论文发表才可以实现国家基金资助梦，而是一定要有高质量的研究。评委们眼睛是雪亮的，是有非常高的鉴别能力的。在得到国家基金资助后，其博士期间的成果在顶级刊物《管理世界》（2019、2021）、《中国农村经济》（2019）、*China Agricultural Economic Review*（2021）相继发表就是证明。目前高晶晶同学在母校交大做博士后。

方聪龙同学，来自福建厦门，厦门大学是其母校。为人厚道，是师弟师妹最“宠爱”的师兄。学业上做得尚可，论文有《管理世界》，有《中国农村经济》，也有《农业经济问题》等，但因交大出国访学的新规——需要一篇C类SSCI论文的要求让其博士梦推后了近3年才实现。博士学业之艰辛，在方聪龙身上体现得淋漓尽致。怎么说呢？好事坏事都是事，晚有晚的好处，正因学校的特别要求，他才有了新的机会。2020年家乡福建省政府来上海招人，他成功入选，并以副教授的身份加盟福建农林大学，真应了一句话：“退一步海阔天空。”同窗入职高校数年才能够拿到副高职级，他却直接以副高身份入职，谁能说这不是意外惊喜？

范娇娇同学，山东人也，本硕学业也均在家乡完成，首次出省来到上海师从于我。由于在硕士期间做的是贸易方向，故博士论文的选题也就顺延下来。她的博士选题应当说也属于“华村一家”团队研究领域的拓展。尽管在博士期间，没有实现其师兄与师姐们开创的“自找项目，自寻资助”之路，但这不是她的问题，范娇娇同学为此努力了，且不止一次，只是幸运之神没有在她身上降临而已。“失之东隅，收之桑榆”，从中国海洋大学来到上海交通大学，硕士导师为其准备的丰厚“陪嫁”——硕士阶段在贸易方面的研究积累，让其很快就有了几篇SSCI论文，她也正是借此顺利完成了博士学业。

我的博士生，业绩突出不只表现在论文发表上，还表现在项目研究与成果获奖上。在项目申报方面，毕业的博士中有四位在校期间获得过各类项目资助。程名望、徐翠萍、晋洪涛等三位获得上海市科委博士生论文研究资助；徐翠萍和晋洪涛两位获得上海交通大学优秀博士论文培养基金资助；晋洪涛和彭小辉两位在校期间以在职身份分别获得国家自然科学基金（U1204707）和国家社会科学基金（10CGL048 和 14CJY082）项目共三项。还有四位借导师之名号，通过“自找选题，自寻资助”方式成功争取到国家自然科学基金面上项目 5 项，其中袁方 2 项（71473165 和 71673186），刘彬彬 1 项（71773076），高晶晶 1 项（71973094），魏霄云 1 项（72173085）。在成果获奖方面，程名望同学的博士论文除了获得上海市优秀博士论文奖（2008）外，在由同济大学出版社出版（2012）后又获上海市哲学社会科学优秀成果一等奖（2014），其在《经济研究》（2006）发表的论文还于 2008 年获中国农业经济管理学科国内最高奖“第三届中国农村发展研究（论文）奖”，与我等合作完成的专著《长三角农家行为变迁：1986—2005》（2007）于 2008 年获上海市哲学社会科学优秀成果三等奖；程名望、徐翠萍与我合作完成的论文《中国农业新政策变化的政策效应》（2007）于 2008 年获上海市邓小平理论研究与宣传优秀成果（论文）三等奖；程名望博士尽管 2007 年就已毕业，但一直与导师以及团队成员盖庆恩、俞宁等进行合作研究，合作成果于 2018 年获上海市哲学社会科学优秀成果一等奖、二等奖各 1 项，于 2020 年获第八届教育部人文社科优秀成果一等奖；徐翠萍同学的博士论文获评上海市优秀论文（2013），获得教育部（百篇）优博论文提名（2013）；晋洪涛同学的博士论文由中国农业出版社出版（2013）后获河南省哲学社会科学优秀成果二等奖（2014）、河南省教育厅人文社科优秀成果特等奖（2014）；晋洪涛、卓建伟与我合作完成的论文《征地一定降低农民收入吗：上海 7 村调查》（2011）于 2012 年获得上海市邓小平理论研究与宣传优秀成果（论文）三等奖；盖庆恩、朱喜与我合作完成的论文《要素配置扭曲与农业全要素生产率》（2011）于 2012 年获上海市哲学社会科学优秀成果三等奖；由程名望、徐翠萍、张跃华、晋洪涛、俞宁等参与完成的《中国农家行为研究》（2009）一书于 2011 年获国家新闻出版总署“三个一百”原创作品工程奖，2013年获第六届教育部人文社科优秀成果二等奖，2016年获第六届张培刚发展经济学研究优秀成果奖，并于2021年列入国家社科基金中华外译项目名单；晋洪涛等与我合作完成的《中国农村文化市场发展研究》（2012），先是得到国家出版基金项目支持，列入国家新闻出版总署“迎接党的十八大主题出版重点出版物”系列，之后于2014年分别获第六届中国农村发展研究奖提名，上海市哲学社会科学优秀成果二等奖；彭小辉、张锐与我合作完成的论文《中国农村能源消费的田野调查》于2016年获上海市中国特色社会主义理论体系研究与宣传优秀成果二等奖，获江苏省哲学社会科学优秀成果三等奖，获第七届中国农村发展研究奖提名，于2020年获第八届教育部人文社科优秀成果二等奖；张锐同学的博士论文出版后，于2021年获浙江省哲学社会科学优秀成果二等奖；彭小辉等与我合作完成的专著《山西农家行为变迁：1986—2012》，2018年荣获江苏省哲学社会科学优秀成果三等奖；刘彬彬等与我合作完成的论文《劳动力流动与农村社会治安：模型与实证》于2018年获得上海市哲学社会科学优秀成果二等奖；我与高晶晶、卓建伟合作完成的《中国终身教育体系构建的“最后一公里”》，获上海市社会科学界第十七届（2019）学术年会优秀论文奖。此外，晋洪涛等同学参与的数项成果还获得上海市决策咨询一、二、三等奖数个。综上可见，团队在打造成员的研究能力的同时，也在不断展示他们的研究实力。

与已毕业研究生相比，在校博士生的业绩虽有限，但发展潜力已有显现：魏霄云同学在《中国农村经济》（2020）和《新疆农垦经济》（2019、2021）等国内农经刊物上有所表现；沿着师兄与师姐之路，在“农家粮食储备与安全”主题方面的探索性努力，也让其借导师名号，以“粮食安全背景下农户储粮行为的变化及其内在机制研究”（72173085）为选题实现了获国家自科基金资助的梦想。胡涟漪同学虽刚入门，但其“陪嫁品”——《流动劳动力的经验与低估的全要素生产率》已入选《中国农村经济》《中国农村观察》第五届“三农论坛”优秀论文。韦伟、金扬扬同学也在努力。同学们的这些表现为团队的发展奠定了基础。

从这个角度看，我们团队的发展方向是正确的。通过良好学风建设，在师生共同努力下，通过团队协作和有序分工，使得整个团队规模不断壮大，实力不断增强，创新与发展能力呈大幅提升态势。

项目申请与绩效 一个团队的形成与持续发展，需要有源源不断的项目支撑。“华村一家”团队正是得力于国家两大基金的持续支持才得以良好健康发展。从组建以来，“华村一家”团队先后申请并获批项目 40 余项，在这些项目中，国家两大基金项目是核心（累计 39 项），也是支持团队稳步发展的基础。国家自然科学基金项目 32 项，其中面上项目 20 项（史清华：70173016、70673065、71073102、71273171、71473165、71773076、71973094、72173085；朱喜：71273172、71473163 和 72073098；张跃华：70873102 和 71373228；程名望：71173156、71373179、71673200 和 71873095；卓建伟：71673186；俞宁：72073072；盖庆恩：72073087），应急项目 2 项（史清华：70141022 和 70941027），青年项目 5 项（朱喜：70703023；盖庆恩：71603154；袁方：71803032；孙善侠：71803125；张帅：72104185），人才项目 1 项（晋洪涛：U1204707），国际合作 2 项（史清华：70710001；朱喜：71010107035），地区项目 2 项（周波：71063010 和 71263023）。国家社科基金 7 项，其中重大项目 1 项（史清华：21&ZD077），一般项目 3 项（史清华：03BJY061；赵德余：08BJL057；彭小辉：21BJY239），艺术专项 1 项（史清华：07BG49），青年项目 2 项（晋洪涛：10CGL048；彭小辉：14CJY0821）。此外，还有教育部重大项目 2 项（程名望：15JZD026；赵德余：20JZD031）、国际合作项目 1 项、博士点基金以及其他省部级项目若干。

团队在前进过程中，不仅重视项目的申报，还重视项目的研究。我们的研究成果通过论文、专著以及研究报告的形式不断向社会公布。团队组建以来，先后出版专著 21 部，在国内顶尖经济管理类期刊发表论文 100 余篇，其中在《经济研究》《管理世界》发表近 30 篇，在《中国农村经济》《农业经济问题》发表 30 余篇。论著的转载引用与获奖频度也非常突出，先后有十几篇（部）获得不同层次的优秀奖，其中 5 部（篇）分别于 2008 年获中国农业经济管理学科最高奖——杜润生奖、2014 年和 2016 年获杜润生奖提名奖，两部专著分别于 2009 年和 2013 年获教育部人文社科优秀成果二等奖，一部专著分别于2011年获得国家新闻出版总署“三个一百”原创工程奖和2016年第六届张培刚发展经济学研究优秀成果奖；两部专著于2001年和2014年分别获浙江省和上海市哲学社会科学优秀成果一等奖，四部专著分别获浙江省（2004年和2021年）、上海市（2014年）和河南省（2014年）哲学社会科学优秀成果二等奖，两部专著于2008年和2018年分获上海市和江苏省哲学社会科学优秀成果三等奖。随着团队研究水平的提高，论文的国际化程度也在不断增强，2010—2021年连续有20余篇SSCI与SCI类高质量论文发表，发表国际A级论文JET、AER、JE等的目标在俞宁的努力下也成功实现。由团队负责人主持的数个国家自然科学基金项目，在基金委后评估中均被评为“优”。团队承担的一个国家社科艺术专项也被评为“优秀”，得到国家出版基金资助出版，并列入国家新闻出版总署“迎接党的十八大主题出版重点出版物”。我们的研究成果在得到社会认可的同时，还得到政府的认可，有十几个成果被政府授予科技进步奖与决策咨询奖，一个成果（《关于中国粮食安全的千村万户调查报告》，2012）得到时任国务院副总理回良玉的批复，并于2014年获上海市哲学社会科学（内部探讨）优秀成果奖，还有两个关于“扶贫”和“老年教育”问题的成果，分别得到中央常委和民进中央批示。显然，团队的做精做强目标已得到充分实现。

团队发展与经验 团队经历20年的发展能取得如此进步，一个重要原因是团队发展的基础工作做得比较扎实。我们的研究对象是中国农民行为，对拥有庞大群体的不同层面的农民行为数据的积累就成为团队实现不断的自我超越的一个重要法宝。尽管我们起家是依靠全国农村固定跟踪观察点的观察数据支持，但助力团队实现不断超越之梦想的却是拥有完全自主知识产权的日积月累的农民行为田野调查数据。从2002年开始，团队就非常注重田野调查，每年要花大量时间与经费用于田野调查，学生在此过程中也得到充分锻炼，对研究对象有了充分了解。截至2021年，团队累计已获得农家样本数据10余万份，我们的论著与成果形成很大程度是依托这些调查数据。当然，拥有丰富的一手资料是实现成果创新的基础，但别样的人才培养制度才是提升成果档次的根本。团队的人才培养思路是：因人而异，有教无类。在人才培养与项目完成之间，团队优先人才培养。团队深入挖掘学生的兴趣，顺着他们的兴趣找到支撑其发展的研究方向，然后全力支持学生的发展。尽管这样做可能会耽搁项目的完成，但也正因为有此担心，我们的项目申请思路也相应做了调整，申请项目的实质是对已完成成果的进一步提升。这样做不仅可以保证项目成果的质量，也更有利于人才的培养，实践也肯定了团队的这一做法（项目研究成果质量与人才培养质量实现双高）。正是在这一思路的指导下，学生们在团队做研究的压力大大减小，而研究兴趣则大大增强，由此研究成果呈现一种不断提升的状态。

当然，一个研究团队的形成与发展离不开它存在的环境，“华村一家”研究团队的存在与发展也一样。它的形成与发展首先得益于上海交通大学安泰经济与管理学院良好的研究氛围。其次得益于精诚团结的安泰经济与管理学院“三农组合”（学界形象地将研究农村问题见长的顾海英教授、研究农业标准化问题见长的于冷教授、研究农民问题见长的史清华教授称为“安泰三农”）。如果论起研究团队的话，我们仅是小团队一个，真正的上海交通大学农经研究团队应是“安泰三农”团队。第三得益于两个重要兄弟单位——浙江大学和南京农业大学农经学科组的支持与提携。为提升我们交通大学农经学科的发展水平，南农钟甫宁教授、浙大黄祖辉教授与交大顾海英教授等协商共同发起的“长三角研究生三农论坛”已持续健康运行了 19 年（2003—2021）。作为这一论坛交大方的领队，我持续参与并见证了论坛的发展与我们学生的成长，深深感知论坛对交大“安泰三农”团队以及“华村一家”团队的影响与价值。“华村一家”团队的强劲发展说到底是一个天地人和的发展。这里的“天”指的是国家对“三农”问题的重视，特别是对农民问题的重视；“地”指的是学校与学院两级对我们“三农组合”的支持与“三农组合”的精诚合作以及长三角两兄弟单位的大力支持；“人”指的是团队特色的人才培养思路与学生的努力进取，三者缺一不可。

品 牌 确 立

随着团队的发展，我们日益感觉到确立一个品牌非常有必要。尽管我们的产品类型多样，有学生、有论文、有专著，还有研究报告，用一个品牌向外推介有难处，但对于专著则便于收集，方便读者查询。因此，我们于2013年决定将团队成员的专著以“华村一家”为品牌进行出版。目前本团队用此编号已出版专著9部，加上以往出版的专著，累计已达23部。对于已出版的专著，我们将名录附于书后，供读者查阅与参考。

原稿写于上海市闵行区好第坊

2013年2月22日

第九次修订稿完于上海交通大学闵行校区

2021年12月5日

序　一

全国农村固定观察点调查系统是1984年经中央书记处批准建立（中办发〔1984〕37号文件）、1986年正式运行的农村经济社会典型调查系统。该系统在全国选择了300多个村庄、3万多农户作为固定观察对象，进行长期连续的跟踪调查，是中央直接了解农村经济社会变化发展情况及农村政策实施效果的重要渠道和窗口，为中央制定“三农”政策、做出“三农”工作决策提供了重要参考依据。

浙江省共有10个农村固定观察点村，现每个观察点（村）有50户固定观察户。按照全国农村固定观察点办公室的部署，每年开展年度常规调查和若干专项调查。自1986年开展农村固定观察点工作以来，积累了大量的村户调查数据和调研材料，记录了村庄和农户变迁发展过程，为各级党委政府“三农”工作决策提供了重要参考，也为科研机构和社会各界研究“三农”发展和乡村振兴提供了宝贵的素材和资料。

抓好农村固定观察点调查数据开发利用，服务各级党委政府“三农”决策，助力农民农村共同富裕和乡村全面振兴，是农村固定观察点工作的重要任务。浙江省各级农村固定观察点主管部门十分重视与科研机构、高校等单位合作进行观察点数据开发研究。上海交通大学史清华教授牵头的“华村一家”团队，与浙江省农村固定观察点主管部门进行了长期的、卓有成效的合作，以浙江农村固定观察点调查数据为基础，出版了多部研究浙江农村经济发展的专著，为探寻浙江“三农”发展足迹和“密码”、宣传浙江“三农”工作成效和经验发挥了重要作用。

这次出版的《共同富裕：浙江农家践行（2003—2018）》，是上海交通大学“华村一家”团队与浙江省农业农村厅合作开展农村固定观察点调查和数据分析研究的又一重要成果。该书以浙江省农村固定观察点2003年以来调查数据为基础，深入研究农户家庭和人口、就业和收入、生产和消费等方面的发展变化和影响因素，展示了浙江农民农村从摆脱贫困到实现全面小康、到推进乡村全面振兴、再到走向共同富裕的发展变迁历程，是展现中国特色社会主义制度优越性、体现浙江“三农”走在全国前列、了解浙江农民农村率先走向共同富裕“密码”的一个有价值的窗口。

期待上海交通大学“华村一家”等团队与浙江省农业农村厅在开展农村固定观察点调查和数据分析研究合作中取得更多更好的新成果！

王通林

2022年3月

序　二

共同富裕是中华儿女的千年梦想，是中华民族伟大复兴的硬核标志，也是中国共产党人的初心使命。家国情怀、以小见大，脚踏希望大地，眼观四海风云，小切口大场景一直是社会科学研究最重要的思想方法之一。家是国之基，国是千万家，家旺国可盛，国盛家可旺。经济学是研究“百家兴旺”和“国家昌盛”的学问。中国是历史悠久的农业大国，“大国小农”是最基本最重要的国情农情，以农为本的村落农户经济是中国经济的基础和压舱石，也是中国共同富裕的重点难点基础点。由史清华教授发起、牵头并领衔的“华村一家”研究团队，以浙江农村十村固定观察点农户数据分析入手，溯及全国农村固定观察点农户数据的分析，并和自己团队的田野调查相结合，几十年专心潜心用心于中国农户家计研究，成就了改革开放以来中国“三农”问题中异军突起的一个优秀研究领域、优秀研究团队，取得了丰硕的研究成果。

浙江是五千年中华文明的实证地、中国革命红船起航地、改革开放先行地，也是习近平新时代中国特色社会主义思想的重要萌发地。习近平总书记当年任浙江省委书记主政浙江期间十分重视“三农”问题，用创新思路抓“三农”工作，强调浙江比较富是农民率先富，浙江搞得活是农村率先活。这些年来浙江“三农”改革发展一直走在全国前列，习近平总书记要求浙江成为全面展示中国特色社会主义制度优越性的重要窗口，2021年又支持浙江高质量发展，建设共同富裕示范区，要求浙江先行先试，为全国共同富裕率先探索路子。习总书记和党中央之所以选定浙江为高质发展建设共同富裕示范区的唯一先行省，其中很重要的原因是，浙江省是改革开放以来特别是21世纪以来发展最快、城乡居民富得最快、城乡收入差距最小的省份，尤其浙江农民收入连续三十多年居全国各省份首位。浙江现有的体制机制特别有利于共同富裕目标的实现。我们知道中国共同富裕的重点难点突破点就在农民农村如何实现共同富裕上。由史清华教授领衔的“华村一家”研究团队，几十年来致力于研究浙江农村和农户经济发展，这次出版的《共同富裕：浙江农家践行（2003—2018）》一书，非常好地契合了全国全社会寻求浙江共同富裕秘诀的强烈需求。通过本书展现的21世纪以来浙江十个农村固定观察点村农户家计发展研究，可以小见大、窥斑见豹，寻觅到浙江农民在率先实现小康基础上向共同富裕新目标迈进的秘诀，也可以透视到浙江率先打造共同富裕示范区的底气从何而来！

据笔者对浙江改革开放几十年风雨历程和发展模式的了解，浙江在改革开放中形成的以千百万农民闯市场为主动力、以农民分工分业分化为基础，大众创业万众创新和全民创业全面创新的机制，从乡镇企业和个私企业发展起来的民营经济大省所形成的以公有制为主体、多种所有制共同发展的体制机制，以及一二三产业协调发展，城乡经济社会融合发展，特别有利于共创共享、共赢共富的共同富裕目标的实现，这也是浙江农村农民普遍富得快，城乡收入差距比较小的秘诀。可以简要概括为“五字秘诀”：一是“逼”出来。浙江地处东南沿海，江南地域，人多地少，自然资源禀赋少，人均只有半亩地，如果单纯务农种田，一方水土难养一方人，由此逼使浙江农户形成了农业兼营手工业和商业的经济传统。二是“放”出来。在计划经济“左”的年代，农户从事小商品生产手工业和市场贸易被当作资本主义尾巴割掉了，因此这一时期浙江农户普遍贫困。所以一旦实行包产到户和废除人民公社体制，获得身份自由的农民就迫不及待地去闯市场，发展乡镇企业、小商品市场、个私企业。浙江干部勇于解放思想，敢于打破姓社姓资争论，善于放手让农民干，长于支持农民大胆闯大胆干，这就是“放”出来的秘诀。三是“改”出来。在20世纪90年代初国家允许发展个私企业了，原有产权不清晰、机制不灵活的乡镇集体企业、城镇二轻工业和中小国有企业经营受到严重冲击，在这种新形势下浙江因势利导，开展企业产权制度改革，促进了产权清晰的民营经济大发展和千百万农民兴办小微企业，让市场成为真正的主体。农民向二三产业大量转移，也为农业适度规模经营和土地向新型主体集中的改革创造了条件，催生出了现代农业经营主体。四是“创”出来。改革开放伴随着科技创新、制度创新和文化创新，数字化改革催化着全方位的创新发展，民营经济的制造向智造的迭代升级，传统农业向高效生态现代农业转型升级，传统社会治理向现代智治善治的转变，都使浙江农民共富更有底气。五是“干”出来。犹如习近平总书记讲的幸福都是奋斗出来的，农民共同富裕是要靠全体农民共同奋斗赢得的，最终得益于浙江农民撸起袖子加油干。浙江地处江南温带，四季都可生产的地理气候条件造就了浙江农民勤劳、勇敢、聪慧，特别能创业、特别能吃苦、特别能干的特性，在本书字里行间我们可以解读出“五字秘诀”对于农民共同富裕的意义。

笔者作为生于浙江、在浙江农村插队务农十年知青，恢复高考后在中国人民大学农经系学习四年后，又回到浙江一直从事“三农”工作的老农村工作者，与浙江“三农”发展结下了不解之缘，也有幸在担任浙江省农办副主任之时，近距离体会到时任浙江省委书记习近平对农民的深情厚爱和对“三农”工作的高度重视。我与习近平书记曾同为上山下乡知青，对“三农”有着相近的认识，大家都想着要为当年也是其中一员的农民的发展和幸福多作点贡献，我助力习近平书记实施了“千村示范、万村整治”等“三农”改革发展工程，也有幸被习近平书记赞誉为“省级农民”。作为亲历了浙江农村改革开放全过程的老农村工作者，非常欣赏和钦佩“华村一家”研究团队专注于村户经济的研究，为这一团队所取得的高水平研究成果表示衷心的祝贺，也为他们这种高尚的敬业研究精神点赞！希望本书的出版能够引发社会上更多的人来关注浙江农民共同富裕和全国农民的共同富裕。

2022年2月杭州

前言：缘起浙里

我是一个信“命”的人，“命里有三升，不用起五更”，“命里有五斗，不用搭黑求”。命运的安排有时是不以人的意志为转移的。由此，我来关注“浙里”应当说也是“前世的安排”。不服不行！也正是因为有浙里的短暂提升，浙里成了我的又一个福地[①]，让我有了踏足大上海的机会和勇气。谢谢黄祖辉老师的接纳，更谢谢浙里的人们给予我的全方位支持。

话说三十多年前的一个晚上，在西北农业大学读硕士的我，有幸聆听了尊敬的张波副校长为我们86级农经学子开的一个中国古农史[②]专题：“《周易》与算卦”，这个专题使我在之后数年乃至十数年都那么地执迷于《易经》。

张老师的周易讲座从大伙都非常感兴趣的占卜讲起，我的兴趣也点燃于此。之后购买了一些书，开始自学《易经》。虽说自己的学艺不那么精，但通过学习，出门一样为自己占上一卦，慢慢地就感觉到其中之奥妙。曾一度不用占卜，一些来人来电，直觉会告诉我，谁在找我，找我做什么，甚是神奇！我也因此为自己未来三十年排了一串卦，从三十岁起，到四十五岁，每年一卦，写在一个小本子上。事后解读似乎一一应验。其中一卦就讲到，在我三十五六岁，东南方将是我的去处。

看到这里，似乎会给人一种宿命论印象。其实，我与宿命没有任何关系。我和他人一样，期望事事如意，但也只是期望，人生之事十之一二如意

① 在我的人生中，银川当是我的一个重要福地，正是因为有宁夏农学院的老少边地区降分政策，才实现了我的研究生梦。陕西杨陵当是银川福地的补充，宁夏农学院仅拥有招生权，培养硕士的条件并不足，西北农业大学助力宁夏农学院实现了我的硕士梦。我也由此成为那个时代特殊的“产品”：研究生的学籍管理与硕士学位授予之学校是分离的。

② 据我所知，中国古农史，西北农业大学的王牌专业也。学校图书馆里有关这方面的藏书相当丰富。这里的老师也曾蜚声中外，著名的辛树帜、石声汉教授都曾出自这一专业，且辛树帜先生还是该校创建以来的第二任校长。

就是很好的结果了，不如意是正常的，也正因为有了不如意，才有了我们奋斗的可能与动力。

记得在20世纪末，随着博士学业的完成，做一个博士后就成为我的梦想。最初期望是到南国广州去，1994年秋我曾在广东工学院蔡文先生执掌的“物元分析室”做过一学期研修学者①，半年的研修生活让我对这里的自然人文环境非常满意；博士期间因领奖又去了一次广州，故顺便就和华南农业大学的温思美老师有了正式接触。我的牛宝俊师兄也在这里做博士后并留校工作，非常期盼相会于此，故而有了申请到华南农大做博士后的意念和行动。应当说，有老师的初步认可与师兄的相助，成行本应是没有问题的。可就是在自己按照计划行事的同时，1999年春的全国农经学科归类会议让我的计划成为泡影②。真的是“人算不如天算”。“东西畅达，南北受困”的卦词意念凸现，让我从此明白了不少③。顺从自然，遵命行动。

地处中国东南的浙里到底如何？我根本没有概念，只是小时候在县城读高中时曾有过与浙里的人的接触。县城里弹棉花的、修鞋匠与挑货郎多是浙里之人，他们的吃苦耐劳精神和商业头脑很早就印入我之脑中。直到1994年全国青年农经会议召开，才有幸借此机会对“人间天堂”苏杭有了一个初步了解，也与当时在浙江农业大学工作的黄祖辉老师有了一次近距离的接触。这次会议正赶上春雨连绵，农经系老师们会前会后的精心安排与热情周到服务，都给我留下美好印象。所以，在华南博士后申请遇阻时，第一个想到的

---

① 我们是蔡先生创立的“物元分析室”第四批受益者，这批学者共五人，分别来自安徽、辽宁、山西和广东等四地。最年长的为（安徽）宿州师范专科学校李淑元老师，他是本期的大哥大，其他依次是大连海事大学刘巍老师、（芜湖）安徽机电学院杨益明老师和（广东）湛江水产学院柴华金老师，最年轻的我来自（太原）山西省农业科学院。几位学哥都是数学出身，且都在大学当老师，做研修学者时已有目标。而我除了好奇就是好奇，一个纯粹的初学者，没有一点想法。我们经常把自己戏称为“黄埔四期”。

② 因庐山农经学科会议的召开，我所在的农业经济管理学科所颁布的学位也就由传统的“农学”正式转为“管理学”。博士后流动站的管理也相应有了调整。据说，正是由于这一变动，致使当年温思美老师的博士后名额出现短缺而进入排队状态。

③ 最早受困是我考研，1986年本科毕业，报考北京农业大学，据说那年我的总分排名全校前列（事后，我填报的硕士导师刘宗鹤先生在西北农大见到我时讲的），但单科英语2分受限被拒。直到这所学校于1995年与北京农业工程大学合并并改名为“中国农业大学”，我才以申请读博的方式进入，那已是10年后的事了。

就是浙里。

在那个交通、通信还不十分发达的年代，一封从山西太原通过邮政系统发出的申请信，在一周之内就收到了黄祖辉教授的亲笔且肯定的回复。你说我幸运否？我与浙里有缘否？尽管那时的浙江农业大学和浙江大学已合并，这个我知道，在新闻联播里听到过，但我并不是冲着合并后的浙大而来，依旧是冲着浙江农业大学的黄祖辉教授而来。也不知怎么搞的，竟然不知道在四校合并前，我要追随的黄祖辉教授已是浙江农业大学的副校长，而依旧按照自己的心意将黄老师视作是一位能够带博士后的教授。可见，我是多么的无知与无畏。也许这就是我，从来就“认事不认人”。能够收我做博士后、给我以梦想实现之机会，我即满意，其他无求。也正是我的这种处事方式与黄教授有教无类的教育理念完美契合，让我幸运地投到黄门，促成与浙里关联在一起的一段美好生活。其实，黄老师祖籍也非浙里，但他对浙里的热爱可能没有人会把他与浙里分开。细说对浙里的爱，我俩完全不同。一个是奉献之爱，一个是汲取之爱，我属于后者。故每每想到浙里，都是满满的感激之意。浙里的山，浙里的水，浙里的人，我无不欣赏与感激。

响应黄祖辉老师的召唤，我们两个异乡人在浙里相会。由此开启了我们共同关注浙里、从浙里出发、探索和寻找浙里奇迹的使命。1582 次列车担当了我们的相会之桥。太原与杭州直线距离也就千余公里，我的浙里行却走了“一个世纪”。我的山西离职手续办完已是 1999 年岁末，1999 年 12 月 31 日从太原出发。在 1582 次列车欢快的启动曲中，单枪匹马的我开启了南下的世纪新生活：“浙里行”。经过一天一夜，列车于 2000 年的元旦到达杭州城站。虽说这次旅程在我的人生中论小时、论天、论年都不是最长，但论世纪却是够长了，从太原到杭州整整跨了一个世纪。我经常把这次行动戏说为“世纪行”。

到达浙里，虽说正赶上 21 世纪的首个法定节假日——元旦，但浙大华家池校区的行政办事效率还是让我非常惊讶。在神农宾馆住了两宿的我，3 号即搬进了自己的博士后公寓——22 楼 501 室，黄老师承诺的办公电脑也同时配齐搬进了屋内。一个新的博士后生涯就这样开启了。

按照计划，我先整理内务，紧接着就在黄老师的引荐下拜访了时任浙江农业办公室副主任的顾益康先生。在顾主任及省农办邵峰、李建新、蒋伟峰、张若健等同志的大力支持下，我的“浙江农户行为研究”工作就此开展了起来。由于之前在山西工作时，我已对国家观察点的农户调查系统比较熟悉，曾以山西十村为例，完成了博士学位论文《农户经济增长与发展研究》，到浙里后，浙江农办开放给我浙江十村的观察数据，所以运用起来就得心应手。我一边做数据分析，一边插空到村里农家去访问①，用了 23 个月时间，完成了 200 多万字的文稿。包括在《管理世界》《中国农村经济》《农业经济问题》《中国人口科学》《中国经济问题》等发表的 30 多篇论文就是在这期间完成，两个国家自科项目（70173016 和 70141022）也在此期间获中。同时，还先后获得一个省级哲学社会科学（青年）一等奖、两个省级科技进步（软科学）二等奖。当然，这是过往工作的积累与反映。随着《农户消费行为及购买力问题研究》（2000）、《山西粮食增长、发展与安全研究》（2001）和《农户经济活动及行为研究》（2001）等专著的出版，我的博士后生涯也宣告结束。我的出站报告“现代化进程中农民的适应性问题研究”就是以晋浙两省为例、以农民工市民化为切入点进行的一个超前性研究。

可以说，在浙里工作近两年，我的学术水平有了飞速的提升。这里不是说我发表了几篇被学校定义为级别高的好文章，不是说拿了几个像样的带政府公章的奖，而是我对农户的认知有了重要提升，严格地说是“升华”。国家项目的到来让我如愿在此实现了个人职称封顶——“研究员”。一张浙江省人事厅颁发的资格证书，让我从此不用为此再做考虑。我的研究也由此进

① 我的农家访问得到浙江省农办的大力支持，时任办公室主任的蒋伟峰校友全程陪同，并支付了我调研的全部开支。我先后对瑞安的金后、丽水的河边、金华的石板堰、绍兴的西蜀阜、嘉兴的余北、湖州的永丰等六村做了细致调研。余下的临安的垄上、鄞州的庙堰、温岭的新民和普陀的鹁鸪门等四村因时间关系当时没有来得及访问。垄上村调研是数年后我到浙江林学院做学术交流时才得以成行。鹁鸪门本来也有机会去的，只因在去的路上出现了意外——驾车追尾，故也只能作罢。庙堰村应当说差不多都走到了，但也因其他事错过。新民村则始终没有列入计划，即使在 2018 年我带着“华村一家”十数人再访浙江观察村时，也没有列入计划，仅对河边、石板堰和西蜀阜做了访问，列入计划的金后之行因台风到来被迫取消。这次调研给予我们全程陪同并积极协调的是挂职在浙江省农办的庆元县冯宇驰同志，谢谢小冯的周到安排，在此说一声您辛苦了。

入了另一个境界。

在浙里工作期间，尽管在他人看来我的产出是比较丰厚的，但我并不这么认为。在我的人生中，浙里给予我的应当说是最多的，也是最丰厚且终身受用的东西。浙江农家朴实的接待、浙江农办开放的心态、浙大校方包容的环境、卡特中心友善的举止、黄家师门亲切的关爱，让我在浙里不仅收获丰硕的学术成就，收获持久的学术动力，更让我对浙里的农户行为有着一种舍不下的情结。

事实上，2001 年底我离开浙里走到大上海，也是带着这种心态去的。从浙里带着两年来的农家访问积累，到上海交通大学做的第一件事就是整理这些积累，由此有了我的《农户经济可持续发展研究——浙江十村千户变迁（1986—2002）》（2005）的出版。在这部书里我从农家、乡村到整个长三角三个层次，从社会学和经济学两个视角，用了洋洋洒洒 30 万字的篇幅对浙里的农户行为变迁进行了全面细致梳理，对浙江奇迹的产生从微观视角给予了独特解读。可以说这一解读与本书书序作者顾益康老师的“逼、放、改、创、干”五字总结不谋而合（见本书序）。专著出版时，顾益康主任专门为此书作了序。专著出版两年后，先是获得国内农经学科最高奖“第三届中国农村发展研究奖”（2008，别名“杜润生”奖），杜润生先生亲自为我在北京京西宾馆颁了奖；接着又获得第五届教育部人文社科优秀成果二等奖（2009）。在上海交通大学新农村发展研究院高岩老师的助力下，该书英文版（*Sustainable Development of Rural Household Economy*，2020）正式上线，由上海交通大学与 Springer 联合出版，英文版序也是由顾益康主任亲自操刀完成的。在此特别感谢顾主任对我之研究的全力支持。

与此同时，另一部专著《长三角农家行为变迁：1986—2005》（2007）也紧随其后出版。在这本书里，我们重点围绕着长三角都市圈，分别就江浙沪三地 15 个观察村的农家行为变迁进行了分析，从中可以约略窥见三地的异同。专著出版后很快就有了反应，在 2008 年上海市第九届哲学社会科学优秀成果评奖活动中，喜获三等奖，这也是我入职上海交通大学 5 年首次申报并获得的奖项。虽说级别有点低，但“开门红”，我是知足的。人生地不熟，能中就好，这就是我当时的心态！

关注浙里的人和事，特别是农家的人和事，好像成了我生活中必不可少的内容。在进入上海交通大学做博导后，所指导的一个个博士研究生，他们的字里行间也无形中渗透着我对浙里的关注。在2017年完成了家乡山西的专著《山西农家行为变迁：1986—2012》（2018年获江苏省第十五届哲学社会科学优秀成果三等奖）后，就着手策划本书。浙江省农办对我的想法给予了积极回应和全力支持。在时任农办副主任蒋伟峰同志的关心下，在农办综合调研处杨圆华、方杰、张若健、高国栋等处领导的大力支持下，浙江观察点的数据调查和整理分析、实地调研等工作得以顺利开展，10个市县观察点主管部门的分管领导和业务负责同志、观察点村负责同志和调查员都给予了积极配合支持。特别是数据复核与调研，瑞安点都把档案寄给了我们，可见他们对我的信任。在此衷心感谢各位的支持与关照。

在完成本书过程中，确实有点想当然，原来预计1～2年应是可以完成，但实际付出时间翻番，本应在2019年或2020年就完成的事，却一拖再拖，直到4年后的现在才算告一段落。原因有多种，最主要的原因还是数据资料的出乎意料。浙江农村21世纪的变化巨大，让我感觉有点不适应。尽管时不时也到浙里玩，但毕竟不是在实地调研，把握起来真的有点困难。不得不重新走上老路，或带着学生，或委派学生，或自己独自借机会重走观察村考察之路。期盼通过这一行动找回分析激情，让我们的分析更加到位。从计划之变化看，真的有点辜负了浙里人对我的期盼，让浙里的父老乡亲失望了。在此特别地说一声“对不起”，谢谢你们的宽容与理解。

考虑到本书与2005年的《农户经济可持续发展研究——浙江十村千户变迁（1986—2002）》一书之衔接，在分析时所用数据分组尽最大努力做了相近划分。但写完后回头看，似乎这一考虑有点多余，还是按照第一章①的思路去分组会更好点。所以没有达到事后分析的目标，原因是第一章并非是第一个写的，恰是书稿大部分成型后才写，故形成事后遗憾。

① 第一章是后期写的，也是在数组资料分析后进行的一个总括，故有总纲特征。其分析与其他章节的视角有明显差异。

本书共分 10 章，主体由高晶晶博士完成，其师兄彭小辉博士帮助完成了消费两章的初稿，第一章和统稿工作由我来完成。观察点村户数据调研的组织协调、数据审核工作由高国栋同志完成。彭小辉博士的付出作为帮忙对待，对此，给予特别感谢！中共浙江省委农办主任、浙江省农业农村厅厅长、浙江省乡村振兴局局长王通林同志为本书作序，浙江省农业农村厅发展规划处给予了大力支持并审阅了书稿，在此表示衷心感谢！另外，还要对过去曾经给予我们研究工作关心支持的浙江省农办原领导顾益康、邵峰、李建新等同志表示衷心感谢！关于本书的具体内容，这里不再介绍，请读者自行阅读。有什么不妥或建议可直接向我反映，我们以后定当努力改进和吸收。谢谢！

2022 年 2 月 11 日星期五

写于交大闵行校区

目　　录

第 1 章　浙江农家发展概述*

浙江是一个神奇的地方，尽管上天赋予的资源禀赋非常苛刻——“七山一水两分田”，但在这方水土上，勤劳而又聪慧的浙江人，面对苛刻的天赋资源，硬是利用自己的聪慧闯出了一片天地，改革开放以来，创造了一个又一个瞩目的成就。迈入 21 世纪之后，从 2003 年起，时任浙江省委书记习近平同志在全省启动开展“千村示范、万村整治”工程。经过十几年的探索实践，以万千美丽乡村的发展为样板，整个浙江省的农村都发生了翻天覆地的变化，可谓新时代的“浙江奇迹”。为了更细致地展示这一发展历程，我们从国家固定观察点浙江十村的跟踪数据入手来详细阐述。

1.1　浙江奇迹

对于“浙江奇迹”的探索，已有不少人用文字和数据做过描述，作者也在许多场合做过探索。最简单的探索可用几个重要经济数据及变化来表达。

首先看总量，GDP，即地区生产总值，一个地区经济发展好与坏的代表。到 2018 年浙江的 GDP 已达 5.62 万亿元，位居全国第 4，仅次于广东（9.73 万亿元）、江苏（9.26 万亿元）和山东（7.65 万亿元）；常住人口人均 GDP 达 9.80 万元，仅次于京津沪苏三市一省，位居全国第 5。要知道，这第 4 与第 5 的得来，并非那么容易，在改革开放前（1952—1978 年），浙江的经济总量全国排位还长期徘徊在 11～14 位，直到改革开放后，浙江才有了异军突起的机会，用了近 15 年时间才来到这个位置。就 GDP 看，**浙江的经济发展战略，显然是总量瞄准“粤苏鲁”，人均盯着**

* 本章主要内容整理发表于《农业经济问题》，2022 年第 3 期，第 29～43 页。

“京津沪”，在总量快速推进的情形下，人均跟上。

其次看结构，从图 1-1 中可以看出，在浙江经济发展的过程中，工业化起着重要的作用，在 1994—2012 年长达 19 年的时间里以工业为主的第二产业产值占一半以上，以农业为主的第一产业在整个改革开放过程中与以服务业为主的第三产业形成一个明显对照，农业比重下降，服务业比重上升，到 2018 年，以农业为主的第一产业产值比重降至历史最低点，3.50%，而以服务业为主的第三产业的产值比重则升到历史高点，54.67%，分别较 1980 年的 35.91%和 17.36%减少了 32.41 个和增加了 37.31 个百分点，主体经济以工业为主的第二产业的发展则经历了一个“∩”形变化，产值份额由 1980 年的 46.73%上升到 1998 年的历史最高 54.76%，之后开始回缩，到 2018 年降至 41.83%。显然，**浙江经济的发展模式是以工业为支撑，先污染后治理，逐渐向拥有众多“绿色”特色的服务业目标转移。**尽管农业也曾是“绿色”的，但受天赋资源制约，去农化成为其经济发展的一个重要特征。

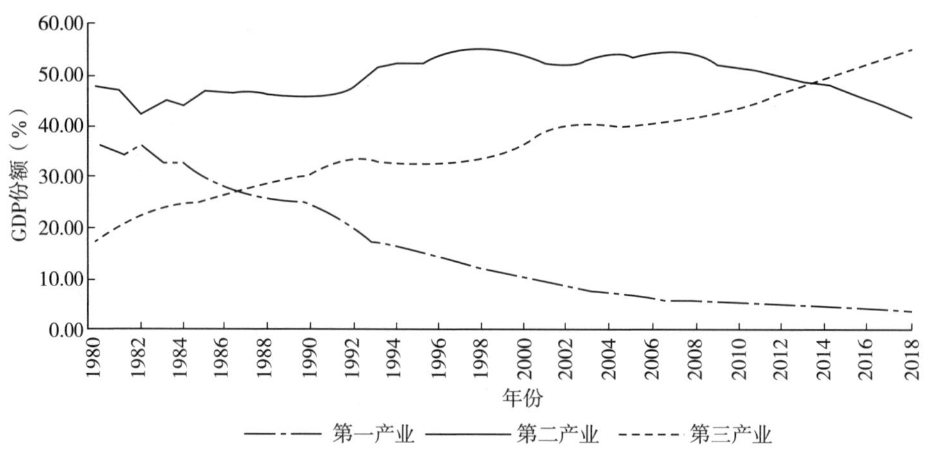

图 1-1　浙江省经济发展中的结构变迁

资料来源：《浙江统计年鉴》。

第三看居民收入水平，俗话说得好，“小河有水，大河才不干”。一个区域的经济发展，不应只看其体现经济实力的 GDP 有多高，更应看这个地区民众的生活有多好，对于民众生活质量的考量，指标很多，这里选择最有代表性的“人均年收入水平”指标来看。就收入水平看，浙江无论是城镇，还是农村，居民收入水平及其增长都走在全国前列。在全国居民收入有了一个可参照的统一指标“可支配收入”后的 6 年来（2013—2018 年），浙江人的收入水平稳居全国第 3 位，仅次于京沪两个直辖市。到 2018 年，浙江居民人均可支配收入达到 4.58 万元，较最高的上海 6.42 万元低 29.58%，较次高的北京 6.24 万元低 27.49%，但较全国平均 2.82 万元高出 62.39%。结合上文分析，可以看出，**浙江是一个实实在在的以“民富”发展为优先目标的区域。民富导致省富，这是浙江经济奇迹产生的重要基础。**结合图 1-2，我们可以进一步看出，在改革开放的大背景下，浙江经济发展所走过的路径应当说与全国相差无异，但具体看，同样面对城乡二元经济结构，同样有城乡差异存在，相比全国，浙江城乡平衡程度始终好于全国，农村居民可支配收入水平在有统计的 2013—2016 年期间已超越北京，位居全国第 2，仅次于上海。从这个角度看，**注重减弱城乡不平衡是浙江经济奇迹产生的又一根源。**

图 1-2　浙江与全国城乡居民收入差异及演变趋势

资料来源：《中国统计年鉴》和《浙江统计年鉴》。1980—2012 年，农村为纯收入，城镇为可支配收入；2013—2018 年，均为可支配收入。

第四看去农化的背后，浙江也像全国大多数省份一样，拥有广大农村腹地，尽管其在经济发展中，受制于农业生产条件，走了一条非农化之路，但在相关农业发展上，浙江还是实实在在做了许多事，诸如 2006 年中央政府提出的“建设新农村”战略，浙江的“美丽乡村”建设经验正是这一战略提出的重要实践基础。走在全国前列的浙江农村，不仅重视了“美丽乡村”建设，还在更大范围内把“绿水青山”与“金山银山”直接“联”在一起，让环境优美与经济发展和谐共存，再一次对2017年国家战略“乡村振兴”的提出贡献出自己的实践经验，让全国都以浙江经验为参照。显然，从浙江的实践中可以看出，浙江“三农”并未失去作用，也并未在经济腾飞中拖后腿，而是换了一种方式，借助“城市化”和“青山绿水”的和谐实实在在地在起到了支撑作用。

1.2　村庄变迁的观察

1.2.1　农村固定观察点及由来

农村固定观察点工作酝酿于1982年，并于1983年初在全国9个省市区进行了试调查。由中共中央书记处农村政策研究室牵头起草的《关于建议开展农村社会经济调查的报告》（中办发〔1984〕37号）以中办文件的形式得到中共中央书记处批准。1984年底，由中共中央书记处农村政策研究室和国务院农村发展研究中心牵头，组织协调28个省区市[①]农村工作部门的8 000多名调查人员，对37 422户、272个村、93个乡和71个县进行了一次全面的农村社会经济典型调查。在这次调查之后，中共中央书记处农村政策研究室、国务院农村发展研究中心以文件形式（中农研〔1986〕7号）正式提出《关于建立农村长期固定观察点的意见》，并决定将1984年调查的村庄作为未来固定观察点，进行长期观察。由此，农村固定观察点的确立与执行正式于1986年底拉开序幕。

观察点的定位非常明确。中农研〔1986〕7号文件对观察点的任务作了简明的阐述，即“直接从农村基层了解农村改革和各项建设的新动态，以便从各个方面的发展和对比中进行有连续性的综合研究，为制定农村决策提供依据”。观察点的定位在村，以村和农户为主要调查对象。调查的内容包括农村的生产经营和农民的生活变化状况、经济体制改

① 当时有29个省级行政区，西藏自治区未参加。

革、产业结构调整、技术改革、文化教育、基层组织、社会治安、农民思想动向等。

固定观察点的组织十分清晰。在中共中央书记处农研室、国务院农研中心农村社会经济调查领导小组的统一安排与指导下，领导小组办公室负责日常具体工作。省、自治区、直辖市党委或政府的农村工作主管部门负责此项工作的组织实施。观察点所在的县要有专人负责。为做好固定观察点的工作，观察点所在县可以在县委统一领导下，成立观察点研究小组，由县委农工部（或农研室、农委）牵头（山西省农村发展研究中心，1989）。

农村固定观察点工作得到中央领导的高度重视。温家宝同志于 1993 年 9 月 13 日作出批示："搞好农村工作，必须高度重视农村调查。从事农村工作的各级领导机关和领导干部，要经常地、深入地、全面地了解和掌握农村情况、农民情况和农业生产情况，这样，才能提高政策水平和领导水平。建立农村固定观察点，是长期直接了解农村情况的一种好形式，这项工作很有意义，应当坚持下去，努力做好。"

2018 年机构改革后，全国农村固定观察点工作改由中央农办、农业农村部主管，农业农村部农村经济研究中心具体负责此项工作。

1.2.2　农村固定观察点的"变"与"不变"

从观察点的由来可以略知，其定位在村，村与户是观察的基本对象。由此，"村"观察就成为整个农村固定跟踪观察的"魂"[①]，村在魂在，由此村庄的不变动就非常重要，轻易不能变动，方显固定之特色。农户观察是农村观察的主体，通过观察农户这一微观细胞以充实村庄观察这一组织的魂，原则上，观察农户一经确立，也是不能轻易更动。

① 对于农村固定观察，徐万山先生很早就有一个清晰的表述：农村社会经济固定观察点的直接对象是村，村是整个农村社会的一个基础层次，也是农村社会的一个缩影。对村进行长期综合观察，连续不断地把一个村在伟大历史变革中的变化与发展情况忠实地记录下来，对研究中国农村问题、农业问题，有着极其重要的作用。……作为全国观察点，浙江十村是观察浙江农村社会经济和农村群众动态的"窗口"。……客观地观察和反映，……，不仅记录事件，还记录人物活动，……这是农村观察点所要完成的主要任务。——浙江省农村政策研究室，《在变革中前进的浙江农村》（1987），第1～2页。

观察点在设立之初，也曾考虑样本的代表性[①]，但这一代表性显然不是普通统计学意义上的代表性，而更多的是自然区位的类型性和行政区域的均衡性。细观察各省区市的选点，可以看出，中等程度的省份，一般地，选择10个左右的村庄，且分布在10个不同地（市）的10个县（市）[②]。从这个角度看，观察点从设立到运行，服务的对象不是基层地方政府，而是中央政府，农村固定观察的重点在于典型性与跟踪性，以固定观察的"窥一斑见全豹"之特征来丰富和完善上层决策。

观察点最初6年（1986—1991年）运行平稳，随着改进开放进程的深入，到90年代初，不少地县反映任务太重，指标体系设置有些过时，需要与时俱进。1991年的年会对此予以了回应，年度观察改为两年一观察，对指标体系也相应做了修订，并于1993年试运行，对个别农户观察样本规模过大的村庄也相应进行了压缩。在1995年的年会上，全国农村固定观察点办公室接受了部分专家学者的建议，将隔年观察改回年度观察，1993年启动的指标体系得到完善，并从1995年持续使用至2002年。随着中国加入WTO和社会变革的加速，全国农村固定观察点办公室再次修订观察指标体系，将农村观察中的"农户"进一步扩充到"人"，特别对"人"的流动性进行了专门调查，与此同时，对农业生产系统分作物种植类型、动物养殖类型以及加工、运输、服务等进行了更加细致的立体观察。2003年的调查指标体系在之后的10多年运行中，总体保持稳定，年度间不断完善。直到2017年再度启动指标体系的全方位修订工作，但这次修订与2003版的"魂"保持了一致。

---

① 结合中农研〔1986〕7号文件精神，山西省发布通知（晋办发〔1986〕54号）指出："建立农村调查长期固定观察点，逐年了解这些村庄的变化和发展情况，从中探索规律性东西，为制定农村政策提供依据，是实现决策科学化的重要途径。"《通知》对固定观察点的设置与调查农户的抽选作了专门说明。明确："固定观察点设在村，以村和农户为主要调查对象。固定观察点的设置，要求具有广泛的代表性和科学性。"——山西省农村发展研究中心，《十村千户变迁（1989年卷）》，第31页。

② 遵照中央和省委部署，浙江省的10个村分布在10个市地，代表着浙江各种不同经济类型，有富裕山区1村，有平原粮桑区2村，有沿海平原经济发达区4村，有海洋渔业区1村，有丘陵区1村，有封闭山区1村。十村水平均高于浙江平均水平，但其反映情况和问题仍然具有很强的代表性。——浙江省农村政策研究室，《在变革中前进的浙江农村》（1987），第3页。

1.2.3 浙江精神在观察点上的体现

在农村观察点的设置与运行上，浙江在“变与不变”的把握上可谓体现了其特有的精神，30 多年来，在把握固定跟踪观察之“魂”上，浙江做得非常到位，10 个观察村保持不变，36 年能够坚持下来，这在全国诸省区市中，屈指可数。即使一些村已完全城镇化，诸如 03 号村嘉兴城郊余北村、04 号村绍兴西蜀阜村、05 号村鄞州庙堰村三村，依旧跟踪，真正体现了从农村走向城市，让世人、让决策者从中看到农村的变迁经历；与此同时，还面对新时代乡村管理体系的变化，诸如行政村的合并，浙江十村中半数村庄在进入 21 世纪后进行了重新定位，行政观察村范围有了明显的放大或拓宽，诸如 01 号村临安龙上村（2007 年）、02 号村湖州永丰村（2001 年）、06 号村温岭新民村（2018 年）、08 号村普陀区鹁鸪门村（2017 年）和 09 号村丽水河边村（2013 年），经历了村庄合并，这五个观察村由“行政村”降为“自然村”，让村一级的观察视野突然放大，观察面拓宽，这一数据的变化从某种角度可以让决策者从中观察到其政策的到位性。对于观察记录的档案化管理，30 余年如一日，做得井井有条，诸如 07 号村瑞安金后村，在出现记录上传计算机有误的问题时，依旧可以从档案中查到历年的原始记录，可谓用心良苦。村民把加入国家观察点作为一种荣誉，记录者把历年纸质文档作为档案进行管理，国家观察村的这些努力让绿色化的乡村振兴思路在具体落实中绽放光芒。乡村绿色发展的一个重要着生点，即乡村文化价值的提升。原本普普通通的一个村庄，经历了 30 余年的观察与记录，厚厚的档案俨然促成了其村庄文化价值的升华。

1.3 收入增长与变迁

1.3.1 浙江十村在全省的表现

在观察点设立初期，浙江十村在地貌类型上是有一定代表性的，在行政区划上是有一定均衡性的，但在经济发展水平上，则实实在在走在全省前列，属于中等以上收入水平。经历了 30 多年的发展，浙江十村不仅将这种优势保持了下来，还在进入21世纪后，将这一趋势加以扩大（图1-3）。相比1986年观察初期的861.87元/人，2018年的浙江十村人均现价收入水平达到54 556.65元，翻了六番（63.30倍），年均增长13.84%，较全省农村年均增长率12.61%高了1.23个百分点。相比2003年进入民生化时代初的11 913.45元/人，2018年的水平翻了两番多（4.58倍），年均增长10.68%，与全省农村平均增速10.70%基本持平，但在绝对量上，则明显放大，由2003年的高出全省平均水平6 524.45元/人扩大至2018年的27 254.28元/人。浙江十村的发展，从某种程度看，在全省已显现出一种示范效应。

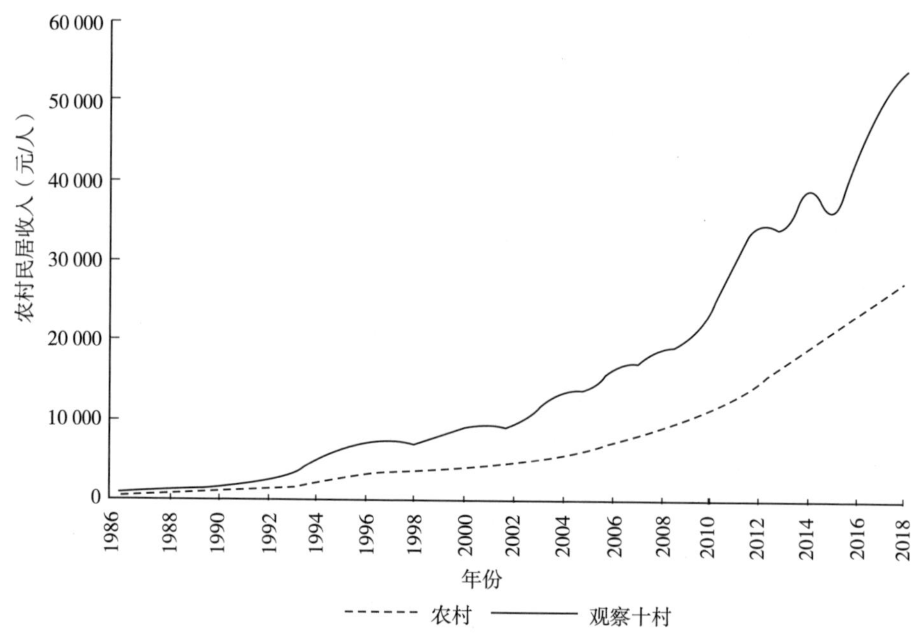

图1-3 浙江农村居民收入与观察村的比较及演变趋势

资料来源：浙江农村居民收入数据来自《浙江统计年鉴》。农村居民收入类型2012年及以前为纯收入，2013—2018年为可支配收入；观察十村居民收入类型2017年及以前为纯收入，2018年为可支配收入。

1.3.2 行政区划调整下的具体表现

在浙江十村经济的发展征程中，由于多种原因，各村发展的路径有明显差异，由此经济收入水平及演变也不同（表 1－1、表 1－2）。地处城郊平原与沿海平原区的余北、西蜀阜和庙堰三村率先被纳入城镇规划，走上了城镇化发展之路，昨日的农民演变为今日的市民，居民的经济收入在十村中也始终处于领先地位，到 2003 年后，城镇化的发展之路让三村居民的收入更是如虎添翼，三村居民人均收入由 2003 年的 19 493.09元提高到 2018 年的 82 679.07 元，翻了两番多（4.24 倍）；响应政府号召，在撤乡并镇并村过程中，地处富裕山区的龙上、平原粮桑区的永丰、沿海平原区的新民、海洋渔业区的鹁鸪门以及封闭山区的河边等五个观察村先后经历了并村，其居民收入增长虽没有赶上城镇化三村，但也在浙江十村中处于第二档，五村居民人均收入由 2003 年的 9 503.72元提高到 2018 年的 47 175.41 元，成为十村中收入增长最快的一组，翻了两番半（4.96 倍）；沿海平原的金后和丘陵农区的石板堰两个依旧维持原有行政格局的观察村，其居民收入尽管也处于增长中，但无论是收入水平还是增长速度都处于下风，两村居民的人均收入由 2003 年的 7 755.12 元提高到 2018 年的 38 319.64 元，在浙江十村中处于最低档，但增速处于第二档，仅次于并村的五村，收入增速 16 年间翻了两番半（4.94 倍）。结合图 1－4 可以看出，浙江观察村的经济发展固然有其内在规律，但行政变动的影响也是很大的，这一影响具体表现有二：一是城镇化的影响，二是乡村合并的影响。在城镇化的影响方面，事实上其不仅是改变农民的身份，更是改变了农民的生活方式，尽管在当前的城镇化方式下，他们的居处方式还没有很大变化，还处于熟人社会中，人际交往还处在一个近似闭环的圈内，但随着时间的推移，这种格局一定会走向陌生人社会，人际交往也会由圈向面展开，农民会成为真正的城里人，这是不言而喻的；在乡村合并的影响方面，我们不能说其对村民行为到底有多大影响，但可以肯定，因村庄人口集聚程度低所引发的行政管理效率低下，或因工业化或城镇化需求引发的村庄合并，一定会影响村民的经济发展，事实上浙江五村的并村在推动村民收入增长上已有了些许体现，村民收入增长加速就是一个证明。结合两个组 8 个村的变化，可以肯定，一定的行政性管理变化对促进村民经济增收有效果。

表 1－1　浙江十村农户收入水平及其变化

单位：×100 元/人

年份	城镇化				村庄合并						独立村			十村
	嘉兴余北	绍兴西蜀阜	鄞州庙堰	三村	临安龙上	湖州永丰	温岭新民	普陀鹁鸪门	丽水河边	五村	瑞安金后	金华石板堰	二村	
2003	114.50	297.26	156.33	194.93	76.11	63.94	172.76	110.64	63.02	95.04	92.64	56.01	77.55	119.13
2004	117.90	320.01	168.46	203.68	89.24	108.81	210.51	108.53	83.27	119.53	98.30	60.98	82.28	135.43
2005	118.88	338.31	194.36	217.94	111.26	150.22	212.00	76.28	92.64	124.23	117.36	49.80	84.86	141.95
2006	156.69	355.57	225.77	251.32	149.13	115.78	226.13	82.04	114.27	135.39	180.11	78.79	126.19	164.42
2007	137.07	395.69	266.29	268.81	141.09	115.96	229.18	113.29	135.01	147.58	148.92	89.34	122.82	175.48
2008	157.08	376.27	338.39	292.81	140.78	159.83	192.52	173.01	156.09	164.57	140.29	109.53	127.06	190.88
2009	152.49	274.10	365.83	256.37	178.97	152.81	214.74	251.81	164.08	187.29	184.50	141.85	167.16	201.66
2010	190.05	254.88	600.82	333.97	198.00	140.49	249.87	249.28	206.68	203.94	198.16	163.93	184.75	235.41
2011	194.22	377.53	772.24	432.40	246.32	255.63	286.12	409.03	228.10	275.15	219.62	177.15	203.40	301.10
2012	342.21	556.68	552.68	481.65	290.84	469.15	290.47	304.68	248.38	324.45	260.12	182.86	231.37	345.67
2013	318.96	696.20	601.13	533.22	279.98	109.34	360.07	307.92	429.59	290.70	261.52	194.41	237.77	343.26
2014	367.14	734.02	356.51	489.48	340.10	621.61	354.85	296.71	312.81	394.72	297.69	222.97	271.74	391.28
2015	401.51	532.22	382.51	441.64	336.01	361.65	348.25	386.63	316.19	348.08	338.16	240.98	305.09	363.15
2016	428.72	747.62	659.36	612.99	372.26	429.80	416.96	364.14	314.94	382.32	391.97	282.84	353.85	438.12
2017	414.17	742.92	733.05	630.02	399.77	566.45	458.80	529.91	365.98	462.83	381.36	425.35	395.86	492.47
2018	506.16	808.97	1 203.25	826.79	391.48	690.40	444.90	357.89	405.57	471.75	397.26	353.87	383.20	545.57
2003—2018	250.62	477.57	463.98	396.61	231.16	278.27	291.00	238.61	221.88	253.38	238.24	164.68	209.24	282.49

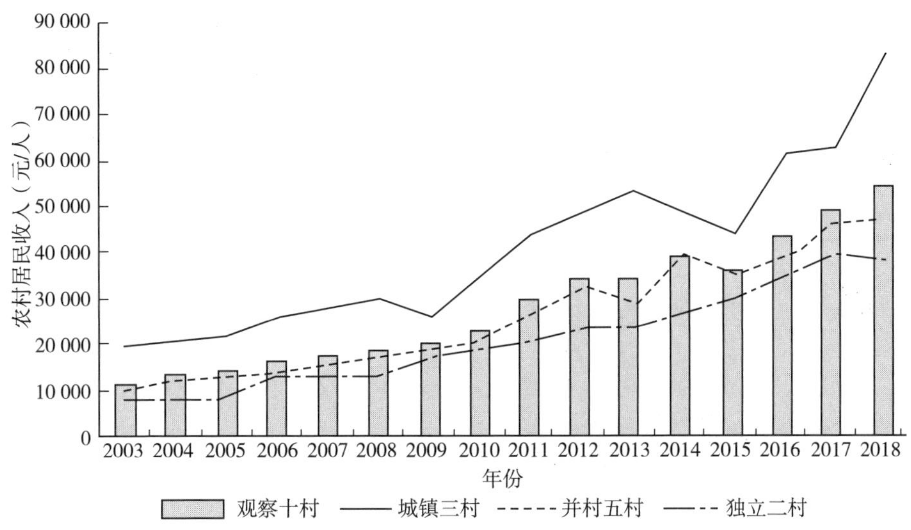

图 1－4　浙江固定观察村农村居民收入水平及演变趋势

资料来源：浙江农村固定观察点办公室。2017 年及以前为纯收入，2018 年为可支配收入。

表 1－2　浙江十村农户非农化与城市化进程（农业收入/家庭经济收入×100%）

单位：%

年份	临安龙上	湖州永丰	嘉兴余北	绍兴西蜀阜	鄞州庙堰	温岭新民	瑞安金后	普陀鹁鸪门	丽水河边	金华石板堰
2003	9.90	57.64	1.74	0.22	0.81	8.95	1.13	45.00	8.94	41.71
2004	13.80	61.61	9.25	0.29	0.79	6.42	1.15	49.52	9.75	48.50
2005	8.04	58.89	6.61	0.13	0.41	3.09	5.64	41.09	7.64	53.79
2006	8.91	48.05	1.97	0.19	0.58	5.21	3.05	43.63	11.14	27.84
2007	7.07	43.88	2.07	0.16	0.13	7.23	2.10	2.83	8.41	53.78
2008	15.37	6.18	2.35	0.15	0.01	10.85	0.14	0.00	8.07	61.00
2009	9.29	61.74	2.72	0.07	0.09	6.42	0.00	15.99	5.70	60.67
2010	14.47	61.48	1.92	0.00	1.91	4.57	0.00	35.02	5.30	100.00
2011	11.68	39.77	2.28	0.00	0.12	4.64	0.04	31.32	8.54	64.11
2012	14.40	47.79	1.14	0.00	0.12	4.45	0.03	35.11	7.87	66.96
2013	6.71	42.62	1.85	0.00	0.00	2.11	0.04	40.15	5.27	63.82
2014	11.10	32.08	1.51	0.00	0.00	4.44	0.02	34.60	7.73	60.65
2015	7.98	30.90	1.31	0.00	0.00	5.85	0.01	24.24	6.44	55.31
2016	8.98	24.76	1.08	0.00	0.00	3.90	2.72	13.81	3.34	42.12

（续）

年份	临安龙上	湖州永丰	嘉兴余北	绍兴西蜀阜	鄞州庙堰	温岭新民	瑞安金后	普陀鹁鸪门	丽水河边	金华石板堰
2017	5.64	26.37	0.93	0.00	0.00	4.13	0.00	14.47	4.22	36.05
2018	7.40	35.03	0.00	0.00	0.00	2.34	0.00	18.84	0.68	43.34
2003—2018	9.43	36.45	1.74	0.06	0.25	4.73	0.68	26.24	6.28	54.95

1.3.3 经济结构下的具体表现

从表1-3中可以看出，能够支持浙江十村农民收入保持持续增长的核心是家庭经营性收入，其在农户家庭全部收入中的占比，除2004年和2005年两年略低外，在民生化时代的16年（2003—2018年）中有14年在50%以上，总体平均在62.13%。就趋势看，家庭主体收入来源中的经营性收入占比整体呈"∩"形上升趋势，高峰出现在2011—2012年，这一占比一度升至70%以上，之后开始回落。在家庭经营中，农业的份额尽管年度间有变化，但除2008年低于10%以外，其他年份基本都在10%与20%之间，16年平均保持在15.69%，换句话说，在观察村家庭经营收入中，农业的贡献大体在20%与25%之间。其次是工资性收入，在全部农户家庭收入中占比为18.85%，其中外出打工收入的占比在10.47%，即外出打工给农户家庭工资性收入的贡献在60%左右。剩余的收入贡献分别来自财产性收入、转移性收入以及其他收入三个方面，合计约为19%。需要特别关注的是在5.82%的转移性收入份额中，来自政府的财政性转移收入占比为20%左右，即来自政府的转移性收入占农户家庭收入的1%。从上述分析中可以看出，家庭经营是支撑浙江十村农户经济强劲发展的根本动力。

表1-3 浙江十村农户收入与来源构成及其变化

年份	总收入（×100元/人）	经营性收入占比（%）		工资性收入占比（%）		财产性收入占比（%）	转移性收入占比（%）		其他收入占比（%）
		经营性收入占比	#家庭农业收入占比	工资性收入占比	#外出打工收入占比		转移性收入占比	#来自政府占比	
2003	246.59	54.43	13.10	10.57	10.57	3.03	1.18	0.70	30.80

（续）

年份	总收入（×100元/人）	经营性收入占比（%）		工资性收入占比（%）		财产性收入占比（%）	转移性收入占比（%）		其他收入占比（%）
		经营性收入占比	#家庭农业收入占比	工资性收入占比	#外出打工收入占比		转移性收入占比	#来自政府占比	
2004	209.50	49.88	19.24	13.07	13.07	3.82	1.76	0.52	31.47
2005	251.58	42.53	15.89	12.95	12.95	4.14	2.33	1.08	38.06
2006	277.40	50.26	15.00	12.92	12.92	5.66	2.22	0.95	28.94
2007	322.88	50.52	12.13	13.03	13.03	5.13	1.62	0.75	29.70
2008	356.49	50.39	7.06	14.07	14.07	4.75	2.07	0.92	28.71
2009	365.83	66.81	21.30	21.95	12.04	7.02	3.67	0.46	0.55
2010	472.78	68.87	22.19	19.04	10.03	5.36	3.50	0.56	3.23
2011	590.24	72.30	18.23	17.88	8.87	4.94	3.87	0.58	1.02
2012	673.04	70.33	19.02	18.74	7.98	5.25	5.23	0.64	0.45
2013	749.99	67.84	15.64	19.28	8.85	5.35	5.10	0.80	2.43
2014	722.58	65.79	15.29	22.19	10.57	6.46	5.53	0.27	0.03
2015	756.59	56.36	14.25	21.50	10.43	6.68	9.40	2.24	6.06
2016	831.34	63.86	12.50	21.28	10.19	4.70	8.41	0.46	1.75
2017	884.69	62.21	13.22	21.38	10.75	5.55	10.10	2.17	0.77
2018	1 055.34	62.81	17.16	19.85	9.77	9.09	8.09	1.41	0.15
2003—2018	539.48	62.13	15.69	18.85	10.47	5.80	5.82	1.00	7.41

1.3.4　村庄区位下的具体表现

具体到每个村，显然，经济收入的来源主体有很大差异。我们以2018年为例，从表1-4中可以看出，在浙江十村中，对家庭经营依赖程度最高的是湖州永丰村，其收入90%以上来自家庭经营，其中农业的贡献在30%左右；其次是丽水的河边村，对家庭经营的依赖程度在60%以上；第三是金华的石板堰村和温岭的新民村，依赖程度在56%与57%之间，其中农业的贡献对两村来说截然相反，前者高达80%，后者不足6%；第四是临安的龙上村、绍兴的西蜀阜村、嘉兴的余北村以及普陀的鹁鸪门村，依赖家庭经营的程度在45%与55%之间；最后是瑞安的金后村和鄞州的庙堰村，对家庭经营收入的依赖程度最低，只有7%～16%。与此同时，对工资性收入依赖程度最高的是金后村，且以外出打工为主要收入来源，占比高达49.48%；其次是鹁鸪门村和龙上村，以外出打工为核心的工资性收入占比高达35%～45%；最后剩余村的除永丰村外，其他村的工资性收入贡献率大体都在20%左右。也许2018年是一个特殊的年份，观察村中的庙堰村，当年观察户家庭收入来源中最大的一项是财产性收入，占比达63%，其他村的这一收入份额均在10%以内。在财政转移收入在农户家庭收入中已占很重要份额的今天，浙江十村农户家庭收入中，财政转移份额总体都很小，超过10%的唯有石板堰村，为15.27%，在5%与10%之间的有4村，分别是鹁鸪门村、金后村、余北村和新民村，其余5村均不足3%。

表1-4　2018年浙江十村农户收入及来源构成

地区	总收入（×100元/人）	经营性收入占比（%）		工资性收入占比（%）		财产性收入占比（%）	转移性收入占比（%）		其他收入占比（%）
		经营性收入占比	#家庭农业收入占比	工资性收入占比	#外出打工收入占比		转移性收入占比	#来自政府占比	
临安　龙上	675.84	54.11	7.28	35.07	28.85	3.06	7.39	2.88	0.37
湖州　永丰	3 648.00	92.66	28.81	5.80	2.04	0.91	0.63	0.18	0.00
嘉兴　余北	829.46	50.32	0.00	22.91	4.18	5.15	21.62	6.53	0.00
绍兴　西蜀阜	1 017.97	53.50	0.00	25.83	3.17	7.09	13.58	2.71	0.00
鄞州　庙堰	1 290.95	7.82	0.00	16.68	3.15	63.73	10.95	0.07	0.83
温岭　新民	585.08	56.83	3.34	27.01	17.94	8.00	8.08	6.08	0.09
瑞安　金后	444.67	15.96	0.00	58.07	49.48	8.94	17.03	8.31	0.00
普陀　鹁鸪门	684.25	47.52	20.25	43.39	23.32	0.17	8.32	9.41	0.61
丽水　河边	677.79	64.85	5.19	14.16	1.23	4.51	16.28	1.34	0.20
金华　石板堰	465.63	57.09	47.92	25.77	11.14	1.25	15.90	15.27	0.00
浙江十村	1 055.34	62.81	15.19	19.85	9.77	9.09	8.09	2.25	0.15

1.4　收入增长的不平衡性

在关注农户收入增长的同时，一个收入发展不平衡的问题也自然而然地进入了我们的视野。在中央政府于 2020 年成功带领中国人（特别是农村人民）挣脱绝对贫困的泥潭并开始向共同富裕迈进这一大背景下，从观察点的视角来看，以浙江为例的中国发达乡村，其居民收入增长的不平衡程度如何具有重要意义。对于不平衡性，我们可以从三个视角来观察，一是收入分层视角，二是收入集聚度，三是基尼系数。

1.4.1　收入水平的分布变化

考虑到收入分层中，农村居民年度间收入受物价等影响，购买力存在一定差异，为了消减年度间收入受到的来自物价的影响，我们选用农村居民消费价格指数进行调整。从表 1－5 的计算结果中可以看出，随着农户经济收入水平的增长，农户经济分层相当明显。

表 1－5　浙江十村农户收入水平分布及其变化

年份	不同收入水平的农户分布（2010 年价格，%）									人均收入（×100 元）	农村消费价格指数
	≤5 000 元	#≤2 300 元	5 000～1 万元	1 万～2 万元	2 万～3 万元	3 万～4 万元	4 万～5 万元	5 万～10 万元	10 万元+		
2003	22.60	7.00	32.00	24.20	9.40	4.40	2.00	3.40	2.00	142.59	83.55
2004	21.20	6.80	27.80	28.80	10.40	4.40	1.80	4.20	1.40	154.97	87.39
2005	21.36	4.59	26.95	29.54	9.78	3.59	1.80	4.39	2.59	160.50	88.44
2006	16.60	6.00	24.80	28.60	13.20	5.80	4.20	4.40	2.40	184.06	89.33
2007	15.56	4.65	25.25	30.10	11.72	8.28	1.82	4.44	2.83	188.17	93.26
2008	17.04	7.91	19.88	30.83	13.39	6.29	3.45	6.90	2.23	194.38	98.20
2009	5.60	2.40	17.40	41.00	18.20	7.60	2.80	6.00	1.40	209.12	96.43
2010	4.21	2.00	15.43	38.68	22.65	10.42	2.00	5.41	1.20	235.41	100.00
2011	4.21	1.40	10.42	35.27	24.45	11.42	4.41	7.01	2.81	285.13	105.60
2012	2.81	0.40	7.23	30.72	26.51	12.25	9.04	9.64	1.81	319.98	108.03
2013	4.43	2.41	8.25	27.16	25.15	12.27	7.85	12.07	2.82	310.30	110.62
2014	7.23	5.42	5.62	27.51	24.90	14.46	5.42	12.05	2.81	343.08	114.05
2015	8.45	8.05	6.04	22.74	26.16	15.09	9.26	10.46	1.81	319.69	113.59
2016	1.61	0.81	4.64	18.35	26.61	19.56	10.48	15.12	3.63	382.62	114.50
2017	0.80	0.00	4.02	17.71	26.36	17.91	12.68	16.10	4.43	409.22	120.34
2018	1.41	0.60	4.43	18.71	27.57	13.48	10.46	16.50	7.44	436.75	124.92
2003—2018	9.70	3.78	15.02	28.13	19.77	10.44	5.59	8.62	2.72	264.38	—

结合以往研究，浙江农户经济分层加速始于 20 世纪 90 年代（史清华，2005），到 2003 年民生化时代开启，这一加速现象依旧存在。按照 2010 年的农村消费价格计（图 1－5），到 2018 年处于收入两极的农户的比例为：人均纯收入在 5 000 元及以下的农户占 1.41%，收入高于 5 万元的农户占 23.94%，与民生化时代开启的 2003 年相比正好形成对调：人均纯收入在 5 000 元及以下的农户占比减少了 21.19 个百分点，收入高于 5 万元的农户占比增加了 18.54 个百分点。由此可见，农户收入差距不只表现在水平上，更表现在结构上。

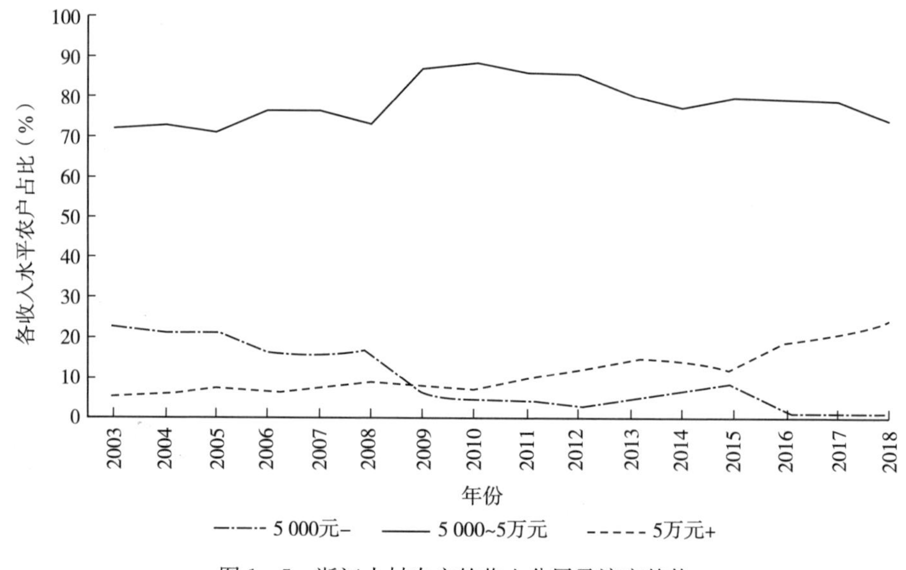

图 1－5　浙江十村农户的收入分层及演变趋势

对同样物价水平下的收入分组（图 1－6），可以看出，经过 16 年的发展，浙江观察农户收入分布上移比较明显，一定收入水平之下或之上的两极农户在观察户中所占比例越来越高，而居中农户的比例则越来越低。农户经济的分层变化随着时间的推移明显增强。分层集聚程度的峰点在 2003—2018 年这 16 年间，形成两次上移（表 1－5 和图 1－6），由最初 2003 年的 0.5 万～1 万元升至 2004 年的 1 万～2 万元，且在这一层次停留时间最长，达到 11 年，直到 2015 年才再次上移，进入 2 万～3 万元层次。第二次跨越看起来似乎时间长了点，但也是有原因的，收入段划分是致使跨越时间延长的一个重要原因。如果将收入水平统一按依次增加 0.5 万元分组，峰点滞留在 0.5 万～1 万元的时间还会加长 5 年，到 2008 年才真正实现跨越；下一阶段跨越速度则明显加快，在 1 万～1.5 万元层次停留至 2011 年；2012 年进入 1.5 万～2 万元层次，在此停留 4 年后，到 2016 年就再度实现新的跨越。从这个角度看，收入水平的组别划分对收入增长跨越时间的研究有重要影响。

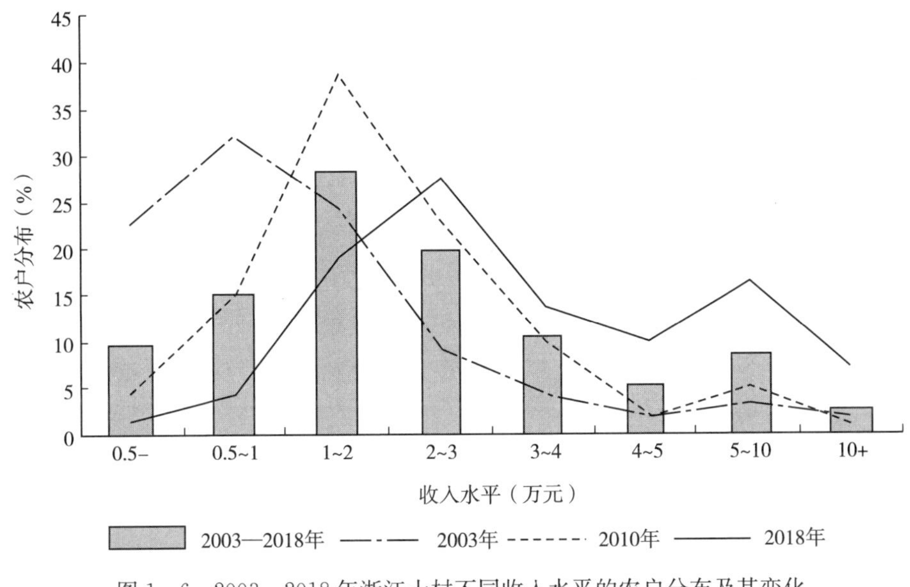

图 1-6　2003—2018 年浙江十村不同收入水平的农户分布及其变化

从表 1-5 中我们也应当看到，截至 2018 年，在浙江这样一个经济发展强劲的省份，依旧有一定程度的贫困农户存在。按照国家公布的 2010 年贫困线（2 300 元/人）标准，通过计算，浙江十村的贫困农户比例较低，但也是近年才降下来。在 2003—2018 年的 16 年中，这一比例最高曾达 8.05%（2015 年），最低为 0（2017 年），在 6%与 8%之间的有 4 年，在 4%与 6%之间的有 3 年，其他年份均在 4%以内，16 年平均落入贫困线内的农户比例为 3.78%，这一结果表明，尽管努力了，浙江也与完全消除农村贫困有一定距离。细观察，在举国进入消除贫困时期后，浙江的努力效果明显，2016 年以来，浙江十村的贫困户率全部保持在 1%及以内，2016—2018 三年接近消除贫困。

1.4.2 收入集聚度

若把收入放在一起，从分配角度看，收入的集聚度在某种角度也能反映出一个社会发展之不平衡性到底有多大。从图 1-7 和表 1-6 中可以看出，在进入民生化时代的 16 年中（2003—2018 年），浙江十村农户的收入集聚度呈现一种“W”形下降趋势，换句话说，其收入的平衡性呈增强趋势。按照人均收入排序，五等分农户，20%的高收入户所得收入总量在 2003 年时相当于 87.20%的低收入户收入之和，经过十几年的演变，到 2018 年这一比例已降至 77.87%，减少了 9.33 个百分点；十等分农户，10%的高收入户所得收入总量在 2003 年时相当于 75.40%的低收入户收入之和，到 2018 年这一比例已降至 62.98%，减少了 12.42 个百分点；廿等分农户，5%的高收入户所得收入总量在 2003 年时相当于 62.20%的低收入户收入之和，到 2018 年这一比例已降至 50.70%，减少了 11.5 个百分点；比较处于收入顶端的 1%的高收入农户这一指标的变化，16 年间尽管也呈下降趋势，由 2003 年的相当于 37.60%的低收入户收入之和降至 2018 年的相当于 32.60%的低收入户收入之和，但降幅有限，只有 5 个百分点。浙江十村的这一发展趋势，可以概括为“高收入户拉动下的低收入户紧跟型”，有目标，也有

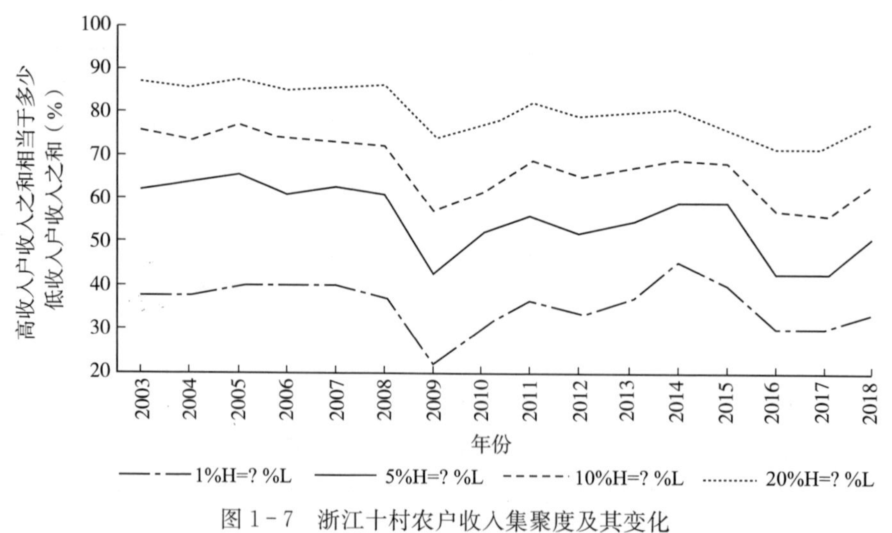

图 1-7 浙江十村农户收入集聚度及其变化

底线。共同富裕成为村庄美丽发展的根本。

表 1-6　浙江十村农户收入不平衡程度及演变趋势

年份	高收入户收入之和相当于多少低收入户收入之和（%）				高收户收入份额/低收户收入份额		基尼系数
	1%高收户	5%高收户	10%高收户	20%高收户	五等分	十等分	
2003	37.60	62.20	75.40	87.20	18.51	52.20	0.518 3
2004	37.60	63.60	73.80	85.60	17.58	40.79	0.514 7
2005	39.72	65.87	77.05	87.82	19.28	48.51	0.520 8
2006	39.60	61.40	74.20	85.00	20.77	51.75	0.512 9
2007	40.20	63.03	73.33	85.86	18.84	48.02	0.512 2
2008	37.53	61.05	72.62	86.21	22.87	74.53	0.515 9
2009	21.40	42.40	57.40	74.00	8.01	19.03	0.437 5
2010	30.60	51.90	61.52	76.55	8.09	17.10	0.458 1
2011	36.87	55.91	69.14	82.56	9.86	22.77	0.489 0
2012	33.73	52.41	65.66	79.32	8.46	17.25	0.471 4
2013	36.22	54.93	67.20	80.48	34.70	−16.27	0.527 7
2014	44.78	59.24	68.88	81.32	12.47	63.63	0.518 1
2015	40.44	59.24	68.88	77.46	29.05	−15.09	0.525 8
2016	30.24	43.55	57.26	71.77	7.11	13.65	0.450 5
2017	29.58	43.06	56.14	72.64	7.55	14.60	0.452 5
2018	32.60	50.70	62.98	77.87	9.73	20.19	0.488 4

另外，从图 1-7 的四条收入集聚度演变趋势线可以看出，在 2008 年国际金融危机的作用下，以对外贸易为主体的浙江经济受到不小冲击，且这一冲击在浙江十村居民收入上表现明显。从这个角度看，浙江的外向型经济是农村与城镇融为一体的类型。

1.4.3　收入不平衡程度

对于农户经济发展不平衡性的测定通常运用的指标有二：一是基尼系数，二是欧希玛指数（简称“欧指”，收入水平排队、等分农户情况下的高收入户收入份额比低收入户收入份额的倍数）。从早期的文献（史清华，2005）中可以看出，浙江十村观察农户家庭，其经济发展的不平衡性明显是加剧的，但这一加剧在进入21世纪后，明显出现高位放缓，直到2016年进入缓解阶段。表1-6以及图1-8和图1-9显示，在进入民生化时代后，浙江十村农户收入水平五等分下的欧希玛指数变化先是表现出一种"∩"形态势，在2003年，欧指为18.51倍，到2008年上升至22.87倍，之后在全球金融危机的影响下，出现一个大幅度下降，使得之后四年（2009—2012年）的欧指徘徊在8～10倍；再后来，经历了三年的大幅度波动，到2016—2018年，欧指又重新回到10倍以内的水平。与此同时，收入分配的基尼系数走势表现与五等分欧希玛指数的变化有些差异，2003—2018年总体呈现一种"W"形态势。民生化时代早期（2003—2008年），基尼系数的数值是比较高的，持续徘徊在0.50与0.55之间。直到全球金融危机爆发，这一数值才又一次回到0.50之内，2012年后重新突破0.50大关，并在这一线上持续三年，直到2016年才再度回到0.50线以内。按照国际惯例或中国规定[①]，在整个民生化时代开启以来的16年中，浙江十村观察农户间收入分配有9年处于严重不平衡状态，只有2009—2012年和2016—2018年这两个时段处于合理状态。

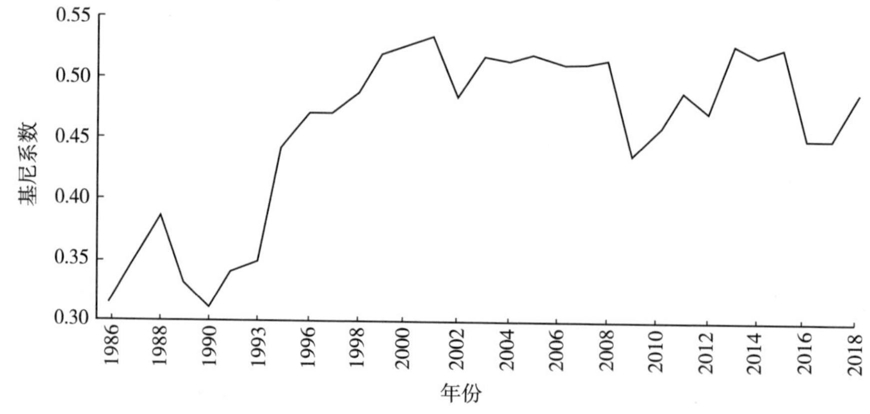

图1-8　浙江十村农户收入的基尼系数及其演变

① 按照国际惯例，基尼系数在0.2～0.5分配较为合理，超过0.5分配为极度不合理。按照中国规定，基尼系数低于0.2为收入分配绝对平均，0.2～0.3为相对平均，0.3～0.5为较为合理（郑杭生，1996）。

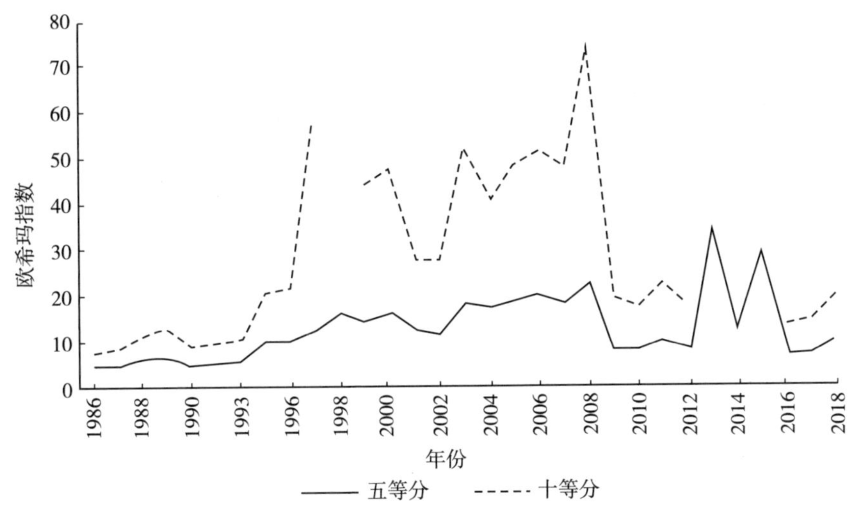

图 1－9　浙江十村农户收入的欧希玛指数及其演变

1.5　人口流动性

随着社会经济发展与科技进步，人们的生活水平得到明显提高，生活质量有了大大改善，与此同时，工业化与城镇化也使得人们的生活方式渐渐地发生变化。以基建见长的中国，不仅交通基础设施建设得到快速发展，同时在通信设施及手段上也有了快速更新，加之基础教育的大力推进，让国人的视野从虚到实都得到实实在在的拓宽，可行能力的提升、基础设施的保障让国人的流动性大大加强，全面性大尺度的流动已成为当今国人生活的一个重要内容。对此，国家观察点的数据给予了重要证明。

说到流动，不能不想到一个重要的概念，即家。俗话说得好，“在家千般好，出门一日难”，流动就是相对在家来说的一种行为。换句话说，以家为中心的活动或行为，我们可简单地称其为居家行为，而离家外出活动或行为，我们称其为流动行为。曾经，受各种各样的条件限制，人们的活动行为多数是居家行为，特别是在农业时代的农村人，这一现象尤其明显。随着社会经济发展、社会形态的非农化演变，国人的居家行为，特别是以故土为中心的居家行为，越来越受到挑战，外出流动成为当下国人生活中的一种重要行为。国家观察点在 2003 年以后，针对农民的居家或外出行为设计了一个指标："在家居住时间"，这一指标可以从一个侧面对进入 21 世纪以后的中国农民的流动行为予以揭示。

结合图 1-10 和表 1-7 可以看出，在浙江十村中，农民的居家行为随着年龄的增长，呈现出一种典型的"U"形趋势，居家时间最短的是15～24岁人群，反过来，这也是流动性最强的人群。这个年龄段的人群之所以呈现出如此特征，一个重要原因就是寄宿就学，之后随着学业的完成，求职外出成为其行为核心，但随着新家庭的组建，其漂流的心开始静下来，直到终老，居家时间明显增多。在 25 岁全部学业结束后，人们居家时间开始明显增多，差不多年龄每增长 10 岁，居家时间增加一个月，由25～34岁的居家 7～8 个月，逐渐演变到 65 岁及以上接近全年在家居住。相较而言，随着时间的推移，不同年龄的民众均有居家时间减少的趋势，换句话说，外出时间明显有增多趋向，直到 65 岁后方开始稳定下来。

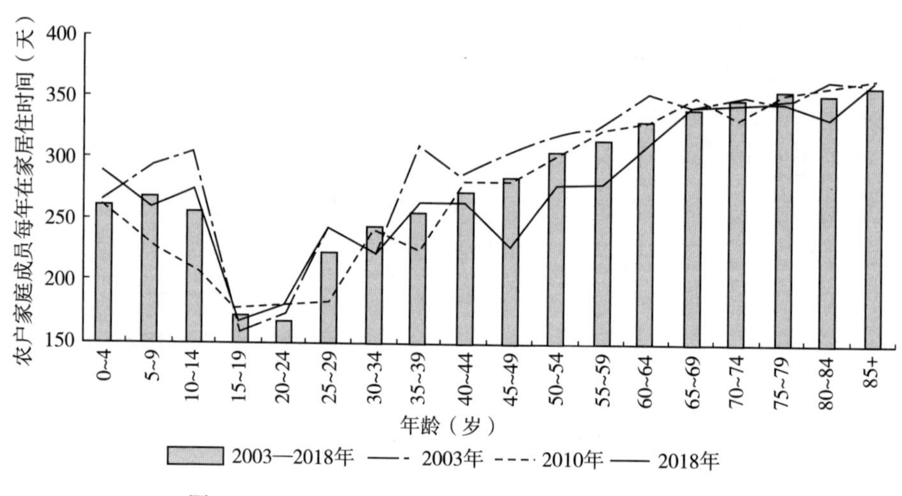

图 1-10　浙江十村农户家庭成员居家时间及其演变

从表 1-7 中可以看出，在居家还是外出上，浙江十村从来都表现不一致，根据统计数据很难得出"农民喜欢离家外出"或"农民喜欢居家生活"这样的结论。如果说农民不愿意离家，那么在浙江的十个观察村中，

表 1-7　浙江十村农户家庭成员在家居住时间及其变化

单位：天

年份	临安龙上	湖州永丰	嘉兴余北	绍兴西蜀阜	鄞州庙堰	温岭新民	瑞安金后	普陀鹁鸪门	丽水河边	金华石板堰	十村综合
2003	198.71	327.84	323.51	343.07	321.81	245.47	272.11	218.13	282.68	238.36	277.43
2004	192.53	328.40	325.71	339.48	329.78	235.79	263.79	210.80	268.06	252.92	274.64
2005	199.27	328.18	328.77	330.74	323.80	231.43	282.56	213.63	248.05	294.29	277.19
2006	196.57	322.75	328.43	336.12	325.11	226.38	261.84	217.22	246.63	254.88	271.41
2007	177.46	319.18	336.58	331.98	328.85	225.69	270.29	212.93	247.71	259.22	270.78
2008	163.64	313.27	324.97	332.14	329.85	243.97	277.27	205.45	230.53	259.81	268.22
2009	179.31	315.07	324.65	334.48	330.64	231.62	278.99	218.26	266.36	272.95	276.42
2010	163.49	323.92	327.74	—	337.51	236.92	272.51	224.50	261.31	279.55	269.18
2011	138.23	323.63	324.39	334.93	338.33	246.56	271.12	234.47	268.76	279.80	275.72
2012	143.03	325.53	327.18	338.45	342.27	254.71	279.52	255.63	278.96	280.34	281.59
2013	139.33	323.67	329.17	342.76	340.51	251.65	267.18	252.09	274.52	296.47	279.29
2014	143.27	325.48	328.79	339.93	340.98	245.67	277.23	246.06	289.56	315.52	282.82
2015	146.17	326.02	325.93	343.25	313.41	233.04	283.26	249.70	286.00	314.12	281.48
2016	147.73	319.51	325.79	341.90	311.91	240.74	281.98	251.42	279.20	304.26	280.05
2017	130.38	320.86	340.44	346.02	312.89	250.11	287.83	274.68	284.58	305.87	283.81
2018	137.64	324.98	339.61	353.78	311.51	240.97	282.10	259.96	245.47	305.85	280.16
2003—2018	162.65	323.00	328.75	338.98	327.60	239.89	275.77	233.43	265.87	279.29	276.87
16 年增减	−61.06	−2.86	16.10	10.72	−10.30	−4.51	9.99	41.82	−37.22	67.49	2.73

有一个村不符合这一结论，即临安的龙上村，从有记录的2003年起，这个村的观察户家庭成员平均全年在家居住时间最长也就半年多点，且随着时间变化，到2018年进一步降至不足5个月，16年间在家居住时间减少了两个多月；如果说农民愿意外出，那么余北、西蜀阜和庙堰等三个城市化了的乡村的情况又不相符，16年来，观察户家庭成员在家居住时间不仅没有下降，反而略有增多，三村居民平均在家居住时间均在10个月以上，是浙江十村中农民居家时间最长的村。这几个反例可以反映出：农民是否要外出，关键是生存与就业问题，若能够就近解决就业、维持生存，一般都会选择居家。外出只是为了生存，是谋发展的一种方式。

为了进一步对观察村居民的流动作出更加清晰的表述，我们对其外出行为也做了一个简单统计。在全部就业的人群中（表1-8），就业空间显然是以家乡所在乡镇为主体，2003—2018年平均占比达65.59%，也即2/3。真正走出乡镇的劳动者比例只有1/3。在走出乡镇的人群中，大部分人就业依旧在家乡所在的县（市、区）内，16年平均占比18.08%，占跨乡镇就业人群的半数；其次是省内跨县（市、区）就业，占比达8.56%；第三是国内跨省就业，占比6.74%；最后是跨境就业，按照“哪里有人哪里就有浙江人”的浙商思维，跨境流动的劳动者比例虽不大，也占1.03%。细观察年度间的变化，可以看出，随着浙江经济的发展，浙江十村民众跨区外出就业主要向跨乡（镇）、跨县（市、区）两个层次集中，真正跨省以至跨境的人群比例呈明显下降趋势。这一结果很容易解释三个城镇化了的村的高度居家行为，只要有就业可能或机会，民众的外出活动会大大减少，即使在浙江也一样。外出，对民众来说很大程度上是一种无奈的选择。

表1-8　浙江十村农家劳动者外出流动地区构成及其变化

单位：%

年份	本乡镇内	乡镇外县内	县外省内	省外国内	境外
2003	69.15	14.79	6.34	8.54	1.18
2004	69.89	14.88	5.47	8.30	1.45
2005	71.46	15.29	5.00	6.86	1.39

（续）

年份	本乡镇内	乡镇外县内	县外省内	省外国内	境外
2006	71.43	13.58	6.21	7.63	1.15
2007	71.19	14.71	5.95	6.92	1.23
2008	67.83	15.67	7.79	7.61	1.10
2009	53.83	28.50	10.03	5.98	1.67
2010	58.82	19.50	13.07	7.19	1.42
2011	57.66	24.05	9.91	7.21	1.17
2012	62.79	20.99	10.17	5.41	0.64
2013	64.59	17.76	10.54	6.54	0.59
2014	65.43	18.96	8.92	6.23	0.46
2015	65.60	18.34	9.87	5.68	0.50
2016	64.31	18.79	10.74	5.67	0.50
2017	65.27	18.39	9.50	6.13	0.72
2018	69.23	15.16	9.23	5.27	1.10
2003—2018	65.59	18.08	8.56	6.74	1.03

结合表 1－9 的统计可以看出，在浙江十村中，劳动力就业空间是有一定差异的，相较而言，沿海的温州的金后与台州的新民二村人员就业空间最大，不仅有大比例人员跨县、跨省，更跨国，是真正有能力且实际走出国门的村庄。受家乡自然条件限制，临安的龙上（山区）和金华的石板堰（纯农区）两村，是跨区就业流动人员比例最大的村，但跨度空间相对于沿海二村来说，龙上村局限于省内，石板堰也只有一定比例人员跨出省门。

表 1－9　2003—2018 年浙江十村农家劳动者外出流动地区构成

单位：%

地区	本乡镇内	乡镇外县内	县外省内	省外国内	境外
临安　龙上	44.24	39.87	11.96	3.93	0.00
湖州　永丰	87.05	3.95	6.55	2.46	0.00
嘉兴　余北	86.35	7.29	4.68	1.68	0.00
绍兴　西蜀阜	72.07	25.83	1.83	0.28	0.00

（续）

地区	本乡镇内	乡镇外县内	县外省内	省外国内	境外
鄞州　庙堰	79.04	13.89	6.67	0.39	0.00
温岭　新民	52.01	8.64	19.49	18.12	1.75
瑞安　金后	51.52	20.70	4.54	18.90	4.34
普陀　鹁鸪门	71.65	22.23	2.45	0.45	3.22
丽水　河边	75.84	7.59	6.33	10.18	0.06
金华　石板堰	35.66	37.43	22.09	4.82	0.00
浙江十村	65.59	18.08	8.56	6.74	1.03

1.6　小结

为了对浙江观察农户经济收入的演变分析做出更好的把握，我们首先做了两块铺垫性分析，一是浙江宏观经济背景，也即“浙江奇迹”的简单分析，二是浙江观察点设立及背景介绍。继而开始了我们的观察点农户经济收入分析，分析以 2003—2018 年的情况为核心，兼顾长期，从收入增长入手，不仅对收入水平变化做了探索，同时对收入结构变迁以及收入不平衡性问题也进行了探索，最后对当前农村人口流动性做了补充性分析。

首先，通过对“浙江奇迹”的简要分析，发现浙江经济的发展战略是总量瞄准“粤苏鲁”，人均盯着“京津沪”，在总量快速推进的情形下，人均跟上；发展模式是以工业为支撑，先污染后治理，逐渐向拥有众多“绿色”特色的服务业目标转移。“民富”是浙江经济奇迹产生的重要基础，亦是其优先目标。同时，注重减弱城乡不平衡是浙江经济奇迹产生的又一根源。尽管农业也曾是“绿色”的，但限于天赋资源制约，去农化是浙江经济发展的一个重要特征。但在农业发展上，浙江也实实在在做了许多事，诸如“美丽乡村”建设，诸如将“绿水青山”与“金山银山”联结，为国家战略“乡村振兴”的提出贡献了经验。

其次，浙江经济奇迹的产生必然内含着一种浙江精神，从国家观察点的设置到 30 多年的运行，浙江人的执着的坚守就是一个很好的证明。

第三，以典型性与引导性为观察点设置宗旨让浙江十村不仅在浙江，甚至在全国农村社会经济发展中都起到一种示范作用。从浙江十村的发展过程中，我们不仅看到国家城镇化政策的具体体现，也看到了在国家战略“乡村振兴”的实施过程中，浙江的先行与示范效果。相比建点初的 1986 年，2018 年，浙江十村人均收入水平高达 54 556.65 元（可支配收入），33 年间翻了六番（63.30 倍），年均增长 13.84%，较浙江全省农村年均增长率 12.61%高了 1.23 个百分点。浙江观察村农户经济发展固然有其内在规律，但村庄行政变动的影响也是很大的，具体表现有二：一是城镇化的影响，二是乡村合并的影响。特别是城镇化，不仅改变了农民的身份，更是改变了农民的生活方式。从观察点居民收入及其结构变动中可以清楚地看到，支撑浙江农家经济增长的核心是家庭经营（62.13%），确切地说是家庭非农经营，农业经营只占 20%～25%，来自政府财政的转移性收入比重是微不足道的（1%左右）。在具体发展中，观察村村际收入增长模式差异很大，以 2018 年为例，有对家庭经营高度依赖（90%+）的永丰村，也有中度依赖的河边村、新民村、石板堰村（50%～70%），还有龙上村、西蜀阜村、余北村以及鹁鸪门村等 4 村以家庭经营为主（45%～60%），辅以其他，更有基本放弃家庭经营，以外出打工的工资性收入为主的金后村（49.48%）或以财产性收入为主的庙堰村（63.73%）。在十村中，接受政府财政性转移支付比例最大的村为石板堰村（15.27%），其次是鹁鸪门村、金后村、余北村和新民村等 4 村（5%～10%），其他 5 村均不足 3%。

最后，伴随着收入增长，浙江农户的收入分层明显，且分层加速始于 20 世纪 90 年代（史清华，2005），但这一加速到 2016 年开始有所收敛或者说放缓。2003—2018 年浙江十村农户的收入集聚度呈现一种“W”形下降趋势，基尼系数除在金融危机时期（2009—2012 年）以及 2016—2018 年降到 0.5 以下，其他年份均超过此值。浙江十村的这一发展模式可以概括为“高收入户拉动下的低收入户紧跟型”，有目标，也有底线。共同富裕成为村庄美丽发展的根本。但就是这么一个经济发展强劲的省份，截至 2018 年依旧有一定程度的贫困农户存在。按照国家公布的 2010 年贫困线（2 300 元/人）标准，这一比例在 2003—2018 年最高曾达 8.05%（2015 年），最低为 0（2017 年），平均为 3.78%，这一结果表明，当时的浙江也与完全消除农村贫困有一定距离。细观察，在举国进入消除贫困时期后，浙江的努力效果明显，2016年以来，浙江十村的贫困户率全部保持在1%及以内，2016—2018三年接近消除贫困。

与此同时，农村原本相对静止的社会环境早已发生翻天覆地的变化，人口流动加速成为当下的常态。人口流动固然有多种因素作用，但很显然，就学与就业是两个重要因素。当然，政府推动下的城镇化是人口加速流动的根本原因，基础设施的大大改善以及教育、媒体等推动下的观念更新是人口流动加速的助力器。

在选择居家还是外出上，根据统计数据很难得出“农民喜欢离家外出”或“农民喜欢居家生活”这样的结论。如临安的龙上村，有记录以来（2003—2018年）观察户家庭成员平均全年在家居住时间最长也就半年多点，且随着时间变化，到2018年进一步降至不足5个月，16年间在家居住时间减少了两个多月。嘉兴的余北、绍兴的西蜀阜和鄞州的庙堰等三个城市化了的乡村，16年来，观察户家庭成员在家居住时间不仅没有减少，反而略有增多，三村居民平均在家居住时间均在10个月以上。这几个案例可以反映出：农民是否要外出，关键是生存与就业问题，若能够就近解决就业、维持生活，一般都会选择居家。外出只是为了生存、为了发展的一种无奈选择。从这个角度看，让民众过上幸福日子，核心是为民众或允许民众创造就业机会。

参考文献

史清华，2005. 农户经济可持续发展研究——浙江十村千户变迁（1986—2002）[M]. 北京：中国农业出版社.

郑杭生，1996. 当代中国农村社会转型的实证分析 [M]. 北京：中国人民大学出版社.

第 2 章　家庭组织及成员

家庭是一个社会最基本的组成单位。作为这一有机整体的细胞，家庭也是我们了解社会发展运行规律的重要窗口。本书即是从农户家庭这一微观视角入手，通过对全国农村固定观察点十几年的跟踪调查，考察 2003 年以来浙江农村的经济发展变迁。因此，在开展农户行为研究之前，我们首先针对研究对象——农户家庭组织，对其本身的社会学、经济学特征进行详细的梳理和考察，以形成必要的基础性了解和认识。

2.1　家庭基本情况

2.1.1　人口规模

人是组成一个家庭最基本的要素，也是一个小家庭保持活力、大家族生生不息的动力源泉。如图 2-1 所示，2003—2018 年，浙江十村农户的家庭人口①规模平均为 3.35 人/户，整体上基本呈持续下降的趋势。到 2018 年已降到最低点 3.12 人/户，与观察期初 2003 年的 3.44 人/户相比，减少了 9.33%②；与观察期内的最高值——2008 年的 3.50 人/户相比则减少了 10.91%。相应地，16 年间家庭人口中劳动力数量为 2.24 劳/户，其变化趋势也与前者相同，但下降幅度相对更大。从 2003 年的 2.34 劳/户到 2018 年的 1.95 劳/户，浙江十村农户家庭劳动力数在 16 年间减少了 16.58%；若与观察期内峰值——2008 年的 2.45 劳/户相比，减少幅度则达到了 20.53%。

① 指的是家庭常住人口，即全年经常在家居住或在家居住六个月以上，而且经济生活和本户连成一体的人口。在外劳动虽然超过六个月，但其收入主要带回家中的在外从业人员也同样包括在内。

② 比例变化的计算使用的是未四舍五入的原始数据，若直接用文中保留 2 位数后的数值计算，相比起来会有些许误差，特此说明。下同。

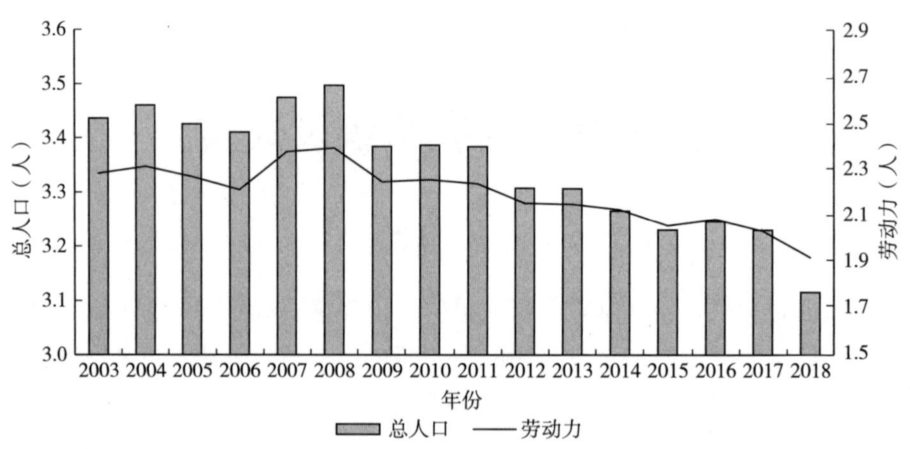

图 2-1 观察户家庭总人口数及劳动力规模变动

从各人口规模户的分布来看（表 2-1），2003 年浙江观察户中最多的是三口之家，占比为 31.80%；其次为 2 人户，占比 24.80%；第三、第四分别为 4 人户（19.40%）和 5 人户（13.40%）。而随着时间的推移，各人口规模户的占比表现出不同的变化趋势，主要是 3 人户、4 人户持续减少，2 人户、单人户占比大幅增加。最终，16 年间，浙江观察村各人口规模户的分布在纵向上发生了明显的结构转变，表现为钟形分布左偏程度加大（图 2-2）。具体地，从 2003—2018 年，3 人户在总体中的份额从 31.80%降至 18.22%，减少了 13.58 个百分点。而与此同时，2 人户的份额则经过 2003—2008 年的小幅下降后持续回升，到 2018 年增至 40.28%，与 2003 年相比增加了 15.48 个百分点，若与最低点 2008 年相比，则几乎翻了一倍。因此，在这二者完全相反的变化趋势的作用下，从 2009 年开始，浙江观察户家庭人口规模的众数户便变为 2 人户，并一直持续至 2018 年。其他分组中值得注意的是，4 人户的总体占比从 2003 年的 19.40%小幅增至 2007 年的 24.49%后，同样大幅下降，2018 年已仅剩 8.50%，与 2003 年相比减少了 10.90 个百分点。而单人户的份额在观察期内却大幅增加，从 2003 年的 2.40%到 2018 年的 8.91%，增加了 2.71 倍。不过 16 年间，浙江十村观察户中最大人口规模基本为 9 人。最终，2018 年时，除了主要的 2 人户，分布量处于第二、第三、第四位的已相应变为 3 人户、5 人户和单人户。可见，不管是从户均人口数的变化，还是从家庭人口规模分布的变化来看，浙江观察点农户的家庭人口总体上表现出明显的减少趋势。

表 2-1　浙江十村农户家庭人口规模及其分布

年份	各人口规模户分布（%）							规模最大户人口数（人）
	1 人	2 人	3 人	4 人	5 人	6 人	7 人+	
2003	2.40	24.80	31.80	19.40	13.40	6.80	1.40	9
2004	2.60	23.20	32.40	19.40	15.00	5.60	1.80	9
2005	2.00	23.55	33.73	20.56	13.57	4.79	1.80	9
2006	3.00	22.80	32.80	22.00	12.80	4.80	1.80	8
2007	2.63	21.05	31.98	24.49	13.36	4.66	1.82	9
2008	2.84	20.28	31.85	23.94	15.62	3.45	2.02	11
2009	3.00	28.20	27.80	18.60	15.20	5.80	1.40	8
2010	3.21	28.46	27.25	18.24	15.03	6.41	1.40	8
2011	3.82	28.51	26.51	17.27	16.06	6.63	1.20	8
2012	3.44	31.78	27.33	14.78	15.59	5.47	1.62	8
2013	3.63	33.87	25.20	13.71	15.32	6.25	2.01	8
2014	4.83	35.81	22.74	13.08	14.89	6.24	2.41	8
2015	5.66	36.16	22.22	12.32	15.35	6.46	1.81	9
2016	5.49	35.37	22.76	12.80	15.04	6.71	1.82	9
2017	6.91	37.20	19.51	11.99	14.02	8.33	2.03	9
2018	8.91	40.28	18.22	8.50	13.97	8.10	2.02	9
2003—2018	4.02	29.44	27.15	16.95	14.64	6.03	1.77	11

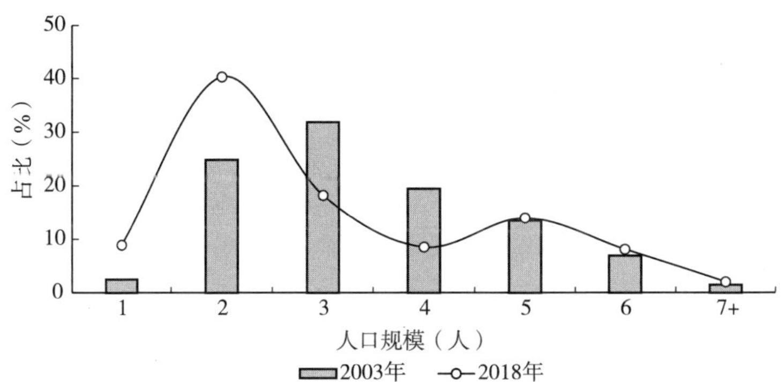

图 2-2　2003 年和 2018 年浙江十村农户家庭人口规模及分布

进一步从各家庭劳动力规模户的分布来看（表 2-2 和图 2-3），在 16 年的观察期内，浙江十村农户劳动力规模的分布变化与其人口规模的分布变化相似，同样呈现出缩小的趋势特征，主要表现为无劳户和单劳户份额的明显增加及 3 人以上多劳户占比的减少。具体地，2003—2018 年，农户劳动力规模分布中的众数户始终为有 2 个劳动力的农户，且其占比在时间序列上的变化相对较小，基本保持在 40%左右，2018 年为 39.34%。其次，分布量排第二位的也始终为有 3 个劳动力的农户，但其份额在纵向上则呈波动下降趋势，从 2003 年的 28.00%到 2018 年的 19.47%，减少了近 1/3。与此同时，单劳户的占比则基本持续增加，到 2018 年达到了 16.60%，是 2003 年的 2.24 倍，在总体分布中的排名也从第五位上升至第三位。无劳户的占比在整个观察期内同样也有较大幅度增加。虽然其在 2003—2008 年曾经历了小幅减少阶段，但之后便一直以较稳定的速度持续增长。到 2018 年，无劳户的份额达到 14.55%，与 2003 年相比增加了 37.26%，与 2008 年相比则增加了 1.31 倍，增长阶段的年平均增速为 8.75%。此外，有 4 个及 5 个以上劳动力的农户占比总体上均呈减少趋势，从 2003 年的 13.40%和 1.60%下降至 2018 年的 9.22%和 0.61%，分别减少了 4.18 个和 0.99 个百分点。农户劳动力规模的最大值也从 7 个波动减少至 6 个。综上可见，16 年间，伴随着家庭规模的缩减，浙江十村观察户的劳动力规模整体上也呈现出一定的缩小趋势。而无劳户占比的增加从某种程度上还可反映出农户家庭人口老龄化趋势的增强，后文我们将对此进行进一步的针对性分析。

表 2-2 浙江十村农户家庭劳动力规模及其分布

年份	各劳动力规模户分布（%）						规模最大户劳动力数（个）
	无劳户	1劳	2劳	3劳	4劳	5劳+	
2003	10.60	7.40	38.40	28.00	13.40	1.60	7
2004	8.60	7.60	41.80	25.60	13.80	2.20	7
2005	8.18	9.78	42.51	23.75	13.57	1.60	7
2006	7.62	12.63	43.09	21.84	13.03	1.20	6
2007	6.48	7.69	43.52	23.68	15.99	2.02	6

（续）

年份	各劳动力规模户分布（%）						规模最大户劳动力数（个）
	无劳户	1 劳	2 劳	3 劳	4 劳	5 劳+	
2008	6.29	7.51	43.81	22.31	18.05	1.62	8
2009	6.68	10.93	41.50	29.15	10.73	0.81	7
2010	7.09	10.93	40.89	28.14	11.54	1.21	7
2011	7.94	9.98	41.14	28.11	11.81	1.02	5
2012	8.35	12.83	41.75	25.66	10.39	1.02	5
2013	8.94	14.02	39.63	25.61	9.76	1.83	6
2014	10.22	14.11	37.01	27.40	9.82	1.23	6
2015	11.63	14.90	37.14	25.51	10.20	0.61	5
2016	11.39	14.91	36.23	26.09	10.14	1.24	5
2017	13.02	15.08	36.98	23.14	10.54	1.03	6
2018	14.55	16.60	39.34	19.47	9.22	0.61	6
2003—2018	9.21	11.66	40.31	25.22	12.01	1.31	8

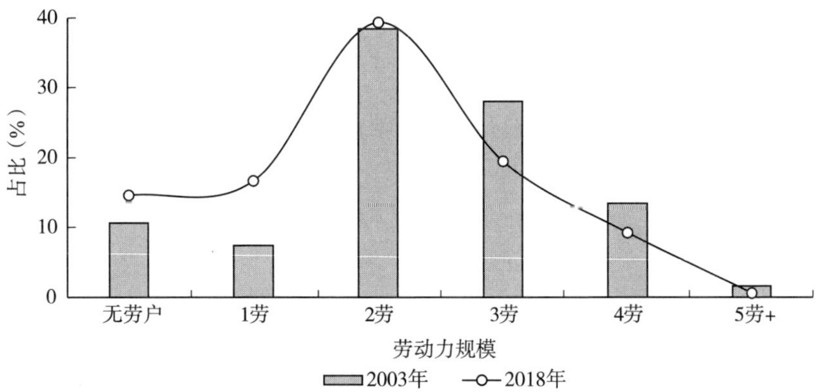

图 2-3　2003 年和 2018 年浙江十村农户劳动力规模分布

2.1.2　性别及年龄结构

以 2018 年的调查数据来看，该年样本全部成员共计 1 580 人，其中男性 791 人，女性 789 人，分别在调查总数中占比 50.06%和 49.94%，男女性别比例为 100∶99.75。分年龄段来看，60 岁及以上样本成员中的男女性别比例为 100∶91.70，25 岁以下样本成员中这一比例则为 100∶101.46。参考 2000 年的调查情况，当时观察点 25 岁以下样本中男女比例为 100∶78.16，60 岁及以上成员中这一比例为 100∶95.45（史清华，2005）。综合对照可见，似乎浙江新生代人口中性别失调问题出现了扭转，没有很明显的重男轻女倾向。

从观察户成员的年龄来看（图 2-4 和表 2-3），随着时间的推移，浙江十村农户家庭成员的平均年龄呈逐年增大趋势，已由 2003 年的 37.96 岁增至 2018 年的 47.09 岁，16 年平均年龄增加了 9.13 岁。其中男性增加 9.57 岁，女性增加 8.68 岁。家庭成员中男性的平均年龄在 2015 年出现重大结构变化，首次超越女性，到 2018 年男性的平均年龄为 47.44 岁，女性为 46.73 岁。

在这个老龄化的时代，具体到各个观察村（表 2-3），情况又有所不同。相较而言，嘉兴的余北村、鄞州的庙堰村和普陀的鹁鸪门村属于年老村，人口平均年龄均在 46 岁与 47 岁间，而丽水的河边村、临安的龙上村和金华的石板堰村则属于年轻村，平均年龄在 40 岁与 41 岁间。在老龄化过程中，普陀的鹁鸪门和金华的石板堰两村老龄化最快，2003—2018 年观察户家庭成员平均年龄提升高达 14～15 岁；其次是绍兴的西蜀阜和温岭的新民两村，观察户家庭成员平均年龄 16 年间提升了 10～11 岁；人口平均年龄提升最慢的是湖州的永丰村，16 年间仅增加了 3.23 岁，是浙江十村中老龄化速度最慢的村；其余 5 村观察户家庭成员的平均年龄提升均在 7 岁与 10 岁间。

进一步从村民各年龄段分布（图 2-5）中可以看出，在 2003—2018 年整个观察期内，以五年为一段，浙江十村观察户家庭成员的最主要年龄分布段为 50～54 岁，分布量超过 10%，其次为 45～64 岁的另三个年龄段，分布量均在 8%～10%。代表少年儿童的三个年龄段（14 岁及以下），分布量均在 4%以内，合计只有 10.45%；而作为关注重点的夕阳段（65 岁+），其分布量高达 12.71%。显然，赡养的问题要远高于抚养的问题。结合时间变化，可以看出，农村由抚养（14 岁及以下人群）负担向赡养负担（65 岁及以上人群）进行结构转换的时间在 2010 年前后。2003 年浙江十村农户需抚养群体的占比为 11.69%，到 2010 年降至 10.04%，随着生育政策的调整，2018 年重新回升至 11.30%。但这一数值与老龄化背景下的赡养负担变化形成鲜明对照。2003 年浙江十村农户需赡养群体的占比为 6.79%，到 2010 年升至 9.91%，到 2018 年则进一步升至 23.36%。从这个角度看，浙江农村尽管经济有了不错的发展，但老龄化给农村经济发展带来的压力也需要及早加以重视。

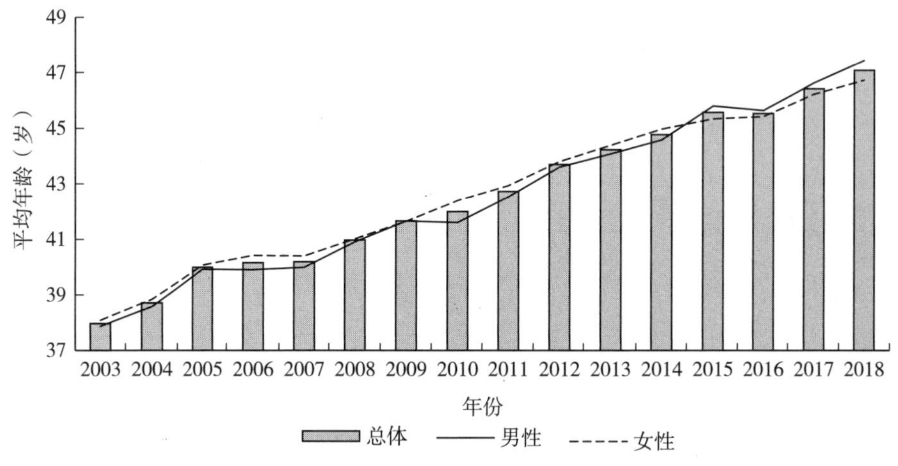

图 2-4　浙江十村农户家庭成员平均年龄

表 2-3　各村农户家庭成员平均年龄

单位：岁

年份	总体	龙上	永丰	余北	西蜀阜	庙堰	新民	金后	鹁鸪门	河边	石板堰
2003	37.96	37.28	42.18	43.16	38.84	43.23	36.43	32.27	38.66	37.16	33.45
2004	38.71	38.06	42.11	43.58	39.62	43.99	37.20	34.01	39.78	36.82	34.63
2005	39.99	37.52	42.99	45.06	40.05	45.09	38.28	35.10	40.91	36.77	43.25
2006	40.16	37.93	43.50	44.98	40.86	45.40	38.93	36.05	42.21	37.43	36.94
2007	40.20	37.91	43.84	45.02	41.32	44.01	39.20	35.61	43.54	37.33	37.44
2008	40.94	39.06	43.76	46.34	41.58	44.68	40.48	36.14	44.93	37.87	38.20
2009	41.65	42.31	43.25	46.22	42.72	46.20	41.13	35.54	46.37	38.70	38.81
2010	41.99	41.02	44.43	47.94	—	45.60	41.97	35.69	46.09	39.65	40.05

（续）

年份	总体	龙上	永丰	余北	西蜀阜	庙堰	新民	金后	鹁鸪门	河边	石板堰
2011	42.72	40.77	45.10	47.94	44.22	46.47	43.36	35.91	48.45	39.42	41.28
2012	43.70	41.85	45.76	45.81	47.11	46.69	45.10	36.05	49.46	42.60	42.49
2013	44.18	41.62	45.78	46.82	48.92	47.20	45.18	37.02	48.80	41.84	44.45
2014	44.77	42.01	45.95	47.78	50.34	47.86	45.65	37.65	48.66	41.84	46.28
2015	45.56	43.70	45.98	48.46	50.31	48.67	45.29	38.08	50.61	44.07	47.18
2016	45.53	44.33	45.17	48.88	49.65	49.15	45.75	39.00	50.64	42.74	45.51
2017	46.42	44.58	45.88	50.75	49.96	50.90	45.69	39.40	51.89	44.16	47.93
2018	47.09	45.66	45.41	50.21	49.84	52.68	46.64	40.41	52.81	46.42	48.44
2003—2018	42.55	40.89	44.46	46.75	44.72	46.69	42.16	36.56	46.30	40.11	41.08

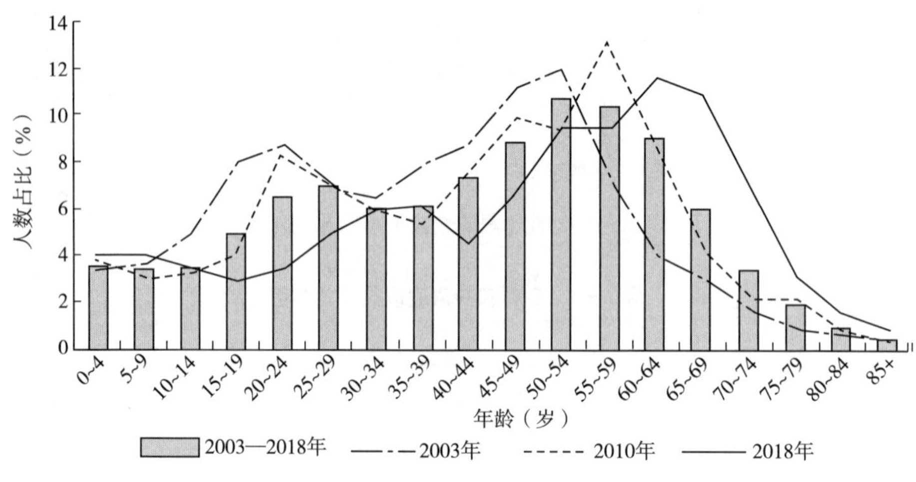

图 2-5 浙江十村农户家庭成员年龄分布及其演变

2.1.3 健康状况

观察点对农户家庭成员健康状况的考察采用的是受访者自己的主观评价，分为优、良、中、差和丧失劳动能力五个等级，若从好到差依次赋分 5 至 1 分，最终统计结果如图 2-6 所示。2003—2018 年，观察户家庭成员健康水平的平均分值为 4.47 分，其中男性和女性分别为 4.55 分和 4.40 分，说明大部分调查成员的健康状况为优良水平，且整体上男性的健康状况要好于女性。时间序列上，不管是总体还是分性别，浙江十村农户家庭成员的健康状况均呈现一种向好发展的趋势。具体地，主要是 2003—2010 年有较明显的增长。从 2003 年的 4.35 至 2010 年的 4.53，8 年间观察户成员总体的健康分值增加了 4.05%，之后便基本保持平稳，到 2018 年为 4.49 分。

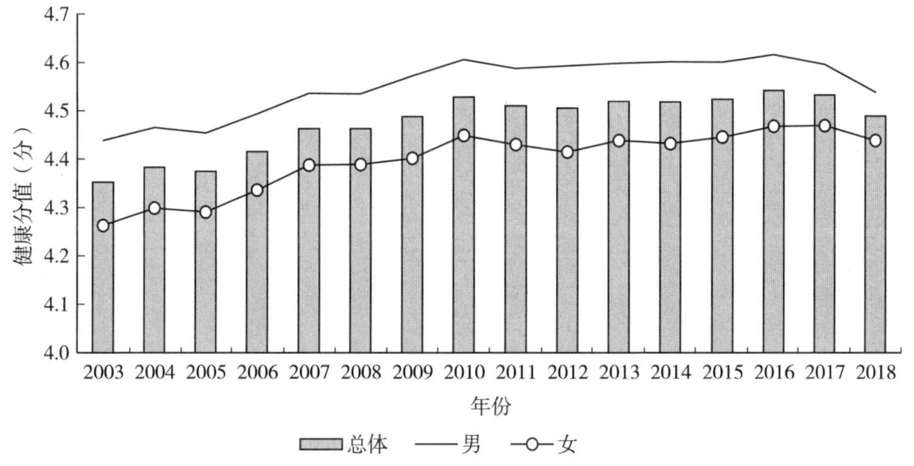

图 2-6　浙江十村农户家庭成员健康分值及性别差异

从农户分布情况可以更清晰地看出（表 2-4），16 年间平均 88.98% 的观察成员的健康状况为优良水平。且纵向上，健康状况为“优”的成员份额从 2003 年的 53.98%持续增至 2010 年的 67.62%，之后保持相对平稳，到 2018 年为 64.43%，与 2003 年相比增加了 10.45 个百分点。健康状况为“良”的成员份额在 2003—2014 年呈持续减少趋势，从 32.81% 降至了 20.54%，之后开始小幅回升，2018 年增至 25.47%，但与 2003 年相比仍减少了 7.34 个百分点。健康状况为“中”和“差”的成员份额则在 16 年间波动下降，分别从 2003 年的 8.54%和 3.63%减至 2018 年的 6.18%和 2.33%。丧失劳动能力的农户占比虽然在时间序列上有小幅增加，不过到 2018 年，也仅占总体的 1.60%。综合可见，浙江十村农户家庭成员的健康状况整体上保持在不错的水平，且随着时间的推移，农户总体健康得分的提升主要是由于 2003—2010 年健康状况为“优”的农户占比的显著增加。

表 2-4 浙江十村各健康状况农户的总体分布

单位：%

年份	丧失劳动能力	差	中	良	优
2003	1.04	3.63	8.54	32.81	53.98
2004	0.88	3.45	8.01	31.74	55.93
2005	1.08	2.98	8.17	32.89	54.88
2006	1.13	3.10	7.57	29.46	58.74
2007	1.13	2.87	6.75	27.04	62.21
2008	0.91	2.97	6.72	27.74	61.66
2009	1.13	2.39	7.75	24.09	64.64
2010	1.40	2.19	6.18	22.61	67.62
2011	1.30	2.72	6.50	22.68	66.80
2012	1.41	2.63	7.15	21.69	67.14
2013	1.40	2.19	7.37	21.15	67.89
2014	1.36	2.29	7.67	20.54	68.13
2015	1.32	2.07	6.97	22.16	67.48
2016	1.18	2.11	6.39	21.96	68.36
2017	1.32	1.89	6.60	22.56	67.63
2018	1.60	2.33	6.18	25.47	64.43
2003—2018	1.22	2.63	7.17	25.47	63.51

进一步从老年群体的情况来看（表 2-5），2003—2018 年浙江十村中 60 岁及以上成员的健康得分平均为 3.77 分，其中男性 3.91 分，显著高于女性（3.61 分），与总体情况保持一致。按 65 岁划分老年群体后的结果与此相同，男性 16 年间的健康水平平均为 3.68 分，而女性为 3.31 分。不过值得注意的是，与总体健康水平“先增长后平稳”的时间变化趋势不同，老年群体的健康评分在整个观察期内基本呈持续增长态势。以 60 岁及以上成员来看，从 2003 年的 3.33 分至 2018 年的 3.95 分，其平均健康水平增加了 18.51%。其中，女性的健康得分虽然始终低于男性，但增长幅度更大，从 3.05 分到 3.89 分，16 年间增长了 27.85%。而同时期男性则从 3.56 分增至 3.99 分，增幅为 12.10%。若按 65 岁划分老年群体，结果同样如此，虽然其整体健康水平低于前者，但其纵向上的增幅更显著。

2018 年，65 岁及以上成员的健康评分平均为 3.71 分，与 2003 年的 3.08 分相比增加了 20.70%。其中，65 岁及以上女性的评分从 2003 年的 2.82 波动增至 2018 年的 3.62 分，增幅达 28.41%；同时期男性的健康水平则增加了 14.89%，2018 年为 3.79 分。综合上述分析结果可知，2003—2018 年，浙江十村老年群体健康水平的提升程度大于其他年龄群体，特别是老年女性健康水平提升明显。虽然整体上老年女性的平均健康评分仍低于老年男性，但二者间的差距在快速缩小。

表 2-5　浙江十村老年群体的健康水平

单位：分

年份	60 岁及以上			65 岁及以上		
	合计	男	女	合计	男	女
2003	3.33	3.56	3.05	3.08	3.30	2.82
2004	3.40	3.63	3.11	3.15	3.35	2.92
2005	3.46	3.66	3.20	3.27	3.51	3.00
2006	3.51	3.68	3.31	3.28	3.50	3.05
2007	3.58	3.74	3.38	3.34	3.51	3.11
2008	3.63	3.77	3.43	3.46	3.57	3.31
2009	3.65	3.87	3.36	3.41	3.60	3.17
2010	3.72	3.88	3.52	3.33	3.51	3.12
2011	3.74	3.92	3.54	3.42	3.62	3.16
2012	3.76	3.91	3.58	3.42	3.61	3.18
2013	3.81	3.97	3.62	3.51	3.72	3.19
2014	3.86	4.00	3.69	3.59	3.77	3.32
2015	3.95	4.05	3.83	3.70	3.84	3.53
2016	3.97	4.06	3.86	3.73	3.86	3.57
2017	3.98	4.06	3.89	3.73	3.85	3.59
2018	3.95	3.99	3.89	3.71	3.79	3.62
2003—2018	3.77	3.91	3.61	3.52	3.68	3.31

表 2-6 为老年群体的健康水平分布，60 岁及以上老年人中占比最多的是健康状况为“良”的成员，16 年间平均为 41.60%；其次为“优”，占比 25.19%；“中”和“差”依次为第三、第四位，分别为 21.93%和

8.04%；丧失劳动能力的样本占比最低，仅有3.25%。65岁及以上老年人中比重最大的同样为健康水平为“良”的成员，16年间平均为40.35%；不过排名第二位的是健康水平为“中”的成员，平均占比28.35%；排名第三、第四位的依次是健康状况“优”和“差”的成员，占比分别为15.75%和10.96%；丧失劳动能力的样本份额相较60岁以上群体有所增加，为4.59%。不过从随时间变化的趋势来看，不管是60岁及以上还是65岁及以上老年人，整体健康状况都有明显的、向好的方向的结构转变。2003年，60岁及以上老年群体中分别有14.66%、31.94%的人健康状况为“优”和“良”，到2018年则变为28.33%、48.70%，二者增幅均在十个百分点以上；同时期健康状况“差”和“失能”成员的份额则分别从14.66%、6.81%减至5.93%、2.41%。65岁及以上老年群体的健康结构变化同样如此，其健康“优”和“良”的成员占比分别从2003年的8.40%、27.73%增至2018年的17.60%、51.68%，后者增幅达到了23.95个百分点；健康“差”和“失能”的成员份额则分别从15.13%、10.92%降至8.38%、3.63%。

表2-6 浙江十村老年群体的健康水平分布

单位：%

年份	60岁及以上						65岁及以上					
	总体占比	失能	差	中	良	优	总体占比	失能	差	中	良	优
2003	10.90	6.81	14.66	31.94	31.94	14.66	6.79	10.92	15.13	37.82	27.73	8.40
2004	11.80	4.88	14.63	31.22	34.15	15.12	7.31	7.87	15.75	37.01	32.28	7.09
2005	13.11	6.16	11.37	28.44	38.39	15.64	7.96	8.59	13.28	31.25	35.94	10.94
2006	14.08	5.39	10.79	26.97	41.08	15.77	8.06	7.97	13.77	31.16	36.23	10.87
2007	14.56	4.82	11.24	22.49	44.18	17.27	8.01	7.30	13.14	31.39	35.04	13.14
2008	16.09	2.57	11.03	22.06	49.63	14.71	8.93	4.64	11.92	29.14	41.72	12.58
2009	17.93	3.62	8.88	27.63	38.49	21.38	9.76	4.85	10.91	36.97	32.73	14.55
2010	18.77	4.55	7.69	23.78	39.51	24.48	9.91	8.61	11.26	32.45	33.77	13.91
2011	21.64	2.99	9.24	22.28	41.30	24.18	11.81	4.50	13.00	30.50	40.00	12.00
2012	23.82	3.27	8.06	24.18	38.79	25.69	13.04	5.07	13.36	31.34	34.56	15.67
2013	25.98	2.76	6.91	23.27	40.55	26.50	14.51	3.29	11.52	31.28	38.68	15.23

（续）

年份	60 岁及以上						65 岁及以上					
	总体占比	失能	差	中	良	优	总体占比	失能	差	中	良	优
2014	29.27	2.49	7.05	22.20	38.59	29.67	16.29	2.23	11.15	30.48	37.92	18.22
2015	31.74	2.14	5.65	19.10	41.13	31.97	17.80	2.09	8.71	25.44	44.25	19.51
2016	32.12	2.09	5.89	16.92	43.35	31.75	19.65	2.49	9.03	22.74	44.86	20.87
2017	33.58	2.22	4.81	17.19	44.36	31.42	21.67	2.88	7.49	23.05	46.69	19.88
2018	34.97	2.41	5.93	14.63	48.70	28.33	23.36	3.63	8.38	18.72	51.68	17.60
2003—2018	21.75	3.25	8.04	21.93	41.60	25.19	12.71	4.59	10.96	28.35	40.35	15.75

注："失能"指丧失劳动能力。

而如前文所述，2003—2018 年浙江十村农户家庭成员的平均年龄呈逐年增加趋势，老龄化趋势在不断加重，60 岁及以上、65 岁及以上老年人的总体占比分别从 10.90%、6.79%大幅增至 34.97%、23.36%。在这样的情况下，浙江十村老年人的健康评分及分布的变化进一步充分证实了其老年群体整体健康水平的显著提高，一定程度上或许还可反映出浙江农村老年人生活水平的提升，以及在新农合等政策作用下农村老年人医疗保障程度的加强。

2.2　经营主业

与城镇居民相比，农村居民的生产经营活动往往是多样兼业、多种经营并存的，因而收入来源也是多元的。从表 2－7 中可以看出，整体上，16 年间浙江十村农户中以家庭经营收入为收入主要来源的农户最多，占比为 39.44%。其次为以受雇劳动者为主要收入来源的，占比 35.94%。但从纵向上来看，2003 年以来，以家庭经营收入为主要收入来源的农户在总体中的占比呈逐年递减趋势，到 2018 年已仅有 27.88%，与 2003 年相比减少了近 20 个百分点。而与此同时，以受雇劳动者工资为主要收入来源的农户份额则在稳步增加，从 2013 年起，其总体占比便超过以家庭经营收入为主的农户，到 2018 年已增至 40.20%，与 2003 年的 29.46%

相比增加了10.74个百分点。这一减一增的过程反映出2003—2018年浙江农户家庭收入的主要来源渠道发生了重要结构转变，表明农户经济的自给性在降低，而与社会外部经济的连接性和对其的依赖性在增强。这意味着，当外部经济发生较大波动时，农户家庭收入的稳定性相较之前也会受到更大冲击和影响。

表2-7　浙江十村农户家庭收入主要来源分布及变化

单位：%

年份	家庭经营	私营企业经营	受雇劳动者工资	受雇经营者工资	国家干部职工、乡村干部工资	其他
2003	47.49	8.62	29.46	2.40	1.60	10.42
2004	46.29	8.82	30.66	2.61	1.80	9.82
2005	45.60	8.40	32.00	2.40	2.00	9.60
2006	46.29	8.42	31.66	2.81	2.00	8.82
2007	44.74	8.30	32.79	3.04	2.02	9.11
2008	44.40	7.94	34.01	2.24	1.63	9.78
2009	40.40	8.60	36.40	1.80	2.40	10.40
2010	41.08	8.22	35.87	2.00	2.20	10.62
2011	40.96	7.63	35.54	2.81	2.21	10.84
2012	38.18	7.47	36.97	3.43	1.82	12.12
2013	36.09	7.66	39.11	2.82	1.81	12.50
2014	35.41	7.65	39.44	2.41	1.61	13.48
2015	34.07	8.27	38.91	2.22	1.21	15.32
2016	31.64	8.32	40.77	2.64	1.22	15.42
2017	30.14	8.15	41.34	2.85	1.83	15.68
2018	27.88	7.07	40.20	3.23	1.82	19.80
2003—2018	39.44	8.10	35.94	2.61	1.83	12.10

注：家庭经营指以家庭为基本经营单位，完全或主要依靠家庭成员自己的劳动，凭借自有或与他人合有以及承包集体的生产资料，直接组织生产和经营（包括在外经营），实行独立核算，自负盈亏，但其经营规模尚未达到私营企业标准。受雇劳动者是指家庭劳动力受雇于他人并以体力劳动为主，包括受雇于国有企事业单位和他乡、他村、他组集体企业，以及其他家庭、合伙企业、股份制、股份合作制企业、私营企业和“三资企业”、国外的企业等。受雇经营者则是指劳动力受雇于社会各类企事业单位，并在其中担任厂长、经理或主要负责人等，直接从事企业的生产经营活动。

进一步聚焦到家庭经营情况（表 2-8），2003—2018 年，浙江十村中平均有 27.97%的农户完全没有家庭经营活动，且随着时间的推移，这类农户的总体占比在持续递增，2018 年已达到 40.52%，与 2003 年的水平相比整整翻了一番。这一结果进一步证实了农户经济自给程度的下降和对外部经济依赖性的加强。除此之外，16 年间家庭主业为农业的农户在总体中的占比平均为 32.57%，其中主业为种植业的占比为 14.82%，林业的占比为 6.30%，畜牧业的占比为 4.26%，渔业的占比为 7.19%。剩余 39.46%农户的家庭经营主业均为非农业，其中占比最大的为商业、饮食、服务业和工业。而从随时间变化的趋势来看，更能明显看出浙江十村农户家庭经营主业的非农化趋势。2003—2018 年，主业为种植业、林业、畜牧业、渔业的农户份额均有明显下降，依次减少了 6.50%、1.17%、3.18%和 5.57%。不过值得注意的是，家庭经营主业为非农业的农户总体占比虽然变化相对较小，但其中以工业为主业的农户份额也有较大幅度的下降，2018 年已仅剩 9.07%，与 2003 年相比减少了 5.13 个百分点。综上可见，2003 年以来，浙江十村有家庭经营的农户中，其农业经营比重在进一步减弱的同时，非农业的经营结构中也发生了较明显的以工业为代表的二产减弱、以商饮服务业为代表的三产加强的变化。

表 2-8　浙江十村农户家庭经营主业分布及变化

单位：%

年份	0	1	2	3	4	5	6	7	8	9
2003	20.00	19.00	5.40	5.60	9.20	14.20	1.00	4.40	14.60	6.60
2004	20.20	19.20	5.00	6.00	8.60	14.40	1.00	4.20	15.80	5.60
2005	21.56	17.56	4.99	5.59	9.38	12.18	1.00	5.19	16.17	6.39
2006	22.60	16.60	6.00	5.60	8.20	12.60	1.00	4.60	16.60	6.20
2007	24.09	15.79	6.68	4.66	8.10	12.75	1.21	4.05	15.79	6.88
2008	25.56	15.82	7.10	5.07	7.91	11.56	1.01	4.26	14.81	6.90
2009	25.80	14.40	8.00	4.00	6.20	12.80	1.20	3.80	15.60	8.20
2010	26.45	14.43	6.21	4.61	6.21	14.43	1.20	3.81	14.63	8.02
2011	26.91	14.26	7.03	4.42	6.63	14.26	1.41	4.22	13.86	7.03
2012	29.32	12.85	7.83	3.61	7.83	13.45	1.41	3.82	12.85	7.03

（续）

年份	0	1	2	3	4	5	6	7	8	9
2013	30.58	12.07	7.65	4.02	8.45	11.47	1.21	3.42	13.88	7.24
2014	30.72	13.05	8.03	3.82	7.43	11.65	1.00	2.81	14.06	7.43
2015	33.60	13.28	6.44	3.02	6.24	11.27	1.01	2.62	14.08	8.45
2016	33.87	12.98	5.07	2.84	5.68	11.36	1.42	3.45	13.59	9.74
2017	36.03	13.16	5.06	2.83	5.26	10.32	1.01	3.85	13.97	8.50
2018	40.52	12.50	4.23	2.42	3.63	9.07	1.01	4.44	12.90	9.27
2003—2018	27.97	14.82	6.30	4.26	7.19	12.36	1.13	3.93	14.58	7.46

注：主业为经营收入占农户家庭经营收入比例最大或投工量占家庭经营投工量比例最大的行业。经营主业编号："0"代表无家庭经营，"1"代表种植业，"2"代表林业，"3"代表畜牧业，"4"代表渔业，"5"代表工业，"6"代表建筑业，"7"代表运输业，"8"代表商业、饮食、服务业，"9"代表其他。

2.3 家庭特征及演变

2.3.1 家庭类型

家庭类型是指家庭成员的构成方式，固定观察点的划分标准将其分为核心家庭、直系家庭、扩展家庭、不完全家庭和其他五类。其中，核心家庭指由一对夫妇或一对夫妇与未婚子女组成的家庭；直系家庭为由一对夫妻（可包括其子女）和夫妻一方的父母、祖父母等多对夫妻组成的家庭；扩展家庭是指由两对以上夫妻组成，但其中至少两对夫妻之间不存在任何亲子关系的家庭，即父母和多对已婚子女或两个及以上已婚兄弟姐妹等多个核心家庭组成的家庭模式；不完全家庭即不存在完整夫妻关系的家庭。

从表 2-9 的调查结果来看，核心家庭始终是浙江十村农户家庭类型的主体，16 年间的平均占比为 65.47%；其次为直系家庭，平均占比 26.25%；最后依次为不完全家庭和扩展家庭，平均占比分别为 5.77%和 1.72%。而时间趋势上，2003 年以来，核心家庭的占比呈波动减少趋势，从 69.94%降至 2018 年的 62.90%。而直系家庭的份额则相应有小幅增加，2018 年为 27.02%，与 2003 年相比增加了 3.57 个百分点。这一变化某种程度上可能与老龄化趋势不断加重的现实有关，而图 2-7 的结果可进一步证实这一点。可以看出，2003—2018 年，浙江十村直系家庭中有 60 岁及以上老年人的占比从 55.56%增至 83.58%，增幅达 28.02 个百分点。这一方面可能是由于父母年迈，子女基于照顾老人的考虑而与老人同住；另一方面，当前由于年轻父母工作繁忙，由父母长辈照料孙辈幼儿、进而合住也是比较普遍的现状。不完全家庭的份额同样有一定幅度的增加，从 2003 年的 4.61%到 2018 年的 8.67%，增加了 4.06 个百分点。扩展家庭在总体中的占比本身就很小，不是常见的家庭类型，在整个观察期内从 2003 年的 1.80%进一步波动减少至 2018 年的 0.81%。

表 2-9　浙江十村农户家庭类型结构及变化

单位：%

年份	核心家庭	直系家庭	扩展家庭	不完全家庭	其他
2003	69.94	23.45	1.80	4.61	0.20
2004	69.54	23.45	1.60	5.21	0.20
2005	69.00	23.60	2.80	3.40	1.20
2006	67.13	25.65	1.80	4.21	1.20
2007	66.40	25.71	2.23	4.45	1.21
2008	67.55	24.75	2.64	4.26	0.81
2009	63.80	28.20	2.20	5.20	0.60
2010	63.53	28.26	1.60	5.61	1.00
2011	61.65	29.32	2.01	6.43	0.60
2012	64.39	26.16	2.62	6.04	0.80
2013	64.99	26.16	2.01	5.84	1.01
2014	64.59	26.56	1.21	6.64	1.01
2015	64.92	26.61	0.81	6.85	0.81
2016	64.30	27.18	0.61	7.30	0.61
2017	62.88	27.99	0.81	7.71	0.61
2018	62.90	27.02	0.81	8.67	0.60
2003—2018	65.47	26.25	1.72	5.77	0.78

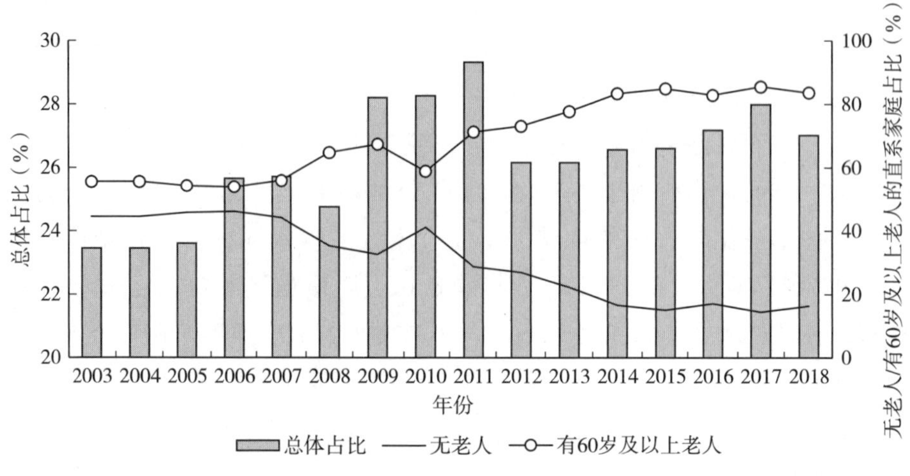

图 2-7 浙江十村农户直系家庭总体占比及有/无老人家庭占比变化

2.3.2 党政身份

农户的社会身份或者说地位，有多种体现方式。根据固定观察点的调查情况，我们主要从农户是否是党员户、是否是乡村干部户、是否是国家干部职工户①这三个党政方面的角度来考察。党员是居民重要的政治身份，农村党员队伍是助力乡村振兴、增强乡村发展活力的重要保障。从表 2-10 来看，观察期的 16 年间浙江十村农户中有中共党员成员的家庭比例平均为 17.31%。而在时间序列上，浙江十村中党员户在总体中的占比呈现出小幅增加趋势，从 2003 年的 15.63%增至 2018 年的 18.15%。同时，农村党员户中同时还是乡村干部户的比例总体上在缩减。2003 年，有 28.21%的党员户中有主要家庭成员在担任乡或村的主要干部，而到 2018 年，这一比例降至 18.89%，减少了近十个百分点。党员户中国家干部职工户的占比在 2014 年以前相对平稳，基本保持在 8%左右，但 2014 年之后逐步减少，2018 年已仅剩 2.22%，与 2003 年相比减少了 5.47 个百分点。

① 国家干部职工户是指家庭主要成员（其户口不在农村）在国家机关、国营企事业单位、大集体的企事业单位当干部（包括在编的乡干部）或工人的农户。

2003—2018 年，浙江十村中乡村干部户在总体中的占比平均为 5.33%，且随着时间的推移，呈现一定的下降趋势。2018 年，其份额为 4.03%，与 2003 年相比减少了 1.38 个百分点。乡村干部户中有党员的比例则总体上保持在 80%左右，并在时间序列上呈一定的增加趋势，2018 年为 85.00%。可见，浙江十村的乡村干部中大部分都是党员同志，这是带动当地可持续发展的重要基础力量。而乡村干部户中还是国家干部职工户的占比则呈下降趋势。2003 年，有 7.41%的乡村干部户中有主要家庭成员为国家干部职工，而从 2017 年起这一比例即减为零。而从国家干部职工户的变化来看，其本身的总体占比就相对小，16 年间平均仅有 1.97%的农户为此类型。其中，同时为党员户的比例平均为 69.87%，同时为乡村干部户的比例则为 14.74%，且这一比例同样从 2017 年起减为零。

综上可见，整体上浙江十村中的党员户在不断增加，一定程度上体现出基层党员队伍的不断壮大。乡村干部户中同时为党员户的比例较高，表明党员在村集体领导上发挥了重要作用。但与此同时，党员户中同时有成员担任乡村干部的比例并不高且在不断缩减，表明浙江十村中并没有明显的政治身份和社会地位高度集中的现象，党员分散在不同社会阶层中，发挥着模范带头作用。

表 2-10　浙江十村农户党政身份特征分布及变化

单位:%

年份	党员户			乡村干部户			国家干部职工户		
	总体	乡村干部	国家干部职工	总体	党员	国家干部职工	总体	党员	乡村干部
2003	15.63	28.21	7.69	5.41	81.48	7.41	1.80	66.67	22.22
2004	15.20	27.63	7.89	5.20	80.77	3.85	1.60	75.00	12.50
2005	14.80	33.78	8.11	5.80	86.21	6.90	1.80	66.67	22.22
2006	14.63	34.25	6.85	5.81	86.21	6.90	1.80	55.56	22.22
2007	15.79	30.77	8.97	5.67	85.71	10.71	2.02	70.00	30.00
2008	16.46	30.86	7.41	6.10	83.33	6.67	2.04	60.00	20.00
2009	17.07	29.41	8.24	6.02	83.33	6.67	2.01	70.00	20.00
2010	17.84	26.97	10.11	6.01	80.00	3.33	2.20	81.82	9.09
2011	18.47	27.17	9.78	6.02	83.33	3.33	2.41	75.00	8.33

（续）

年份	党员户			乡村干部户			国家干部职工户		
	总体	乡村干部	国家干部职工	总体	党员	国家干部职工	总体	党员	乡村干部
2012	18.51	22.83	9.78	5.43	77.78	7.41	2.62	69.23	15.38
2013	18.29	22.22	8.89	5.30	76.92	3.85	2.04	80.00	10.00
2014	18.70	21.74	9.78	5.27	76.92	3.85	2.24	81.82	9.09
2015	18.18	23.33	8.89	5.05	84.00	8.00	2.22	72.73	18.18
2016	19.47	19.79	7.29	4.46	86.36	4.55	2.03	70.00	10.00
2017	19.88	15.31	5.10	3.65	83.33	0.00	1.62	62.50	0.00
2018	18.15	18.89	2.22	4.03	85.00	0.00	1.01	40.00	0.00
2003—2018	17.31	25.40	7.93	5.33	82.51	5.44	1.97	69.87	14.74

2.3.3 宗教信仰

宗教信仰自由是中国公民依法享有且受到尊重和保障的权利。从浙江十村的观察户来看，整体上信教的农户数很少，且在时间序列上有明显的下降趋势[①]（表2-11）。2018年，十村中的信教户仅有29户，与2003年的56户相比减少了近一半。进一步从其村级分布来看，在观察期初的2003年，信教户主要集中在西蜀阜村，有33户，占当年十村信教户总数的58.93%。随着时间的推移，从2015年起，该村信教户的数量骤减，2018年已仅剩7户，在当年十村信教户中的占比已不到1/4。此外，仅有金后、新民、庙堰和石板堰还有少量信教农户分布，2018年分别为10户、6户、5户和1户。

表2-11 浙江十村农户信教户数量及分布

单位：户

年份	总计	龙上	永丰	余北	西蜀阜	庙堰	新民	金后	鹁鸪门	河边	石板堰
2003	56	2	0	0	33	3	6	7	1	3	1
2004	57	2	0	0	33	3	8	8	0	3	0

① 此处所说宗教是指国家承认的宗教。

（续）

年份	总计	龙上	永丰	余北	西蜀阜	庙堰	新民	金后	鹁鸪门	河边	石板堰
2005	57	2	0	0	33	2	8	10	0	2	0
2006	55	1	0	0	33	3	8	8	0	2	0
2007	56	1	0	0	35	3	7	8	0	2	0
2008	63	1	0	1	38	3	8	11	0	1	0
2009	55	0	0	0	32	3	7	11	0	2	0
2010	56	0	0	0	32	3	7	11	1	2	0
2011	55	0	0	0	33	1	8	11	0	2	0
2012	58	0	2	0	32	4	8	11	0	1	0
2013	61	0	1	0	31	5	9	12	0	3	0
2014	58	0	0	0	31	5	8	12	0	2	0
2015	38	0	0	0	10	5	8	13	0	2	0
2016	35	0	0	0	11	5	7	11	0	0	1
2017	35	0	1	0	10	5	7	10	0	1	1
2018	29	0	0	0	7	5	6	10	0	0	1
合计	824	9	4	1	434	58	120	164	2	28	4

2.4　小结

综上可见，2003—2018 年，家庭规模缩小已成为浙江观察点农户家庭人口规模变化的重要特征和趋势。性别比例上，新生代人口中性别失衡的问题已出现了一定扭转。但与此同时，农户家庭成员的平均年龄呈逐年增加趋势，年龄结构上老龄化趋势在不断加重，给农村经济发展带来的压力日益加大，需要及时重视。不过可喜的是，农户整体的健康水平在稳步提升，且老年群体健康水平的提高程度更大，特别是老年女性，虽然当前其平均健康水平仍低于老年男性，但二者间的差距在快速缩小。

从家庭经营情况来看，当前浙江十村农户家庭经济的自给性和自主性在降低，已由以家庭经营为主转变为以受雇劳动为主。而家庭经营中传统农业经营的比重也在不断降低，非农业经营占比在增强的过程中，也发生了较明显的重心由二产向三产转移的结构性变化。

家庭特征中，核心家庭始终是浙江十村农户家庭类型的主体，但在时间序列上呈减少趋势，而直系家庭比例在小幅增加。党员户比例在不断增加，体现出基层党员队伍的壮大。乡村干部户中同时为党员户的比例较高，而党员户中同时有成员担任乡村干部的比例却较低且在不断缩减，表明浙江十村中并没有明显的党政身份高度重叠的现象，党员在不同社会阶层中发挥着示范带头作用。

参考文献

史清华，2005. 农户经济可持续发展研究——浙江十村千户变迁（1986—2002）[M]. 北京：中国农业出版社 .

第3章　农地利用及流转

对农户来说，土地是最重要的生产要素。在改革开放以前，农户的生产力几乎完全被绑定在土地上，所有的家庭经济活动都围绕和依赖于此。改革开放以后，农民的生产力逐步得到解放。随着农村经济的不断发展和新时期城镇化进程的推进，农地关系也有所转变，农户对土地的依赖程度开始降低，对土地的利用也有了新的特征。为了更好地了解其中的变化和基本事实，本章即以浙江十个观察村的农户为对象，运用2003—2018年全国农村固定观察点的相关数据对农户农地规模、分布、流转和利用情况的变化进行考察。

3.1　农地规模、构成及分布

3.1.1　农地规模及构成

从表3-1中可以看出，2003—2018年，浙江十村农户家庭经营的农地规模整体上在持续减少。从2003年的户均8.28亩*逐步降至2018年的6.80亩，减少幅度为17.87%。从具体构成来看，在浙江农户有限的农地中，一直是以林地为主。2003—2018年，户均林地规模为4.66亩，且在时间序列上的变化较小，但其在农地整体中的份额却从2003年的58.93%持续增长至2018年的66.41%，增加了12.69%。而与之相对应的，农户的耕地面积一直很少。在观察期初的2003年，户均耕地面积也仅有1.03亩，并在纵向上不断减少。到2018年已仅剩0.53亩，与2003年相比减少了近一半，其在农地整体中的规模占比也从2003年的12.40%持续降至2018年的7.83%。园地在浙江农户的农地构成中也一

* 亩为非法定计量单位，1亩=1/15公顷。——编者注

直不是主要的土地类型，且平均规模同样在持续减少，到 2018 年已仅剩 0.65 亩/户，与 2003 年相比减少了约 1/3。除陆地种植经营外，浙江十村农户还有一些水产养殖活动，主要的是淡水养殖。但类似地，2003—2018 年农户水产养殖的面积也在不断减少，由户均 1.38 亩减至 1.10 亩，淡水养殖面积则从 2003 年的 1.27 亩减少至 2018 年的 1.10 亩，而海水养殖活动则自 2015 年起便不再有了。可见，从农地规模和构成的整体变化来看，2003—2018 年浙江农户和农地的关系在不断减弱，一定程度上反映出当地农户“离土”和“非农化”趋势的不断扩大，这同时也是浙江农村城镇化进程不断推进的具体表现之一。

表 3-1　浙江十村农户整体年末经营农地规模及构成

单位：亩/户

年份	农地	耕地	园地				林地	水产养殖		
			合计	果园	茶园	桑园		合计	海水	淡水
2003	8.28	1.03	0.99	0.34	0.47	0.17	4.88	1.38	0.11	1.27
2004	8.33	1.10	0.98	0.31	0.47	0.16	4.86	1.39	0.12	1.27
2005	8.11	1.02	0.94	0.30	0.48	0.12	4.84	1.30	0.11	1.19
2006	7.98	0.98	0.84	0.23	0.47	0.13	4.86	1.30	0.11	1.19
2007	7.20	0.91	0.82	0.21	0.49	0.13	4.17	1.30	0.08	1.22
2008	7.39	0.88	0.71	0.18	0.42	0.12	4.27	1.53	0.08	1.45
2009	7.29	0.91	0.64	0.11	0.39	0.12	4.42	1.32	0.00	1.32
2010	7.36	0.89	0.67	0.08	0.47	0.12	4.57	1.24	0.00	1.24
2011	7.45	0.89	0.66	0.06	0.47	0.12	4.70	1.19	0.00	1.19
2012	7.65	0.81	0.63	0.04	0.48	0.10	4.79	1.42	0.07	1.35
2013	6.91	0.73	0.63	0.06	0.47	0.10	4.59	0.97	0.07	0.90
2014	7.51	0.71	0.88	0.06	0.72	0.09	4.84	1.08	0.02	1.06
2015	6.72	0.66	0.85	0.04	0.72	0.09	4.54	0.66	0.00	0.66
2016	7.21	0.59	0.85	0.04	0.72	0.08	4.84	0.93	0.00	0.93
2017	7.24	0.61	0.94	0.10	0.75	0.08	4.78	0.91	0.00	0.91
2018	6.80	0.53	0.65	0.10	0.45	0.11	4.52	1.10	0.00	1.10
2003—2018	7.47	0.83	0.79	0.14	0.53	0.11	4.66	1.19	0.05	1.14

在整体户均农地规模缩减的同时，浙江十村中经营农地的农户比例也

表现出持续下降的趋势（表3-2）。2003年，观察户中约有一半（49.20%）还有农地经营活动，而到2018年，这一比例已不足1/3，较2003年减少了17.34个百分点。分农地类型来看，各类农地经营农户的占比均在持续减少，但减少最多的还是经营耕地的农户，从2003年的43.40%至2018年的19.96%，减少了23.44个百分点。其次为园地，16年间该类经营农户在总体中的占比减少了19.25个百分点，到2018年为18.95%。具体地，经营园地农户份额的这一变化主要是由于果园经营农户的大幅减少，观察期内其占比的减少幅度就达到14.58个百分点。2003年，经营园地的农户中近一半的经营类型为果园，而到2018年这一比例已仅剩约1/10。减少幅度第三的为经营林地农户，2003年该类农户在总体中的份额约为1/5，到2018年则降至13.31%，相比期初减少了7.29个百分点。而水产养殖户本身在总体中所占份额就少，在观察期初也仅有7.80%的农户从事该类生产经营活动，其在时间序列上的变化幅度也相对较小，到2018年减少了2.96个百分点。

表3-2　浙江十村各类型农地经营农户的总体占比

单位：%

年份	农地	耕地	园地				林地	水产养殖		
			合计	果园	茶园	桑园		合计	海水	淡水
2003	49.20	43.40	38.20	16.80	9.80	11.20	20.60	7.80	0.40	7.20
2004	49.40	42.60	36.60	15.00	10.20	11.20	20.20	7.60	0.40	7.20
2005	49.50	42.32	36.13	14.77	10.38	10.98	20.56	7.19	0.40	6.79
2006	48.40	41.40	33.20	12.20	9.60	10.80	20.00	7.00	0.40	6.60
2007	46.56	39.68	30.36	9.92	9.72	10.73	16.60	6.88	0.20	6.68
2008	46.04	38.34	29.61	9.53	10.34	10.55	17.04	6.69	0.20	6.49
2009	45.00	37.80	25.80	5.80	9.40	10.20	17.00	6.40	0.00	6.40
2010	44.89	36.67	25.45	4.21	10.62	11.02	15.63	6.81	0.00	6.81
2011	44.38	36.35	24.90	3.41	11.24	10.04	15.66	6.83	0.00	6.83
2012	41.77	28.31	21.89	2.41	10.64	9.04	15.06	7.23	0.20	7.03
2013	38.63	26.16	22.13	2.62	10.66	8.85	14.29	6.44	0.20	6.24

（续）

年份	农地	耕地	园地				林地	水产养殖		
			合计	果园	茶园	桑园		合计	海水	淡水
2014	38.76	26.91	22.49	3.01	10.64	8.63	14.26	6.02	0.20	5.62
2015	37.42	25.15	20.72	1.61	9.86	8.85	14.08	4.83	0.00	4.83
2016	34.69	20.89	19.07	1.62	9.13	8.11	15.21	5.07	0.00	5.07
2017	34.41	21.46	19.43	2.02	9.11	8.10	15.18	4.66	0.00	4.66
2018	31.85	19.96	18.95	2.22	9.48	7.26	13.31	4.84	0.00	4.84
2003—2018	42.57	32.99	26.58	6.71	10.05	9.73	16.55	6.40	0.16	6.21

综上可见，2003—2018 年，浙江十村农户不仅整体上的户均农地规模在缩小，依然进行农地生产经营的农户占比也在不断减少，即放弃经营的农户在不断增加。具体地，减少的主要是从事耕地和园地中的果园等相对传统的农业生产活动的农户。

3.1.2 规模分布及变化

从观察样本中的有地农户来看（表 3－3），该群体内各类农户的经营规模随着时间的推移有小幅波动增长，但整体上增长幅度有限。2003 年，浙江十村中耕地经营农户的平均经营面积为 2.37 亩，2018 年为 2.67 亩，仅增加了 12.82%。园地农户经营面积由 2003 年的户均 2.59 亩增长至 2018 年的 3.44 亩，16 年间的增长幅度为 32.66%。其中，果园农户经营规模相对增长最多，由 2003 年的 2.02 亩/户至 2018 年的 4.29 亩/户，增加了 1.12 倍。平均经营规模最大的林地农户在观察期初的户均经营面积为 23.70 亩，到 2018 年增至 33.95 亩，增加了 43.25%。水产养殖户的经营规模则在时间序列上呈“N”形阶段变化，第一阶段为 2003—2008 年，户均面积从 17.74 亩增至 22.85 亩，之后持续减少至 2015 年，而后再次小幅增加至 2018 年的 22.56 亩，与 2003 年相比增加了 27.14%。可见，在整体农地经营规模缩减、非农化加速的大趋势下，依然经营农地的农户中还表现出一定的土地整合和集中趋势，这在一定程度上有助于生产效率的提高。

表 3-3　浙江十村各类型农地经营农户的平均规模

单位：亩/户

年份	耕地	园地				林地	水产养殖		
		合计	果园	茶园	桑园		合计	海水	淡水
2003	2.37	2.59	2.02	4.82	1.50	23.70	17.74	26.50	17.72
2004	2.58	2.69	2.06	4.65	1.46	24.05	18.26	29.00	17.67
2005	2.42	2.60	2.04	4.64	1.14	23.55	18.14	26.50	17.65
2006	2.36	2.52	1.86	4.85	1.17	24.30	18.61	26.50	18.14
2007	2.29	2.69	2.11	5.04	1.18	25.15	18.88	40.00	18.24
2008	2.29	2.40	1.91	4.02	1.16	25.06	22.85	40.00	22.31
2009	2.41	2.48	1.83	4.10	1.13	25.99	20.59	35.00	20.59
2010	2.42	2.63	1.79	4.40	1.09	29.24	18.18	35.00	18.18
2011	2.44	2.65	1.89	4.17	1.20	30.04	17.48	11.00	17.48
2012	2.87	2.87	1.69	4.52	1.09	31.82	19.67	0.00	18.51
2013	2.78	2.83	2.13	4.43	1.08	32.12	15.06	0.00	14.41
2014	2.65	3.89	1.98	6.81	1.01	33.98	17.94	0.00	18.69
2015	2.64	4.10	2.18	7.28	1.06	32.25	13.73	0.00	13.73
2016	2.83	4.46	2.26	7.89	1.01	31.83	18.32	0.00	18.32
2017	2.86	4.85	4.99	8.23	1.01	31.46	19.60	0.00	19.60
2018	2.67	3.44	4.29	4.75	1.47	33.95	22.56	0.00	22.56
2003—2018	2.51	2.98	2.09	5.24	1.18	28.13	18.60	29.08	18.33

表 3-4 更具体、直观地展现了有地农户中不同规模户占比的变化，可以看出，2003—2018 年大部分组别的农户的总体份额均呈下降趋势，表明浙江农户的“离土”和“非农化”是整体转变的大方向，而非特定群体的个别选择。其中，中等规模户中 3～6 亩的农户份额缩减最多，从 2003 年的 11.60%至 2018 年的 5.44%，减少了 6.16 个百分点。其次为 1～2亩的小规模农户，2018 年的总体占比为 2.82%，与 2003 年相比较少了 2.98 个百分点。不过值得注意的是，在大多数规模农户份额均减少的情况下，不足 1 亩的极小规模农户份额则呈上升趋势，这也是唯一增加的一组。2003 年其总体占比为 1.40%，而 2018 年则变为 3.23%，增加了 1.83 个百分点。一定程度上可以说明不少农户在生产非农化的转变中，

还会留一部分很小规模的农地自家经营。综上可见，整体上16年间有地农户中减少的主要是3～9亩的中等规模户（占比缩减8.33个百分点）和9亩以上的相对大规模户（占比缩减5.89个百分点），不足1亩的极小规模农户份额反而有所增加。

表3-4　浙江十村有地农户中各规模农户的总体占比①

单位：%

年份	<1亩	1～2亩	2～3亩	3～6亩	6～9亩	9～12亩	12～15亩	≥15亩
2003	1.40	5.80	4.60	11.60	5.80	3.40	2.00	14.60
2004	1.20	5.60	5.20	10.60	6.60	3.40	2.20	14.60
2005	2.40	4.99	4.39	11.18	7.19	4.19	2.00	13.17
2006	2.00	4.40	6.20	11.00	6.60	3.20	2.00	13.00
2007	1.62	5.67	5.06	10.73	6.07	4.66	0.81	11.94
2008	2.03	5.27	5.07	11.97	4.67	3.65	0.61	12.78
2009	2.40	4.00	5.40	11.80	4.60	3.40	1.20	12.20
2010	3.01	4.01	6.21	11.02	5.01	2.20	1.40	12.02
2011	3.21	4.22	5.22	10.64	4.42	2.21	1.61	12.85
2012	3.01	3.41	3.82	8.63	5.42	3.01	1.81	12.65
2013	3.22	4.02	2.82	6.64	5.84	3.22	1.61	11.27
2014	3.01	4.22	3.82	6.43	5.02	2.41	1.20	12.65
2015	3.82	4.83	2.21	6.84	4.43	2.01	1.61	11.67
2016	4.06	3.45	1.01	6.09	4.06	1.83	1.62	12.58
2017	4.45	3.24	1.21	6.07	3.85	1.01	1.62	12.96
2018	3.23	2.82	2.62	5.44	3.63	0.81	0.81	12.50

进一步聚焦耕地经营农户来看，其组内分布的相对变化趋势同样如此（图3-1）。整体来看，观察期内分布量最大的始终是耕地规模1～2亩的小规模农户，平均在38%左右，而6亩及以上的相对大规模农户占比最小，基本不足10%。但从纵向上来看，2003—2018年，耕地农户中规模在6亩及以上的农户占比有较大幅度提升，从4.14%至11.11%，增加了

① 规模分组如此设定是为了更好地与作者团队2005年出版的《农户经济可持续发展研究——浙江十村千户变迁（1986—2002）》中的相应内容进行对比考察，下同。

6.97个百分点。同时，与前文类似，耕地规模不足1亩的极小规模农户占比也增加了4.9个百分点，从2003年的14.29%变为2018年的19.19%。与之相对应，减少的则主要是耕地规模在2～3亩的农户，其分布量由2003年的21.66%持续降至2018年的11.11%，减少了10.55个百分点。综上可见，随着城镇化的推进，浙江农村的土地呈现出一定的向大户集中的趋势，即非农化的发展过程也是农业生产专业化程度不断加强的过程。但与此同时，在“离土”农户中，即使其家庭生活经营已不再依赖农业生产，但不少农户还是会留些很小规模的耕地用于自种和自给，这反映出几千年农耕文明传承下中国人的一种特殊种地情结，也是一种效率兼顾公平的体现。

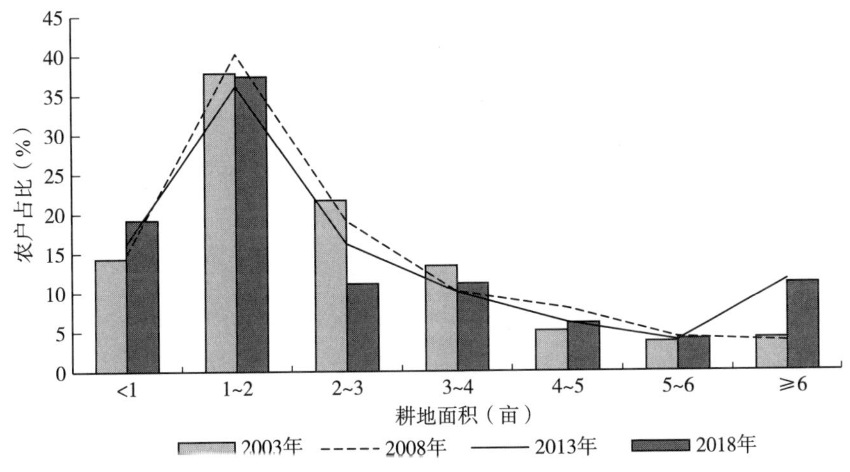

图3-1　浙江十村耕地农户中不同规模农户的分布变化

3.1.3　耕地细碎化程度及变化

从表3-5中可以看出，随着时间的推移，耕地农户的经营规模虽然有小幅增长，但其经营的地块数量也呈现出增加的趋势，且增加幅度还要大于户均耕地面积增加幅度。2003年，浙江十村耕地经营农户平均有3.90块耕地，而到2018年增加到4.44块，增长幅度为13.87%。可见，随着规模化程度的增加，浙江十村农户的耕地细碎化程度整体上却并没有明显改进，反而在不断增强。具体地，耕地细碎化程度的变化以2007年为分水岭呈现出先减少、后增加两个阶段。2003—2007 年，户均耕地块数由 3.90 块小幅减少至 3.51 块，之后便基本呈现一种持续回升的趋势，波动增加至 2018 年的 4.44 块。

表 3-5　浙江十村耕地农户的耕地面积及不同面积的地块分布

年份	耕地面积（亩）	不同面积地块数（块）				
		总块数	不足 1 亩	1～3 亩	3～5 亩	5 亩+
2003	2.37	3.90	3.09	0.81	0.00	0.00
2004	2.58	4.15	3.24	0.90	0.01	0.00
2005	2.42	3.63	2.79	0.82	0.01	0.00
2006	2.36	3.59	2.78	0.80	0.01	0.00
2007	2.29	3.51	2.74	0.82	0.01	0.01
2008	2.29	3.59	2.79	0.80	0.02	0.01
2009	2.41	3.65	2.81	0.81	0.01	0.01
2010	2.42	3.70	2.88	0.81	0.01	0.00
2011	2.44	3.60	2.78	0.81	0.00	0.01
2012	2.87	4.06	3.11	0.94	0.01	0.00
2013	2.78	4.16	3.25	0.90	0.02	0.00
2014	2.65	3.95	3.10	0.82	0.02	0.00
2015	2.64	3.94	3.06	0.86	0.02	0.00
2016	2.83	4.26	3.35	0.91	0.00	0.00
2017	2.86	4.17	3.29	0.88	0.00	0.00
2018	2.67	4.44	3.59	0.84	0.02	0.00
2003—2018	2.51	3.84	3.00	0.84	0.01	0.00

注：表中数值为 0.00 的并不是真的零值，而是由于小数点位数保留导致的。

具体地，从地块的面积分布来看，2003—2018 年，横向上，浙江十村耕地农户经营的地块中始终有 80%左右均为规模不足 1 亩的极小地块。而纵向上，户均地块数的增加也主要源于面积不足 1 亩的零碎地块的增加。从 2003 年的 3.09 块到 2018 年的 3.59 块，16 年间浙江十村耕地农户经营的不足 1 亩的极小地块数平均每户增加了 16.14%。这一结果和上文中所述的不少农户在非农化之后依然会留一小块耕地用于自给的情况是一致的。不过值得注意的是，虽然到 2018 年，面积在 3～5 亩的地块户均也仅有 0.02 块，但与 2003 年（0.004 6 块）相比增长了 2.38 倍。这说明在浙江农户耕地规模的变化过程中，还是有一定农地细碎化程度的调动和整合。

进一步从不同规模耕地农户的地块数来看（表 3-6），规模越大，农户的地块数越多。而即便是规模不足 1 亩的极小规模农户，其平均地块数也大于 1。如此小的规模也不是一块完整的耕地，可见浙江十村耕地细碎化问题的普遍和严峻。纵向上，各规模农户的地块数在时间序列上的变化也大多与整体趋势保持一致，即从 2003 年到 2018 年，不管是规模较大还是较小的耕地农户，其地块数基本均有所增加。对比来看，小规模户耕地细碎化程度的增加幅度要大于规模较大的农户。2003 年，耕地面积不足 1 亩的极小规模农户和面积为 1～2 亩的小规模农户所拥有的地块数分别为 1.87 块和 2.94 块，到 2018 年，已分别增加至 2.37 块和 3.59 块，增加幅度分别达 26.59%和 22.31%。与此同时，耕地面积在 6 亩及以上的农户的地块数由 2003 年的 7.89 块增至 2018 年的 9.45 块，增加了 19.85%。耕地面积 5～6 亩和 4～5 亩农户的地块数则分别由观察期初的 6.88 块和 5.73 块增至观察期末的 7.25 块和 5.83 块，分别增加了 5.45%和 1.85%。只有耕地面积为 3～4 亩的农户地块数表现出相对较为明显的减少趋势，从 2003 年初的户均 5 块降至 2018 年的户均 4.27 块，减少了 14.55%。

表 3-6　浙江十村不同规模耕地农户的地块数

单位：块

年份	<1 亩	1～2 亩	2～3 亩	3～4 亩	4～5 亩	5～6 亩	≥6 亩
2003	1.87	2.94	4.55	5.00	5.73	6.88	7.89
2004	1.83	2.95	4.40	5.00	6.00	6.69	9.89
2005	1.33	2.88	3.89	3.68	5.39	7.21	7.00
2006	1.28	2.89	3.38	4.57	4.92	7.00	9.50
2007	1.38	2.61	3.36	4.29	6.33	6.25	10.50
2008	1.32	2.83	3.31	4.37	6.00	7.00	11.14
2009	1.31	3.19	2.92	3.64	5.58	7.40	10.08

（续）

年份	＜1 亩	1～2 亩	2～3 亩	3～4 亩	4～5 亩	5～6 亩	≥6 亩
2010	1.47	3.19	2.94	4.11	6.00	9.00	9.64
2011	1.63	3.13	2.79	4.53	6.50	7.00	8.29
2012	2.09	3.73	2.48	3.79	7.14	7.00	8.29
2013	1.90	3.57	3.05	3.92	6.75	6.20	8.87
2014	1.96	3.30	3.13	3.71	6.33	7.75	8.87
2015	1.92	3.31	3.18	3.40	5.75	7.29	8.54
2016	2.59	3.33	4.10	3.64	5.17	6.50	8.54
2017	2.20	3.16	3.62	3.75	5.33	5.80	9.85
2018	2.37	3.59	4.27	4.27	5.83	7.25	9.45
2003—2018	1.72	3.10	3.49	4.21	5.88	6.89	9.08

再进一步考察相对大规模农户（耕地面积≥6 亩）的地块构成情况，从图 3-2 中可以看出，16 年间大规模农户所拥有的地块中基本一直以面积不足 1 亩的极小地块为主，且其占比还有较大幅度增加。2003 年，大规模耕地农户的户均 7.89 块地中，3.22 块的面积不足 1 亩，占比约为 40.85%。而到了 2018 年，大规模耕地农户的地块数增至 9.45 块，其中面积不足 1 亩的地块数则增至 6.09 块，其在地块总数中的占比增至 64.42%，其增长幅度达地块总数增长幅度的 4.49 倍。可见在城镇化和非农化进程中，虽然如前文所述，浙江十村的耕地一定程度在向规模化方向发展，但农户增加的土地主要为面积不足 1 亩的极小地块。即在耕地集聚、面积增加的同时没有进行有效的整合，导致大规模农户的耕地细碎化程度并没有得到明显改善，反而愈来愈重。

总体来说，浙江俗称“七山一水两分田”的自然地形地貌导致其耕地资源本就极度稀缺，在人多地少的情况下面临相对较大的人地矛盾，因此其整体耕地细碎化程度本就相对较高。而从上文分析中可以看出，2003 年至 2018 年，在耕地面积表现出一定程度规模化集聚的同时，户均土地块数却也有较大幅度的增加，耕地农户的土地细碎化问题并没有得到显著缓解，反而普遍进一步加重，说明浙江十村的耕地整合还有较大的改进空间。

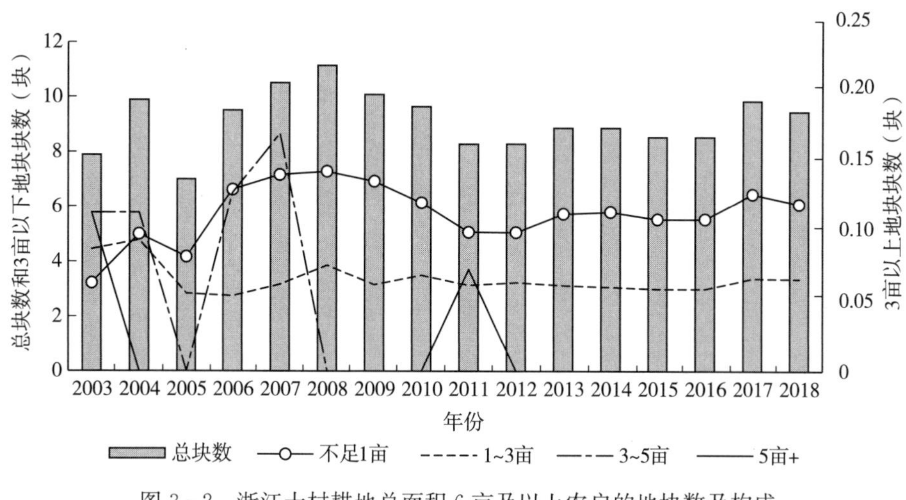

图3-2　浙江十村耕地总面积6亩及以上农户的地块数及构成

3.1.4　村际农地规模变化

从村级层面来看，不同村农户的农地经营情况有显著差异（表3-7）。十个样本村中，西蜀阜村自2003年起便已完全城镇化，不再有农地经营。庙堰、金后、鹁鸪门、余北四村的农地经营在2003年均已很少，户均规模分别为0.30亩、0.40亩、1.06亩和1.48亩，经过几年的起伏波动，分别自2013年、2016年、2014年和2018年完全实现非农化[①]。新民村到2018年虽然户均还有少量经营农地，但也仅剩0.74亩，与2003年1.33亩的规模相比减少了近一半。其余四村中，龙上村的整体户均农地规模最大，且在16年间保持相对平稳，2018年为48.49亩。其次为永丰村，观察期初该村农户的农地平均经营面积为16.08亩/户，之后逐步波动减少，到2018年为11.69亩/户，与2003年的规模相比减少了27.31%。河边村农户经营农地的平均面积在2003年为十村中第二大，为7.33亩/户，而后同样波动缩减，2018年降至2.17亩/户，已不足2003年该村户均规模的1/3。石板堰村农户农地经营规模在时间序列上的变化与龙上村类似，

① 不过需要说明的是，鹁鸪门村的情况有一定特殊性，由于其为地处舟山普陀的海岛渔村，所以本身传统种植业经营活动就很少。

整个观察期内的变化相对较小，基本保持稳定，2018 年为 4.40 亩/户。综上可见，16 年间，浙江十村的非农化进程有所不同。到 2018 年，余北、西蜀阜、庙堰、金后、鹁鸪门均已不再进行农地的生产经营活动；新民村农户虽还有少量农地经营，但户均规模已很小，表明农户的“离土”程度也已很高；只有龙上、永丰、河边和石板堰四村还保有一定规模的农地经营。

表 3-7 浙江十村农户年末经营农地规模

单位：亩/户

年份	龙上	永丰	余北	西蜀阜	庙堰	新民	金后	鹁鸪门	河边	石板堰
2003	49.92	16.08	1.48	0.00	0.30	1.33	0.40	1.06	7.33	4.94
2004	49.93	16.08	1.42	0.00	0.21	1.50	0.30	1.16	7.47	5.24
2005	48.98	15.08	1.36	0.00	1.59	1.16	0.29	1.06	7.35	4.38
2006	49.92	14.66	1.41	0.00	0.18	0.84	0.31	3.46	6.95	2.03
2007	42.75	14.42	1.43	0.00	0.14	0.81	0.18	0.80	6.27	4.56
2008	44.16	16.51	1.33	0.00	0.04	1.07	0.07	0.80	5.58	4.38
2009	45.87	14.88	1.35	0.00	0.04	1.13	0.00	0.00	5.23	4.36
2010	48.05	14.00	1.37	0.00	0.04	1.18	0.00	0.00	4.75	4.13
2011	48.19	13.49	1.92	0.00	0.05	1.16	0.04	0.32	5.24	3.84
2012	48.81	14.33	1.38	0.00	0.08	1.19	0.02	0.70	5.70	4.08
2013	47.59	9.77	1.14	0.00	0.00	0.86	0.02	0.70	4.57	4.08
2014	50.37	11.57	1.13	0.00	0.00	0.79	0.00	0.00	6.89	4.14
2015	48.98	7.37	1.13	0.00	0.00	0.77	0.02	0.00	4.77	3.81
2016	51.08	9.66	0.87	0.00	0.00	0.76	0.00	0.00	6.10	3.88
2017	50.76	9.52	0.89	0.00	0.00	0.68	0.00	0.00	6.23	4.71
2018	48.49	11.69	0.00	0.00	0.00	0.74	0.00	0.00	2.17	4.40
2003—2018	48.36	13.07	1.23	0.00	0.17	1.00	0.10	0.63	5.79	4.18

进一步从四村的农地构成来看（表 3-8），整个观察期内，龙上村的农地经营一直是以林地为主，在总体中的占比始终在八成以上，其次为园地，耕地最少。纵向上，各类型农地的户均面积在时间序列上的变化均相对较小。2018 年，龙上村农户年末经营的耕地、园地和林地户均规模分

别为 1.35 亩、4.59 亩和 42.55 亩。河边村的农地经营同样以林地为主，园地次之，耕地最少。但从 2003 年至 2018 年，河边村各类型农地的户均规模均有较大幅度的减少，特别是耕地和园地，分别减少了 98.29%和 99.08%，2018 年已分别仅有 0.02 亩和 0.01 亩。与此同时，16 年间河边村林地的户均经营面积也减少了 55.97%，从 2003 年的 4.86 亩降至 2018 年的 2.14 亩。在三类农地这样的相对变化下，河边村农户林地经营规模在农地总体中的占比从 2003 年的 66.48%增至 2018 年的 98.62%。因此可以说，到 2018 年，河边村农户已基本退出了耕地和园地的生产经营，仅剩部分林地经营。对永丰村而言，该村没有林地经营，而是一直以水产养殖为主（具体为淡水养殖），且是 16 年间十个观察村中唯一有相对成规模的水产养殖的村庄。虽然时间序列上，该村农户水产养殖的户均面积也有小幅缩减，但到 2018 年，仍有 10.63 亩。陆地经营中，永丰村则以耕地为主，兼有少量园地。2003 年以来，该村农户的耕地户均面积从 2.10 亩的水平持续减少，到 2015 年即完全退出耕地经营。因此，2018 年永丰村的农地经营便基本只剩水产养殖。石板堰村的农地经营同样一直主要为耕地，但与前三村不同，16 年间该村农户的户均耕地面积并没有明显的减少趋势，而是在 3.40 亩左右的水平上保持相对平稳。园地和林地户均面积则分别从 2003 年的 1.82 亩和 0.34 亩降至 2018 年的 0.69 亩和 0.12 亩，减少幅度均超过六成。因此，2018 年石板堰村农户经营的农地中 80.27%为耕地，与 2003 年时的水平相比增加了 24.55 个百分点。

表 3-8　浙江四村农户经营农地的构成

单位：亩/户

年份	龙上			永丰				河边			石板堰		
	耕地	园地	林地	耕地	园地	林地	水产养殖	耕地	园地	林地	耕地	园地	林地
2003	1.59	4.75	43.59	2.10	1.27	0.00	12.70	0.93	1.52	4.86	2.72	1.82	0.34
2004	1.61	4.74	43.59	2.10	1.27	0.00	12.70	0.91	2.04	4.52	3.42	1.35	0.45
2005	1.64	4.64	42.69	2.16	0.94	0.00	11.98	0.69	1.88	4.78	3.17	1.08	0.11
2006	1.60	4.74	43.59	1.83	0.89	0.00	11.95	0.69	1.40	4.86	1.58	0.34	0.11
2007	1.47	4.78	36.50	1.53	0.87	0.00	12.02	0.64	1.01	4.62	3.52	0.91	0.10

（续）

年份	龙上			永丰				河边			石板堰		
	耕地	园地	林地	耕地	园地	林地	水产养殖	耕地	园地	林地	耕地	园地	林地
2008	1.34	4.07	38.76	1.42	0.83	0.00	14.26	0.57	1.01	4.00	3.47	0.79	0.10
2009	1.46	4.11	40.31	0.88	0.83	0.00	13.18	0.71	0.74	3.78	4.03	0.24	0.09
2010	1.43	4.51	42.11	0.77	0.87	0.00	12.36	0.59	0.67	3.48	3.96	0.17	0.00
2011	1.56	4.53	42.11	0.75	0.85	0.00	11.89	0.53	0.33	4.38	3.68	0.14	0.02
2012	1.40	4.68	42.73	0.03	0.84	0.00	13.46	0.41	0.45	4.84	3.93	0.03	0.12
2013	1.37	4.57	41.65	0.05	0.78	0.00	8.94	0.57	0.33	3.68	3.64	0.28	0.16
2014	1.37	7.12	41.88	0.02	0.78	0.00	10.76	0.37	0.36	6.16	3.69	0.31	0.14
2015	1.34	7.10	40.54	0.00	0.78	0.00	6.59	0.14	0.22	4.42	3.55	0.14	0.12
2016	1.31	7.34	42.43	0.00	0.78	0.00	8.88	0.00	0.14	5.96	3.33	0.16	0.12
2017	1.34	7.34	42.08	0.00	0.78	0.00	8.73	0.06	0.52	5.65	3.69	0.73	0.00
2018	1.35	4.59	42.55	0.00	1.06	0.00	10.63	0.02	0.01	2.14	3.30	0.69	0.12
2003—2018	1.45	5.22	41.70	0.85	0.90	0.00	11.31	0.49	0.79	4.51	3.42	0.57	0.13

注：除永丰村外，其他三村在观察期内基本均无水产养殖，故不单独列出。

综合来看，2003—2018 年，龙上、永丰、河边和石板堰四村整体上农地经营面积的差异主要是林地和水产养殖导致的，而若就耕地的户均规模来看，各村间农户的差别则相对较小。与此同时，到 2018 年，四村均演变为以某一类型的农地经营为主，龙上村和河边村主要为林地，永丰村为水产养殖，石板堰村则为耕地。这表明对于各村仍从事传统农业生产的农户来说，其农业生产的专业化程度在加强。

3.2 耕地流转情况及演变

3.2.1 流转频次

从浙江十个观察村的数据来看（图 3 - 3），耕地在农户间的流转是一直在发生的事。不过自 2003 年起，随着时间的推移，保持家庭耕地面积稳定的农户占比在 16 年间总体上呈波动增加趋势。这意味着与之相对应地，样本村中经营耕地面积有增减的农户占总体的比例在波动减少，即农户耕地的流转频次在相对减少。2003年，21.40%的农户当年经营的耕地面积有变动。之后这一比例持续减少，到2009年降至最低，为9.80%。2009年后，观察村农户的耕地调整再次相对活跃起来，2016年达到一个新高（16.23%）后再次回落。2018年，当年耕地经营面积有变动的农户占比降至13.11%，与2003年相比减少了8.29个百分点。进一步分耕地的流入和流出来看，包入耕地农户的占比在观察期内呈现持续减少的趋势。2003年，耕地面积增加的农户在总体中的占比为5.80%，在耕地有变动农户群体中的占比也仅有27.10%，尚不到1/3。而到2018年，当年包入耕地农户的总体占比已仅剩0.81%，在耕地变动农户群体中的比例也降至6.18%，与2003年相比分别减少了4.99个和20.92个百分点。与此同时，包出耕地农户的占比在16年间则表现为先减少后增加。在2003—2008年，当年耕地面积减少的农户在总体中的比例从15.60%大幅降至6.09%，后又开始持续波动增加，到2018年回升至12.30%。不过，包出地农户在耕地变动农户群体中始终占据主要地位，即便在相对比例最小的2006年，其占比也有60.38%，在2018年更是达到了93.82%。可见，浙江十村农户耕地经营中的流转行为显然以流出为主。这也与前文中所指出的，随着城镇化的发展，浙江十村农户大部分已实现非农化的转变趋势保持一致。

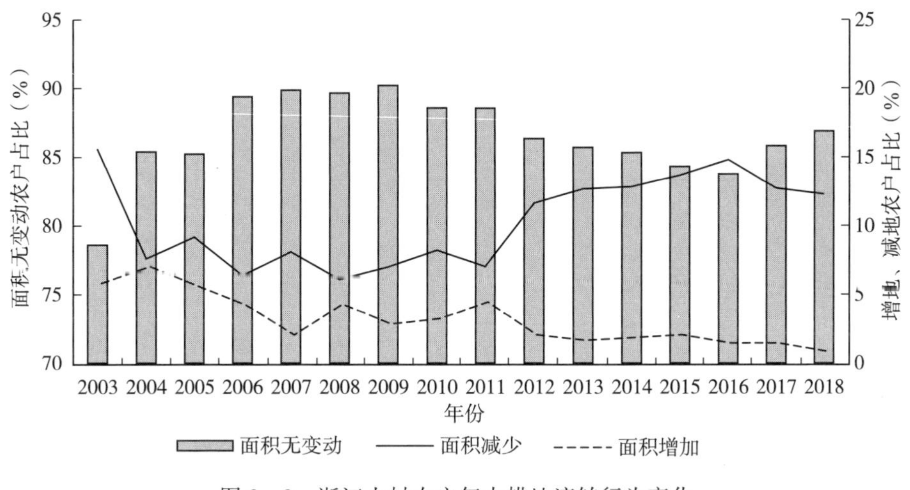

图3-3　浙江十村农户年内耕地流转行为变化

进一步分不同类型农户来看（表 3-9），对于年初无地的农户，一方面，其在样本总体中的占比在 2003—2018 年持续增长，从 48.00%到 68.55%，16 年间增加了 20.55 个百分点。另一方面，历年中 99%左右的年初无地农户均没有在当年再重新包入新的耕地，说明浙江十村农户家庭生产经营的“离土”状态是相当稳定的。而年初有地的农户中，在当年进一步流入土地、耕地经营面积增加的农户比例在 2003 年也仅有 10.77%，之后更是不断减少。到 2018 年，年初有地的农户中仅有 1.28%在当年通过流转增加了耕地。与此同时，在当年流出耕地、减少经营面积的农户比例则从 2003 年的 30%增至 2018 年的 39.10%。不过具体来看，年初有地农户中减地比例的变化分为两个阶段。以 2008 年为分界点，2003—2008 年，年初有地农户中减地农户的比例是持续减少的，之后从 2008 年的 14.93%增至 2018 年的 39.10%。相应地，年初有地农户中在当年保持耕地经营面积不变的农户比例在时间序列上呈现先增加、后减少的趋势。最终到 2018 年，59.62%的年初有地农户在当年没有发生耕地增减，与 2003 年基本相当。综合来看，观察期内年初有地农户中增地农户的比例在持续减少，减地农户的比例则波动增加，这均与样本总体中农户耕地流转行为的变化是保持一致的。也因此，年初有地农户在样本农户总体中的占比在 16 年间持续下降，从 52.00%减至 31.45%。

表 3-9　浙江十村不同类型农户耕地流转行为变化

单位：%

年份	年初无地农户			年初有地农户			
	总体占比	无变动	增地	总体占比	无变动	增地	减地
2003	48.00	99.58	0.42	52.00	59.23	10.77	30.00
2004	55.80	96.42	3.58	44.20	71.49	11.31	17.19
2005	54.49	97.44	2.56	45.51	70.61	9.21	20.18
2006	55.80	98.92	1.08	44.20	77.38	8.14	14.48
2007	56.88	100.00	0.00	43.12	76.53	4.69	18.78
2008	59.23	97.60	2.40	40.77	78.11	6.97	14.93
2009	57.60	99.65	0.35	42.40	77.36	6.13	16.51
2010	59.72	98.66	1.34	40.28	73.63	5.97	20.40

（续）

年份	年初无地农户			年初有地农户			
	总体占比	无变动	增地	总体占比	无变动	增地	减地
2011	61.45	97.71	2.29	38.55	73.96	7.81	18.23
2012	61.04	100.00	0.00	38.96	64.95	5.15	29.90
2013	62.78	99.68	0.32	37.22	62.16	3.78	34.05
2014	61.85	99.68	0.32	38.15	62.11	4.21	33.68
2015	63.38	99.37	0.63	36.62	58.24	4.40	37.36
2016	66.94	99.70	0.30	33.06	51.53	3.68	44.79
2017	66.60	100.00	0.00	33.40	57.58	4.24	38.18
2018	68.55	99.41	0.59	31.45	59.62	1.28	39.10
2003—2018	59.99	99.02	0.98	40.01	67.68	6.41	25.91

综上所述，浙江十村农户中年初有地农户的占比本身即在不断减少，且近年来其耕地流出行为也明显增加。故同时期内，年初无地农户的比例在不断增加。且农户在完全退出耕地经营之后便基本保持稳定，很少再显著流入耕地、重新恢复经营，说明2003—2018年浙江十村农户实现的城镇化和非农化状态是相对彻底和稳健的。

3.2.2 流转力度

进一步从耕地的流转力度来看[①]（图3-4），整体上浙江十村农户年末经营耕地中来自他人的比例在观察期内呈波动减少的趋势，从2003年的7.16%到2018年的3.07%，减少了4.09个百分点，16年间的平均流入力度（流入耕地/年末耕地）为6.27%。而与此同时，农户耕地的流出力度则大幅增加，具体以2011年为节点分为两个阶段。2003—2011年，农户流出地面积在年初耕地面积中的比例表现为相对较平稳的小幅波动，从15.03%变为11.50%，之后出现大幅上升趋势，到2018年增至38.40%，是2003年水平的2.56倍。16年间，农户的平均流出力度（流

① 对于减地农户，其流出力度=当年流出耕地面积/年初面积；对于增地农户，其流入力度=当年流入耕地面积/年末面积。

出耕地/年初耕地）为 20.05%。2003—2018 年，浙江十村农户总体历年的平均减地力度均大于增地力度，且二者间的差距随时间推移还呈不断扩大趋势。这表明观察期内样本村的耕地流转是一种以减地行为为主体的流转形式，特别是 2012 年以来。

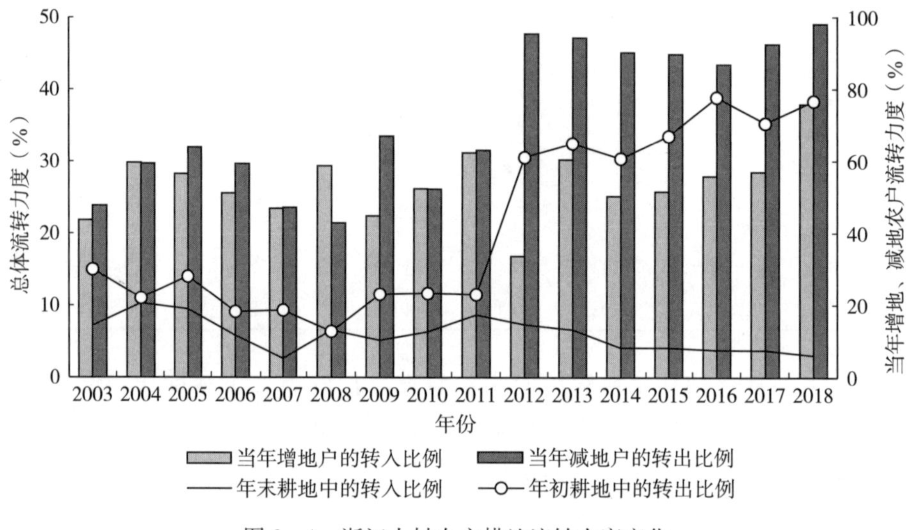

图 3-4　浙江十村农户耕地流转力度变化

再进一步聚焦当年经营耕地面积发生增加或减少的样本农户，可以看出不管是流入力度还是流出力度都在观察期内呈波动增加趋势。2003 年，当年增地农户中流入耕地面积占年末耕地面积的比例为 43.68%，到 2018 年这一比例增至 75.95%，增加了 32.27 个百分点。这一结果印证了时间序列上，浙江十村耕地向个别农户聚集的程度在不断增强，表明伴随着城镇化和非农化的进程，农业生产的专业化程度也在加强。与此同时，当年减地农户中流出耕地面积占年初耕地面积比例从 2003 年的 47.69%大幅增至 2018 年的 98.21%，整整翻了一番，说明 16 年间浙江十村农户耕地的流出幅度在不断加大，这也是农户非农化进程不断加速的体现。而同样地，在当年发生增地或减地的农户群体中，历年中耕地的流出比例也均大于流入比例，再次反映出这一时期耕地的流出是浙江十村农户土地流转行为的主体。

综上所述，2003—2018 年，虽然总体上浙江十村农户耕地的流转频次在相对减少，但其流转力度在不断增加，不过流出的幅度远大于流入。表明16年间，在浙江农户的非农化进程不断加快的同时，还伴随着一定的农业生产专业化程度的加强。

3.2.3　流转收支

从图3-5来看，16年的观察期内，有农地转包收入的农户在样本总体中的占比呈现先减少、后增加的两阶段变化趋势。2003—2009年，有转包收入的农户占比从25.20%开始，以平均每年减少2.43个百分点的速度持续下降至10.60%，之后开始波动回升。2018年，这类农户的总体比例重新增至21.57%。有转包收入的农户占比变化与前文中减地农户占比的变化情况基本保持一致。与之相对的，在浙江十村整体城镇化和非农化的转变现状下，从事传统农业生产活动的农户如前文所述在不断减少，因此，有农地转包支出的农户在总体中的比例远小于有农地转包收入的农户，且其数值也基本上是持续下降的。在观察期初的2003年，浙江十村中只有8.80%的农户当年有农地转包支出，而到了2018年，这类农户的占比已仅剩2.42%。值得注意的是，2009年之前，有转包收入农户占比和有转包支出农户占比的变化是同向的，符合对称变化的一般常理，之后二者的变化却相背而行。这一结果一定程度上从新的角度印证了耕地在流转过程中向个别农户集中的趋势，即农业生产专业化程度不断加强的趋势。

图3-5　浙江十村有转包地收支农户占比变化

分土地流转不同类型农户来看（表 3-10），观察期内当年耕地经营面积无变动的农户中，有转包土地收入的农户比例显著高于有相应支出的农户比例，不过时间序列上二者均在逐步减少。在当年耕地面积有所增加的农户中，有支出的农户比例则显著高于有收入的农户比例。而当年减地的农户中，二者的关系则相反。如前文所述，随着浙江十村城镇化和非农化进程的推进，农户耕地的流转频次在不断减少，流转力度在不断加大，并以流出为主。因此，相应地，年内耕地净流入且有支出的农户比例和耕地净流出且有收入的农户比例均在 2003—2018 年呈波动上升的趋势。

表 3-10　浙江十村不同类型农户中有转包地收支的农户分布

单位：%

年份	当年面积无变动		当年增地		当年减地	
	有收入	有支出	有收入	有支出	有收入	有支出
2003	24.94	8.40	13.79	27.59	30.77	3.85
2004	20.84	6.09	11.43	25.71	28.95	7.89
2005	13.82	8.20	14.29	25.00	32.61	21.74
2006	12.08	7.16	28.57	42.86	31.25	25.00
2007	10.81	8.11	10.00	30.00	42.50	25.00
2008	13.35	7.92	14.29	47.62	16.67	16.67
2009	8.87	5.99	14.29	57.14	31.43	11.43
2010	10.63	6.11	6.25	56.25	53.66	12.20
2011	10.88	6.35	22.73	31.82	45.71	17.14
2012	12.33	5.12	10.00	70.00	91.38	13.79
2013	12.68	5.16	25.00	50.00	95.24	1.59
2014	11.29	4.24	0.00	66.67	65.63	3.13
2015	10.74	4.30	10.00	60.00	72.06	1.47
2016	8.72	3.87	14.29	71.43	83.56	1.37
2017	11.08	2.59	0.00	71.43	68.25	0.00
2018	11.60	2.32	0.00	50.00	93.44	0.00

3.3　耕地利用情况及演变

3.3.1　种植结构

前文的分析表明，2003 年以来，浙江十村农户的家庭经济结构呈现出明显的“非农化”和“离土”趋势，从事传统务农营生的农户比例不断减少。而在这一过程中，农户对耕地的利用情况，即作物种植结构也有较大的变动。从表 3－11 中可以清晰地看出，2003—2018 年，耕地农户中种植粮食作物的农户比例以平均每年减少 2 个百分点的速度大幅减少，从 74.58％降至了 44.53％。与此同时，种植经济作物的农户在耕地农户中的占比则在相对平稳中略有增长。2003 年，80.93％的耕地农户有经济作物种植，到 2018 年，这一比例小幅增至 86.13％。对比可见，16 年间浙江十村农户的作物种植结构整体上呈现出明显的“非粮化”变迁趋势，营地农户从粮食作物和经济作物兼有、并重的结构变为以经济作物种植为主，农户的专业化经营程度在增强。具体来看，粮食作物中，农户构成的结构性变化也很显著。在稻谷、大豆和薯类三类浙江主要种植的粮食作物中，观察期初浙江十村农户以稻谷为主、大豆次之、薯类第三，而到 2018 年则首尾刚好相反。种植三类作物的农户在粮食种植户中的比例分别从 86.36％、27.27％和 25.00％变为 11.48％、31.15％和 85.25％。可见，2003—2018 年浙江十村中粮食作物种植户的减少主要是因为稻谷种植户的锐减。同时期内，经济作物种植户中的农户构成相对稳定，始终以蔬菜种植户为主。16 年间，种植蔬菜和油料的农户在经济作物种植户中的比例分别平均为 82.42％和 22.37％。

表 3－11　浙江十村营地农户中粮食和经济作物种植户的分布及构成

单位：％

年份	粮食作物				经济作物		
	全部	稻谷	大豆	薯类	全部	油料	蔬菜
2003	74.58	86.36	27.27	25.00	80.93	16.75	80.63
2004	74.48	83.15	29.21	27.53	79.08	18.52	78.84

（续）

年份	粮食作物				经济作物		
	全部	稻谷	大豆	薯类	全部	油料	蔬菜
2005	71.37	80.81	33.72	25.58	79.67	29.69	84.90
2006	64.50	75.17	40.27	31.54	82.25	21.58	83.68
2007	58.33	62.70	40.48	34.13	68.06	19.73	87.07
2008	41.01	53.93	26.97	31.46	63.13	11.68	79.56
2009	53.99	61.74	35.65	40.87	75.59	26.09	81.99
2010	57.08	57.02	47.11	52.07	75.94	32.92	90.68
2011	55.34	58.77	54.39	57.89	82.52	28.82	81.18
2012	55.79	35.85	49.06	50.00	75.26	19.58	81.82
2013	56.25	35.35	51.52	46.46	79.55	25.71	82.86
2014	55.80	27.72	40.59	57.43	82.32	22.82	85.23
2015	51.76	22.73	46.59	67.05	86.47	21.77	87.07
2016	47.95	11.43	41.43	82.86	85.62	24.00	81.60
2017	45.33	14.71	38.24	80.88	84.00	18.25	78.57
2018	44.53	11.48	31.15	85.25	86.13	16.10	69.49
2003—2018	57.99	56.25	38.84	44.30	78.65	22.37	82.42

进一步从作物的播种面积变化中，可更直接、清楚地看出浙江十村农户种植结构的“非粮化”转变（表 3－12）。2003—2018 年，营地农户中稻谷的播种面积从户均 1.27 亩大幅降至户均 0.13 亩，减少幅度达 89.87%，平均每年减少 14.16%。大豆的户均播种面积也从 0.14 亩降至 0.02 亩，减少了 89.11%。薯类的播种面积虽然在时间趋势上几乎保持平稳，但其本身种植规模就很小，16 年间营地农户中的平均播种面积也不过为 0.06 亩/户。与此同时，经济作物中油料的种植规模同样在不断减少。2003 年，营地农户中油料的播种面积平均为 0.16 亩/户，到 2016 年，农户便基本不再种植油料了。不过，16 年间，蔬菜的户均种植规模呈波动上升趋势。2018 年，营地农户中蔬菜的户均播种面积为 1.28 亩，与 2003 年的 0.37 亩相比，增加了 2.46 倍，平均每年增加 8.62%。总之，在观察期初，浙江十村农户种植规模最大的为粮食作物中的稻谷。而从

2006年开始，蔬菜的播种面积便超过稻谷，在之后的十几年中一直是营地农户最主要的种植作物。

表3-12　浙江十村营地农户种植的各主要作物的平均播种面积

单位：亩/户

年份	粮食作物			经济作物	
	稻谷	大豆	薯类	油料	蔬菜
2003	1.27	0.14	0.05	0.16	0.37
2004	1.37	0.14	0.06	0.19	0.65
2005	1.18	0.14	0.07	0.27	0.65
2006	0.90	0.08	0.06	0.17	1.12
2007	0.69	0.11	0.05	0.13	1.14
2008	0.44	0.08	0.04	0.09	1.16
2009	0.65	0.13	0.05	0.24	1.41
2010	0.63	0.17	0.08	0.27	1.64
2011	0.63	0.22	0.07	0.25	1.24
2012	0.45	0.08	0.06	0.03	1.09
2013	0.44	0.09	0.05	0.07	1.63
2014	0.34	0.06	0.04	0.03	1.55
2015	0.26	0.05	0.05	0.01	1.34
2016	0.13	0.06	0.05	0.00	1.33
2017	0.15	0.03	0.04	0.03	1.49
2018	0.13	0.02	0.06	0.00	1.28
2003—2018	0.71	0.11	0.06	0.14	1.24

更进一步地，从各类作物种植户的播种面积（图3-6）可以看出，经济作物种植户的变化与整体变化一致。整个观察期间，油料作物种植户的播种面积呈减少趋势，到2018年仅有0.1亩/户，与2003年相比减少了90.59%。蔬菜种植户的播种面积则从户均0.55亩增至2.39亩，增加了3.37倍。不过，三种粮食作物种植户的平均播种面积在观察期内却并没有明显的起伏，而是基本保持稳定。16年来，浙江十村稻谷、大豆和薯类种植户的平均播种面积分别为1.83亩/户、0.58亩/户和0.24亩/户。由此可见，整体上浙江种植结构的“非粮化”转变应主要是由于粮食作物

种植户直接减少导致的，而不是因为原有种植户数量下户均面积的缩小。那么，减少粮食种植的农户是彻底退出了农地耕作还是转为偏向专门经营经济作物了呢？再进一步以最主要的粮食作物——稻谷为着眼点，2003年，浙江十村中种植稻谷的农户有148户，在样本总体中占比29.60%，其稻谷、大豆、薯类、油料和蔬菜的平均播种面积分别为1.86亩/户、0.09亩/户、0.05亩/户、0.20亩/户和0.39亩/户。而到2018年，这148户中依然有耕地经营的已仅剩47户，其中只有3户还在种植稻谷，仍种植大豆、薯类、油料的也分别仅有1户、11户和1户，而种植蔬菜的则有30户。剩余47家营地农户中各类作物的平均播种面积分别为0.12亩/户、0.02亩/户、0.06亩/户、0.00亩/户和2.24亩/户。综上，16年间，原有种植稻谷的农户中有68.24%彻底退出了农地经营，剩余的则大多转为以蔬菜专业化种植为主。因此可以得出，2003—2018年浙江十村农户种植结构的“非粮化”首先主要是由粮食作物种植户的“非农化”导致的，其次是由于不少粮作农户转变为以经济作物的专业化经营为主。

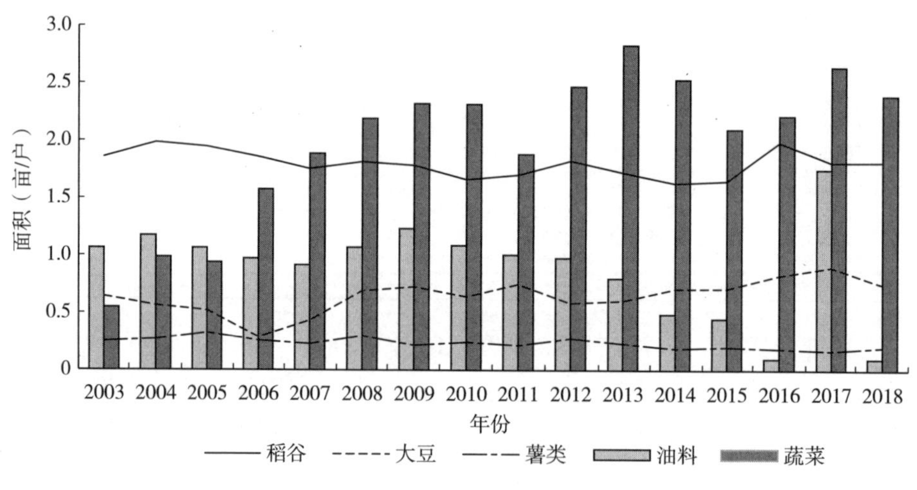

图3-6 浙江十村各类作物种植户的平均播种面积

3.3.2 产出情况

从前文分析中可知，2003年以来，伴随着耕地的流转和调整，营地农户的平均规模有所增加，浙江农村的耕地呈现出一定的集中趋势。如表3-13所示，在这一过程中各类作物的单产基本都有显著提升，包括粮食作物。具体地，粮食作物中，稻谷从2003年的亩产453.47千克增至2018年的602.38千克，增长了32.84%。大豆亩产由162.87千克增至223.21千克，增长37.05%。薯类亩产则由观察期初的572.58千克增至940.69千克，单产增长幅度最大，为64.29%。而经济作物中，油料和蔬菜的亩均产量在2018年分别达到150.00千克和2 698.55千克，分别是2003年的1.49倍和1.62倍。这意味着虽然浙江十村农户的种植经营结构表现出明显的"非粮化"趋势，但在这一过程中作物的单位产出并没有损失，一定程度上表明农户间的耕地流转是有效率的。

表3-13　浙江十村各类作物种植户的单位产量

单位：千克/亩

年份	稻谷	大豆	薯类	油料	蔬菜
2003	453.47	162.87	572.58	100.58	1 670.10
2004	459.16	202.00	821.15	122.62	2 127.35
2005	413.68	197.92	326.75	136.67	1 817.00
2006	470.34	191.16	383.74	119.18	1 854.82
2007	451.16	257.31	696.03	151.03	1 637.25
2008	496.61	213.46	1 122.62	128.73	2 030.66
2009	486.94	218.62	1 058.13	180.96	2 112.99
2010	490.59	198.84	1 079.02	162.77	1 997.68
2011	490.01	166.03	968.41	210.54	2 185.53
2012	506.74	155.96	1 257.03	129.38	2 552.70
2013	540.99	263.89	962.81	145.00	2 634.53
2014	519.85	156.89	1 170.83	147.73	2 420.87
2015	548.15	281.27	1 117.22	177.71	2 567.60
2016	621.73	191.00	1 133.04	150.00	2 399.54
2017	601.75	352.39	1 078.70	105.42	2 481.95
2018	602.38	223.21	940.69	150.00	2 698.55
2003—2018	472.21	201.88	888.86	148.97	2 103.43

3.4 小结

本章的分析研究表明，2003—2018年，浙江十村农户家庭经营的农地规模整体上在持续减少，同时经营农地的农户比例也在持续下降，证实了浙江农户和农地的关联不断减弱的事实，一定程度上反映出当地农户“离土”和“非农化”趋势的不断增强，也是浙江农户城镇化进程不断推进的具体表现之一。具体地，16年间农户土地的流转频次在相对减少，但其流转力度在不断增加，不过流出的幅度远大于流入，流转行为也是以流出为主。在这一过程中，依然经营农地的农户表现出一定的土地整合和集中趋势，即非农化的发展过程也是农业生产专业化程度不断加强的过程。不过与此同时，不少“离土”农户即使其家庭生活经营已不再依赖农业生产，但还会留些很小规模的耕地用于自种和自给，体现出几千年农耕文明传承下中国人的一种特殊种地情结，也是一种效率兼顾公平的体现。

值得重视的是，虽然在当前土地流转过程中，有一定细碎化程度的调动和整合，但营地农户的耕地细碎化程度依然很高，特别是在规模相对较大的农户中。虽然浙江“七山一水两分田”的自然地形地貌导致其耕地细碎化程度本就相对较高，但16年间大规模农户所拥有的地块中一直以面积不足1亩的极小地块为主，且其占比还有较大幅度增加。说明在农户耕地集聚、规模增加的同时没有进行有效整合，导致大规模农户的耕地细碎化程度并没有得到明显改善，反而有所加重，即农户目前土地的“规模”并不是真正、切实的“规模”。因此，浙江十村的耕地整合还有较大的改进空间。

在家庭经济整体上呈现出明显的“离土”趋势的同时，浙江十村剩余营地农户的种植结构也表现出明显的“非粮化”趋势。且这种“非粮化”首先主要是由粮食作物种植户的“非农化”导致的，其次则是由于不少粮作农户转向更多的、甚至只种植经济作物的专业化种植。不过，在这一过程中作物的单位产出并没有损失，一定程度上表明农户间的耕地流转是有效率的。

第 4 章　劳动力就业

劳动力作为生产的基本要素之一，是小到一个家庭、大到一个地区或国家实现收入增长、经济发展的要素。在改革开放以前，正是由于制度对农村劳动力的束缚，农村的经济发展受到极大制约。随着改革开放的实施，农村劳动力的主观能动性和积极性得到有效的解放和激发，释放出的大量剩余劳动力开始向二、三产业和城镇转移，成为促进农民增收和国家经济发展的重要动力。21 世纪伊始，中国开启新一轮农村改革，旨在进一步为社会主义新农村建设提供制度保障，增强和激发农村发展的内生活力。本章即围绕劳动力就业的主题，详细考察和分析 2003—2018 年浙江十村农户劳动力的配置、质量等方面的发展变化情况。

4.1　劳动力的职业选择

4.1.1　职业选择

随着城镇化进程的推进，农村劳动力外出就业的机会不断增加，不再局限于以从事家庭经营的农业劳作为主，而有了更大的选择空间，非农化的就业趋势进一步加强。从表 4－1 的农户家庭劳动力就业分布中可以明显看出，2003—2018 年，浙江十个观察村的农户家庭劳动力[①]中从事最多的职业为“受雇劳动者”，这一职业的从业比例整体上平均为 35.74%。第二大职业为“家庭经营农业劳动者”，占比为 19.50%。除“其他劳动力”外，排名第三位的为家庭经营中从事非农业的劳动者，平均占比 13.39%。从演变趋势上来看，2003 年受雇劳动者的占比即已高于家庭经

① 我们将年龄 16 周岁及以上、非学生、健康状况非“差”或“丧失劳动能力”的家庭成员视为劳动力。

营中的农业劳动力占比，并在接下来的16年中持续地平稳增长，到2018年达到39.72%，与观察期初相比增加了7.69个百分点。与此同时，家庭经营非农业劳动者的比重也在逐步波动增加，2018年达到15.19%，与观察期初相比增加了3.29个百分点。与这两类主要的非农职业劳动力占比不断增加相对应的是，家庭经营中的农业劳动者比例在以更快的速度持续下降，由2003年的23.32%变为2018年的14.91%，平均每年减少0.56个百分点。2018年，其占比甚至进一步低于了家庭经营中的非农业劳动者，成为除“其他劳动力”外占比排名第三位的职业。

表4-1 浙江十村农户家庭劳动力职业分布①

单位：%

年份	1	2	3	4	5	6	7	8
2003	23.32	11.90	32.03	8.39	5.75	1.12	1.60	15.89
2004	22.47	12.83	32.19	8.61	5.66	1.20	1.51	15.54
2005	21.31	14.52	32.13	7.47	5.41	1.46	1.55	16.15
2006	23.50	13.59	30.38	7.59	4.24	1.44	1.52	17.75
2007	21.54	13.42	31.43	7.80	4.42	1.85	1.69	17.85
2008	20.95	12.49	34.41	7.57	4.35	1.93	1.69	16.60
2009	20.02	14.33	36.16	7.50	3.38	2.31	1.73	14.58
2010	21.74	13.59	35.99	7.31	4.31	2.62	1.22	13.21
2011	18.73	12.74	38.13	7.15	3.53	2.38	2.05	15.28
2012	18.39	13.38	38.80	6.02	2.68	2.42	2.01	16.30
2013	16.95	13.15	37.94	6.83	3.71	2.61	2.19	16.61
2014	16.62	12.74	37.55	6.67	3.46	2.19	1.69	19.07
2015	17.31	12.92	38.59	6.12	4.05	2.33	1.64	17.05
2016	16.39	14.08	38.71	5.14	4.16	2.13	1.77	17.63
2017	16.42	13.79	39.47	4.81	3.81	2.27	1.91	17.51
2018	14.91	15.19	39.72	4.43	2.45	2.74	2.83	17.74
2003—2018	19.50	13.39	35.74	6.89	4.11	2.05	1.78	16.55

① 职业编号：“1”表示家庭经营农业劳动者，“2”表示家庭经营非农业劳动者，“3”表示受雇劳动者，“4”表示个体、合伙工商劳动、经营者，“5”表示私营企业经营者，“6”表示乡村及国家干部，“7”表示教育、科技、医疗卫生和文化艺术工作者，“8”表示其他劳动力。

此外还值得注意的是，时间序列上农户家庭劳动力在非农行业中自主经营的比重也在逐步减少。个体、合伙工商劳动、经营者和私营企业经营者的占比分别从 2003 年的 8.39％和 5.75％下降到 2018 年的 4.43％和 2.45％，减少幅度分别达到了 47.20％和 57.39％。因此，从整体上来看，农户劳动力就业非农化的趋势更具体地讲可以说是“外出务工化”，农户劳动力由传统农业生产者逐步变为新时期各非农产业中的“新产业工人”。

从村际视角来看，具体不同观察村之间劳动力就业的职业分布存在较大差异（表 4－2）。在三大主要的职业选择上，石板堰村的农户劳动力一直以来均是以从事家庭经营的农业为主，并至今依然如此。2018 年其占比为 68.75％，与 2003 年相比还增加了 17.16 个百分点，而当年受雇劳动者和家庭经营中的非农业劳动者比例则均仅有 13.54％。与其明显相反的是西蜀阜村、庙堰村和金后村，这三个观察村自 2003 年起即很少有从事家庭农业生产的劳动者，并分别从 2005 年、2012 年和 2016 年开始完全不再有此类劳动力，这三村农户劳动力从事最多的职业是受雇劳动者，2018 年的占比分别为 48.70％、43.14％和 38.68％。可见，石板堰村可以说一直是以农户家庭劳动为主的传统农业村，但西蜀阜村、庙堰村和金后村则早已不再是传统意义上务农的“农”村。特别是西蜀阜村和庙堰村，是典型的“务工村”。

表 4－2　农户家庭劳动力主要职业的村际分布及变化

单位：％

年份	家庭经营农业劳动者									
	龙上	永丰	余北	西蜀阜	庙堰	新民	金后	鹁鸪门	河边	石板堰
2003	37.41	51.37	18.25	0.88	1.12	10.60	2.33	15.32	31.97	51.59
2004	33.80	50.68	15.63	0.92	2.27	10.00	1.55	14.29	27.27	54.69
2005	37.06	48.99	16.53	0.00	2.27	10.27	0.79	16.04	24.79	66.67
2006	42.86	49.67	14.73	0.00	2.30	10.88	0.80	14.02	22.58	60.16
2007	36.81	45.75	14.04	0.00	1.04	10.14	0.74	12.96	19.20	60.00
2008	34.01	42.58	13.91	0.00	1.08	12.14	0.00	12.96	18.90	59.50
2009	33.79	36.94	9.24	0.00	4.05	10.56	0.84	10.48	20.47	55.65
2010	29.86	36.50	10.17	—	4.00	12.78	0.88	9.80	22.13	56.56

（续）

年份	家庭经营农业劳动者									
	龙上	永丰	余北	西蜀阜	庙堰	新民	金后	鸦鸪门	河边	石板堰
2011	29.86	36.73	11.86	0.00	1.30	13.53	0.00	12.62	14.60	54.17
2012	34.04	32.24	8.04	0.00	0.00	14.63	1.64	11.32	15.00	54.24
2013	27.08	30.41	6.14	0.00	0.00	14.75	0.00	11.01	15.00	57.41
2014	28.78	22.29	3.70	0.00	0.00	15.45	0.81	8.57	17.24	63.81
2015	33.33	23.64	5.77	0.00	0.00	16.53	0.84	7.55	13.33	63.81
2016	30.95	21.89	5.00	0.00	0.00	16.41	0.00	6.42	9.40	60.75
2017	28.13	21.30	3.45	0.00	0.00	14.73	0.00	6.54	9.48	70.41
2018	27.05	18.29	0.00	0.00	0.00	13.28	0.00	5.56	7.50	68.75
2003—2018	32.91	35.11	10.26	0.12	1.25	12.77	0.72	10.98	18.32	59.28

年份	家庭经营非农业劳动者									
	龙上	永丰	余北	西蜀阜	庙堰	新民	金后	鸦鸪门	河边	石板堰
2003	7.19	6.16	14.29	14.16	14.61	26.49	14.73	0.90	13.11	5.56
2004	11.27	6.76	13.28	15.60	13.64	25.33	13.18	2.68	18.18	7.03
2005	13.99	10.74	14.05	18.18	13.64	28.08	13.39	0.94	17.09	8.77
2006	10.20	13.73	11.63	16.51	12.64	28.57	15.20	1.87	16.13	5.69
2007	14.58	18.95	9.65	16.04	9.38	27.54	8.89	1.85	17.60	4.80
2008	12.93	14.84	9.57	15.69	5.38	25.71	9.02	1.85	17.32	7.44
2009	12.41	12.10	11.76	21.57	9.46	25.35	14.29	1.90	17.32	13.71
2010	13.19	11.68	11.02	—	8.00	29.32	11.40	1.96	17.21	13.11
2011	9.03	7.48	11.02	16.52	10.39	30.08	11.38	0.97	14.60	13.33
2012	10.64	8.55	7.14	11.38	11.39	33.33	10.66	2.83	23.33	13.56
2013	12.50	10.81	7.02	11.67	11.39	36.07	8.20	0.92	18.33	12.96
2014	11.51	11.45	8.33	9.76	10.39	31.71	9.76	1.90	17.24	13.33
2015	6.82	10.30	9.62	11.01	16.25	30.58	12.61	0.94	17.50	14.29
2016	5.56	9.47	9.00	13.04	15.79	32.03	14.29	0.92	26.50	14.02
2017	7.81	9.47	6.90	14.13	16.22	35.66	11.76	0.93	19.83	13.27
2018	5.74	7.32	11.11	7.83	13.73	32.81	11.32	0.93	60.00	13.54
2003—2018	10.46	10.61	10.48	14.09	11.93	29.71	11.85	1.52	19.78	10.77

（续）

年份	受雇劳动者									
	龙上	永丰	余北	西蜀阜	庙堰	新民	金后	鹁鸪门	河边	石板堰
2003	34.53	23.29	39.68	58.41	44.94	37.75	27.91	33.33	13.93	12.70
2004	38.73	22.97	42.19	58.72	46.59	36.67	24.03	39.29	9.92	10.94
2005	29.37	24.16	36.36	58.18	47.73	34.93	22.05	34.91	18.80	14.04
2006	27.21	19.61	38.76	56.88	51.72	34.01	24.00	35.51	19.35	8.94
2007	32.64	20.26	40.35	57.55	52.08	34.78	28.15	37.04	16.80	7.20
2008	38.78	27.74	38.26	59.80	56.99	38.57	24.81	38.89	19.69	12.40
2009	38.62	35.03	42.02	56.86	48.65	47.89	32.77	38.10	18.90	10.48
2010	45.83	40.88	44.92	—	56.00	39.85	32.46	39.22	17.21	13.11
2011	45.14	42.18	44.92	57.39	57.14	32.33	33.33	38.83	24.09	14.17
2012	40.43	44.74	52.68	53.66	58.23	30.08	28.69	37.74	30.83	16.10
2013	39.58	43.92	54.39	50.00	58.23	28.69	30.33	36.70	28.33	12.96
2014	41.73	36.14	60.19	47.15	57.14	31.71	34.15	37.14	25.86	9.52
2015	45.45	36.97	57.69	52.29	53.75	33.06	33.61	44.34	25.83	8.57
2016	46.83	36.69	55.00	60.87	51.32	26.56	39.05	45.87	20.51	15.89
2017	53.13	38.46	60.92	54.35	50.00	27.91	39.22	44.86	23.28	11.22
2018	53.28	42.07	53.33	48.70	43.14	39.84	38.68	39.81	16.25	13.54
2003—2018	40.41	33.54	46.92	55.18	52.22	34.87	30.47	38.84	20.67	11.89

此外，之前农户以务农为主的村在16年间其就业也逐步“非农化”，家庭农业劳动者的比例持续大幅下降，以永丰村、龙上村、河边村等为代表，特别是永丰村。在观察期初的2003年，永丰的农户还是以务农为主，职业为家庭经营农业劳动者的劳动力占比为51.37%，之后便持续减少，至2018年该类劳动力的比例已仅有18.29%。16年间，其从事家庭经营农业劳动的劳动力占比下降了64.39%，平均每年减少6.65%。同样地，龙上村和河边村家庭经营农业劳动者的比例分别从2003年的37.41%和31.97%下降到2018年的27.05%和7.50%，河边村这一比例的减少幅度高达76.54%。而之前家庭经营农业劳动者比例已经较低的村如余北村、鹁鸪门村，其占比也进一步下降，分别从18.25%和15.32%减少到0和5.56%。不过，虽然各村农户劳动力就业均趋于非农化，却也有不同的方

向。如永丰村、龙上村、余北村以受雇劳动者为主，其占比分别从2003年的23.29%、34.53%和39.68%增长至2018年的42.07%、53.28%和53.33%。而新民村和河边村则有相当一部分从事非农行业的劳动力为家庭自主经营，2018年其占比分别达到32.81%和60.00%。

4.1.2 职业选择与性别

就劳动力职业选择与性别的关系看（表4-3），浙江十村中男性和女性劳动力的职业选择没有特别显著的差异。就三种主要的职业（家庭经营农业劳动者、家庭经营非农业劳动者和受雇劳动者）来看，不管是男性还是女性，第一大职业均为"受雇劳动者"，并在时间序列上均稳步增长，分别从2003年的34.30%、29.58%增长到2018年的44.50%和34.27%，年平均增长速度分别为1.76%和0.99%。与此同时，从事家庭经营农业的劳动力比例则均有较大幅度的减少。2018年男性选择从事该职业的人员比例降至17.55%，与观察期初相比减少了6.38个百分点。而女性选择这一职业的人员比例下降幅度更大，16年间减少了10.79个百分点，至2018年女性选择从事家庭经营农业的人数占比仅剩11.90%。此外，男性中乡村及国家干部的占比相对较高，整体上是女性的两倍多。而女性中，职业为教育、科技、医疗卫生和文化艺术工作者的劳动力比例则高于男性，同样大约是其两倍。

表4-3 分性别的农户家庭劳动力职业分布

单位：%

年份	男性							
	1	2	3	4	5	6	7	8
2003	23.93	12.96	34.30	9.60	7.16	1.68	0.91	9.45
2004	23.10	13.83	34.19	10.03	7.14	1.52	1.06	9.12
2005	23.82	14.35	34.07	8.36	6.62	2.05	1.26	9.46
2006	24.35	13.85	32.88	8.68	5.48	2.13	1.07	11.57
2007	22.44	13.13	34.35	9.31	5.65	2.29	1.22	11.60
2008	20.98	13.02	38.13	8.88	5.36	2.45	1.38	9.80
2009	20.84	14.93	39.04	8.86	3.42	2.95	1.40	8.55

（续）

年份	男性							
	1	2	3	4	5	6	7	8
2010	23.04	13.44	37.35	8.90	4.71	3.49	1.22	7.85
2011	20.25	13.04	40.49	8.90	3.99	3.07	1.69	8.59
2012	19.28	13.79	42.16	7.52	2.98	3.13	1.57	9.56
2013	17.59	12.84	42.16	8.40	4.12	3.49	1.43	9.98
2014	17.17	12.40	42.77	7.79	4.13	2.86	0.95	11.92
2015	18.42	12.44	42.49	6.79	4.85	3.07	0.97	10.99
2016	18.09	14.07	42.88	5.86	4.69	2.85	1.01	10.55
2017	17.55	14.14	44.63	5.11	4.09	3.07	1.36	10.05
2018	17.55	15.96	44.50	5.32	2.48	3.55	1.24	9.40
2003—2018	20.59	13.62	39.03	8.07	4.84	2.71	1.23	9.91

年份	女性							
	1	2	3	4	5	6	7	8
2003	22.69	10.59	29.58	7.06	4.20	0.50	2.35	23.03
2004	21.78	11.73	29.98	7.04	4.02	0.84	2.01	22.61
2005	18.30	14.72	29.81	6.42	3.96	0.75	1.89	24.15
2006	22.56	13.30	27.61	6.40	2.86	0.67	2.02	24.58
2007	20.58	13.78	28.06	6.12	3.06	1.36	2.21	24.83
2008	20.92	11.90	30.27	6.12	3.23	1.36	2.04	24.15
2009	19.09	13.66	32.92	5.95	3.33	1.58	2.10	21.37
2010	20.24	13.77	34.41	5.47	3.85	1.62	1.21	19.43
2011	16.99	12.39	35.40	5.13	3.01	1.59	2.48	23.01
2012	17.38	12.90	34.95	4.30	2.33	1.61	2.51	24.01
2013	16.22	13.51	33.15	5.05	3.24	1.62	3.06	24.14
2014	16.01	13.13	31.65	5.40	2.70	1.44	2.52	27.10
2015	16.08	13.49	34.01	5.36	3.14	1.48	2.40	24.03
2016	14.47	14.10	34.02	4.32	3.57	1.32	2.63	25.56
2017	15.15	13.40	33.59	4.47	3.50	1.36	2.52	26.02
2018	11.90	14.31	34.27	3.43	2.42	1.81	4.64	27.22
2003—2018	18.28	13.13	32.01	5.54	3.28	1.30	2.40	24.07

综上可见，在浙江省农户劳动力非农转移的进程中，女性也是不可忽视的重要部分。这一点，与其他省农村妇女大多滞留农村主要从事家庭农业生产的情况有显著不同（彭小辉等，2017）。可见，浙江省作为我国改革开放以来经济发展较快的地区之一，在其开放、奋进的文化环境下，妇女并未如传统观念里被束缚在家中，而与男性一样，整体上有相对较广泛的职业选择空间，在家庭经济生活中贡献着重要的女性力量。随着未来城镇化的进一步发展，城市生活对服务型行业的需求将进一步增加，可以预计如家政、月嫂、护工等行业对女性劳动力的需求也会进一步加大，可能将吸引更多的农村女性劳动力转移。

4.1.3 职业选择与年龄

从表4-4来看，随着劳动力年龄的增加，选择成为“受雇劳动者”的人员比例整体上显著减少。在16～25岁年龄组中，其比例过半(54.53%)，是该年龄段劳动者最主要从事的职业。而66岁及以上年龄组这一比例已下降至18.99%，仅是16～25岁年龄组的34.82%。在45岁及以前，各年龄段劳动力选择比重第二大的职业均为家庭经营的非农业劳动。而在45岁以后，各年龄组的第二大职业选择则变为传统的家庭经营农业劳动。随着年龄的增长，选择从事家庭农业经营的劳动力比重显著增加，由16～25岁年龄组的3.11%上升至66岁及以上年龄组的30.92%，提高了8.94倍。

表4-4 各年龄段农村劳动力职业分布变化及性别间的差异

单位：%

职业	总体						
	16～25岁	26～35岁	36～45岁	46～55岁	56～65岁	66岁+	劳动力占比
1	3.11	6.26	16.15	23.21	29.76	30.92	19.50
2	8.12	13.62	18.38	16.28	10.04	7.31	13.39
3	54.53	46.86	36.10	32.13	30.89	18.99	35.74
4	5.07	9.83	11.59	7.35	3.07	1.23	6.89
5	2.09	4.68	6.22	5.07	3.19	0.00	4.11
6	1.14	2.53	2.20	2.41	1.82	1.17	2.05

（续）

职业	总体						
	16～25岁	26～35岁	36～45岁	46～55岁	56～65岁	66岁+	劳动力占比
7	4.19	3.79	1.97	0.65	0.71	1.23	1.78
8	21.75	12.45	7.39	12.89	20.51	39.16	16.55

职业	男性						
	16～25岁	26～35岁	36～45岁	46～55岁	56～65岁	66岁+	劳动力占比
1	3.15	6.39	17.90	24.10	29.42	34.49	20.59
2	9.70	13.66	19.89	16.32	10.11	7.52	13.62
3	54.06	48.07	35.28	35.68	39.44	25.85	39.03
4	6.42	11.84	13.41	9.15	3.49	1.79	8.07
5	3.39	5.98	6.48	5.97	4.28	0.00	4.84
6	1.09	2.52	2.67	3.83	2.92	1.32	2.71
7	1.45	2.17	1.53	0.66	0.84	1.22	1.23
8	20.73	9.38	2.84	4.29	9.50	27.82	9.91

职业	女性						
	16～25岁	26～35岁	36～45岁	46～55岁	56～65岁	66岁+	劳动力占比
1	3.06	6.10	14.40	22.33	30.20	25.04	18.28
2	6.39	13.57	16.81	16.25	9.96	6.96	13.13
3	54.99	45.44	36.95	28.62	20.19	7.73	32.01
4	3.60	7.47	9.75	5.59	2.54	0.31	5.54
5	0.67	3.15	5.97	4.18	1.83	0.00	3.28
6	1.20	2.54	1.72	1.01	0.44	0.93	1.30
7	7.19	5.69	2.41	0.65	0.55	1.24	2.40
8	22.90	16.04	11.99	21.36	34.29	57.81	24.07

综合这三大主要职业的变化，可以明显看出年轻一代的农户劳动力已很少选择家庭务农作为职业，大多数都直接进入非农行业工作，并以外出受雇务工为主。随着年龄的增长，选择从事家庭农业经营的劳动力比重才

大幅增加。这一不同年龄段农户劳动力职业选择变化的背后，或许有一些是因为花甲之年落叶归根的主观偏好，但某种程度上讲可能也是现实社会条件下的无奈之举。城镇建设和经济发展中吸纳农村劳动力的工作多以体力劳动为主，但受限于当前户籍、教育、社保等各方面的制度壁垒，大多数农村劳动力并不能最终留在自己年轻时挥洒汗水参与建设的城镇养老生活。随着年龄增长，受到体力、精力的限制，年长农村劳动力在外受雇工作的机会大幅减少，只能返乡重操“老本行”。因此，农村家庭农业生产经营便呈现出明显的老龄化趋势，从图 4-1 中可以更清晰地看出这一结果。从 2003 年到 2018 年，从事家庭农业的劳动力的年龄分布波峰发生明显右移，主要年龄段已由 51～55 岁上升至 61～65 岁。可见，加快培育农业经营的新生力量、使农业生产后继有人是目前迫切需要解决的重要现实问题。

更具体地分性别来看，各组样本中年轻人以从事非农职业为主、选择进行家庭农业经营的劳动力比重随年龄增长而增加的趋势与整体趋势保持一致。不过，女性年长劳动力中“受雇劳动者”比例的减少幅度相对更大。在 66 岁及以上的男性劳动力中，尚有 25.85%为受雇劳动者，但女性同年龄段中的这一比例则锐减至 7.73%。这一结果再次印证了当前农村劳动力外出受雇以从事体力劳动为主，女性老龄劳动力受到的限制更大，职业选择空间相对更局限。

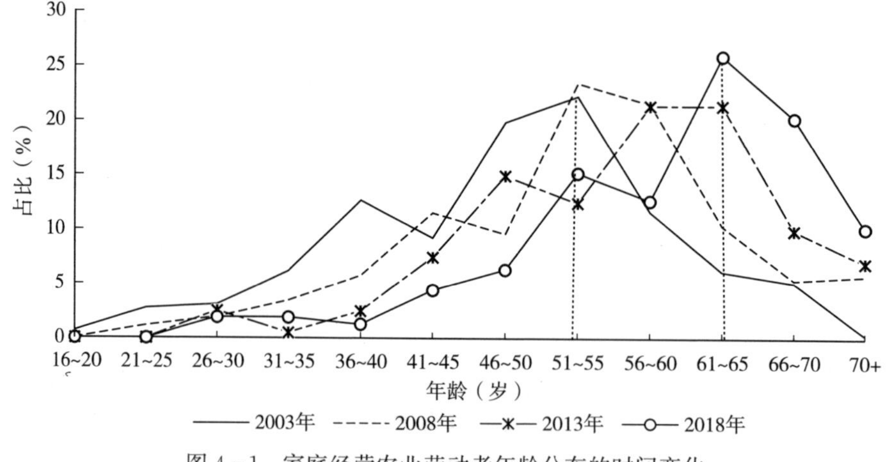

图 4-1 家庭经营农业劳动者年龄分布的时间变化

4.1.4 职业选择与受教育程度

就农户家庭劳动力职业选择与文化程度的关系来看（表 4 - 5），整体上在不同文化程度的劳动力群体中，“受雇劳动者”均是其第一职业选择，且随着受教育年限的增加，这一比例进一步增长。而与此相对应的，选择从事家庭经营农业的劳动力比重则大幅度减少。在受教育年限不足 3 年的劳动力中，27.68%为受雇劳动者，26.62%为家庭经营农业劳动者。而在受教育年限在 12 年及以上（即高中文化水平及以上）的劳动力组别，受雇劳动者的比重提高至 48.05%，选择从事家庭经营农业的则仅剩 3.60%。更具体地，进一步从图 4 - 2 中各职业劳动力的平均受教育年限来看，纵向上从 2003—2018 年，劳动力的受教育时长基本均有所增加，从平均 6.40 年提高至 7.85 年。但从横向上来看，家庭农业经营劳动者的受教育年限依然为最低，2018 年与 2003 年相比虽然增加了 0.79 年，但平均仍仅有 6.28 年，比整体均值还要少 1.56 年。

表 4 - 5　浙江十村劳动力职业选择与受教育时长的关系及性别差异

单位：%

职业	受教育时长					
	不足 3 年	3～6 年	6～9 年	9～12 年	12 年＋	劳动力占比
1	26.62	28.05	17.79	20.04	3.60	19.50
2	7.98	16.19	15.10	13.94	10.02	13.39
3	27.68	30.71	35.64	36.47	48.05	35.74
4	2.64	6.90	8.08	8.15	5.88	6.89
5	1.15	2.89	4.81	5.00	5.30	4.11
6	0.31	0.60	1.06	2.69	5.84	2.05
7	0.44	0.13	0.50	1.36	8.11	1.78
8	33.19	14.55	17.01	12.34	13.19	16.55
职业	男性受教育时长					
	不足 3 年	3～6 年	6～9 年	9～12 年	12 年＋	劳动力占比
1	22.11	30.03	21.46	21.11	3.63	20.59
2	9.24	14.09	14.87	14.67	10.29	13.62

（续）

职业	男性受教育时长					
	不足3年	3～6年	6～9年	9～12年	12年+	劳动力占比
3	40.92	34.75	39.77	35.59	50.84	39.03
4	1.98	7.51	9.07	10.08	5.25	8.07
5	0.99	3.29	4.68	5.41	7.67	4.84
6	0.17	0.42	1.16	3.67	7.53	2.71
7	0.17	0.05	0.44	0.82	5.65	1.23
8	24.42	9.87	8.55	8.65	9.15	9.91

职业	女性受教育时长					
	不足3年	3～6年	6～9年	9～12年	12年+	劳动力占比
1	28.26	25.53	13.45	18.40	3.58	18.28
2	7.52	18.88	15.34	12.82	9.72	13.13
3	22.85	25.48	30.78	37.84	44.79	32.01
4	2.89	6.12	6.91	5.16	6.61	5.54
5	1.20	2.38	4.97	4.37	2.57	3.28
6	0.36	0.83	0.95	1.17	3.89	1.30
7	0.54	0.24	0.57	2.21	10.96	2.40
8	36.38	20.55	27.04	18.03	17.88	24.07

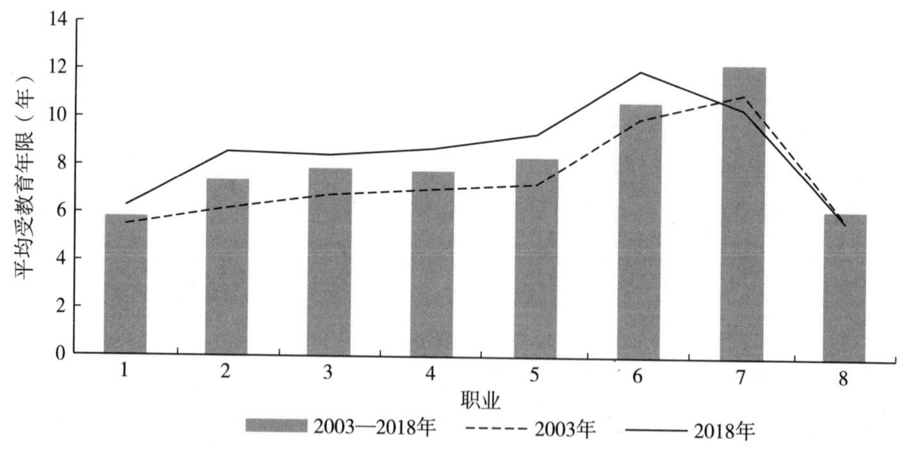

图4-2 各职业劳动力平均受教育年限的时间变化

结合前文中的分析结果，高龄劳动力不断返回农村导致家庭农业生产的老龄化趋势，与此同时，他们的受教育水平也相对偏低，因此使得从事农业生产的劳动力群体又呈现出低文化程度的特点。而现代化农业势必需要懂技术、懂管理、整体素质较高的生产者，当前农村农业劳动力的数量和质量可能会在一定程度上制约未来现代化、绿色化农业的发展。因此，如何应对和解决这一制约，“未来由谁来种地”仍是亟待思考和回答的重要问题。

此外值得注意的是，从表4-5和图4-2中可以看出，文化程度相对更高的劳动力中“乡村及国家干部”和“教育、科技、医疗卫生和文化艺术工作者”的比重显著提高，乡村及国家干部的平均受教育年限也在时间趋势上表现出一定幅度的增加。说明当前农村治理者的素质整体上有所提高，在一定程度上将有利于乡村振兴战略的推进实施和新农村的建设发展。

分性别来看，不同受教育程度的男、女劳动力职业选择趋势与整体趋势基本一致。不过，女性中低文化程度劳动力从事家庭经营农业的人员比重相对更高，对于受教育时长不足3年和3～6年的女性，这是她们的第一大职业选择，说明受教育程度在女性劳动力职业选择中的影响相对更大。

4.2　劳动力年龄及负担变化

4.2.1　年龄变化趋势

从表4-6中可以看出，2003—2018年，浙江十个观察村农户家庭劳动力的平均年龄为47.98岁。而从时间趋势变化来看，自观察初期以来，劳动力的平均年龄呈持续稳步增加的趋势，由2003年的43.28岁增加至2018年的53.02岁，16年间提高了近10岁，增幅达22.50%。可见，农村劳动力老龄化的问题越来越严重。进一步分性别来看，2003—2018年，浙江十村女性劳动力的平均年龄为47.63岁，而男性为48.31岁，说明相对而言目前男性劳动力的老龄化程度更严重。但纵向来看，两性间的年龄差距在逐步缩小。在观察期初的2003年，女性劳动力的平均年龄比男性

表 4-6　浙江十村家庭劳动力的平均年龄及变化

单位：岁

年份	合计	村庄										性别	
		龙上	永丰	余北	西蜀阜	庙堰	新民	金后	鹁鸪门	河边	石板堰	男	女
2003	43.28	42.39	47.29	46.31	45.02	48.33	40.96	38.46	43.62	42.91	39.72	44.01	42.54
2004	44.05	43.30	47.40	47.21	46.52	48.24	41.70	40.09	44.25	43.46	40.22	44.69	43.38
2005	45.41	43.28	48.40	49.06	46.61	48.42	43.13	41.52	45.87	43.94	45.72	45.80	44.97
2006	45.53	43.71	48.12	48.82	47.70	49.46	43.82	42.24	46.57	44.29	42.24	45.97	45.08
2007	45.68	43.76	47.95	49.33	48.20	48.71	44.77	41.79	47.26	44.75	42.45	46.24	45.11
2008	46.32	45.52	47.94	50.35	48.60	49.48	45.13	42.88	48.28	44.15	42.88	46.64	45.98
2009	46.77	45.65	48.20	49.79	49.50	50.96	45.61	42.92	49.23	44.80	43.76	47.27	46.25
2010	46.97	44.93	48.94	51.44	—	49.66	47.03	42.98	50.44	44.99	44.74	46.88	47.06
2011	47.73	45.80	49.05	51.73	50.70	49.87	47.47	43.59	51.36	45.01	45.53	48.00	47.44
2012	48.72	45.79	49.51	51.86	52.23	50.77	48.97	44.78	51.77	48.05	45.93	49.00	48.44
2013	49.42	46.81	50.06	52.14	52.98	51.26	49.77	45.41	51.61	48.46	48.05	49.83	48.99
2014	50.09	47.69	50.96	52.64	54.17	51.72	49.99	46.02	52.63	48.80	48.80	50.19	49.99
2015	50.95	49.24	50.97	53.59	54.12	52.65	50.70	46.63	53.71	49.80	50.55	51.15	50.73
2016	51.31	49.56	51.31	54.42	54.08	53.83	50.84	47.77	54.03	49.78	49.23	51.57	51.05
2017	52.26	50.32	52.24	55.10	54.81	55.19	51.98	47.97	54.74	50.72	51.96	52.41	52.10
2018	53.02	51.41	50.75	55.58	55.15	56.97	52.60	49.03	55.97	53.17	53.23	53.27	52.77
2003—2018	47.98	46.14	49.38	51.20	50.65	51.04	47.00	44.12	50.05	46.59	45.63	48.31	47.63

小1.47岁，到2018年，两者差距已缩小到0.49岁。16年间，女性劳动力的平均年龄由42.54岁增至52.77岁，增长幅度为24.05%，比男性劳动力的增幅高3.01个百分点，说明女性劳动力老龄化的速度快于男性。

从具体村庄来看，不同观察村间农户家庭劳动力的平均年龄存在一定差异。2003—2018年，农户家庭劳动力平均年龄最高的观察村为余北村（庙堰村紧随其后），最低的观察村为金后村，最高和最低之间相差7.08岁。10个观察村中，整体平均年龄超过50岁的有四个，除了余北和庙堰外，还有西蜀阜和鹁鸪门。从时间趋势变化来看，各村农户家庭劳动力的平均年龄均在纵向上表现为增长趋势，但增长速度有所不同。其中增速最快即老龄化速度最快的为石板堰村，16年间其劳动力平均年龄增长了34.00%，年均增速为1.97%。大部分村的增幅在20%～30%。增长最少的为永丰村，2018年其劳动力平均年龄与2003年相比增长7.32%，其也是唯一一个增幅小于10%的观察村。

进一步分析，如图4-3所示，不同类型劳动力的平均年龄也有较大差异。2003—2018年，在村劳动力的平均年龄为51.89岁，整体上比外出劳动力高出12.51岁[①]。时间序列上与整体趋势一致，两类劳动力的平均年龄均在纵向上持续增加。其中，外出劳动力的平均年龄由2003年的36.31岁增至2018年的43.63岁，平均每年增加1.23%。这一增长幅度略大于在村劳动力，但到2018年，在村劳动力的平均年龄仍比外出劳动力高11.98岁，达到了55.61岁。如前文所述，城市就业吸纳的雇工农村劳动力多以青壮年为主。因此，随着城镇化发展的不断推进、劳动力外出就业规模的不断扩大，一定程度上可以预见如不采取一定的政策鼓励和引导措施，未来留在农村的劳动力的老龄化趋势可能还会进一步加剧。而诸多研究表明（陈锡文等，2011；胡雪枝、钟甫宁，2012；徐娜、张莉琴，2014），农村人口老龄化会对农业生产、生产效率等产生负面影响，从而减缓农业经济发展速度。因此，如何增加农村人口活力是乡村振兴战略实施过程中需要重点考虑和解决的问题。

① 本书外出劳动力的定义为外出从业时间超过90天的家庭劳动力，其余的即为在村劳动力，下同。

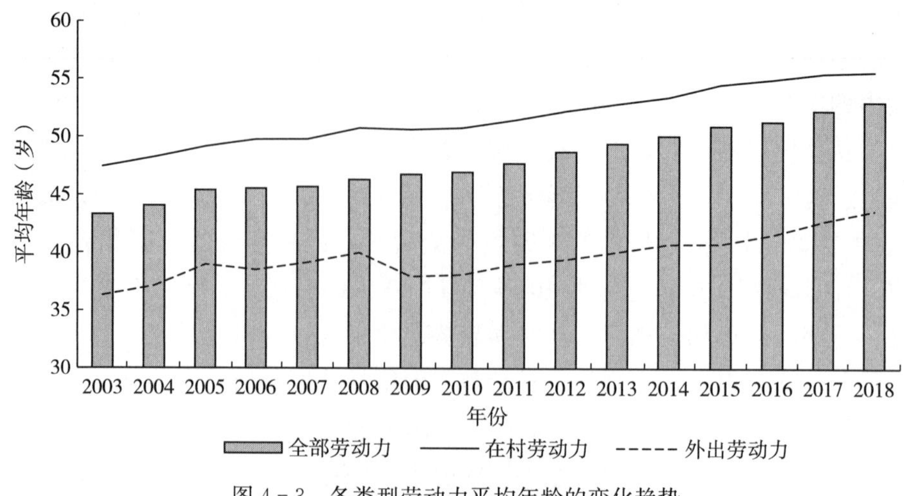

图 4-3　各类型劳动力平均年龄的变化趋势

4.2.2　负担程度及演变趋势

2003—2018 年，浙江十村农户家庭劳动力的负担程度整体上呈增加趋势，特别是从 2007 年开始，一直波动增长（图 4-4）。2003 年，劳均负担为 1.46 人，2006 年增长至 1.57 人，次年有所减少，往后十年便一直上升，由 2007 年的 1.47 人增至 2018 年的 1.55 人。20 世纪 80 年代开始推行实施的计划生育一孩政策，其政策调控结果已开始逐步显现，而近年来结婚率、生育率持续走低，可以预计未来一段时期内农村劳动力老龄化程度和负担程度还将进一步加剧。

从村际视角来看（表 4-7），不同村农户家庭劳动力负担程度存在显著差异。2003—2018 年，负担最重的为金后村，达到 2.06 人/劳，是唯一一个劳均负担超过 2 人的观察村。其次为西蜀阜村，为 1.68 人/劳。第三为余北村，为 1.55 人/劳。第四为永丰村，为 1.50 人/劳。其余村均在 1.50 人/劳以下，负担最小的为新民村（1.26 人/劳）。从纵向时间序列上来看，劳动力负担加重和减轻的村各半。其中，增加最多的同样为金后村，16 年间其劳动力负担程度增加了 52.81%。其次为鹁鸪门村，虽然其劳动力负担不算太大，但增长较快，2018 年与 2003 年相比已增加了 37.07%。龙上、永丰、新民、河边和石板堰五村的劳动力负担在 16 年间有所减轻，其中减少最多的为河边村，2018 年与 2003 年相比下降了 19.88%。

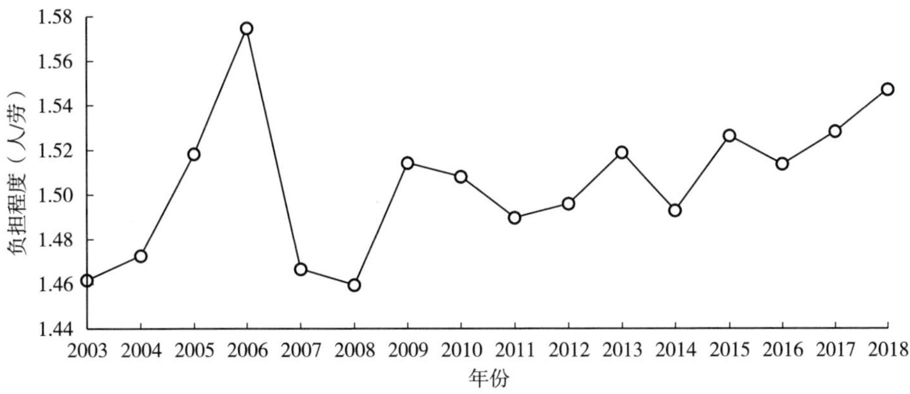

图 4-4　家庭劳动力负担程度及变化

表 4-7　浙江十村家庭劳动力负担程度及变化

单位：人/劳

年份	龙上	永丰	余北	西蜀阜	庙堰	新民	金后	鹁鸪门	河边	石板堰
2003	1.53	1.55	1.54	1.67	1.40	1.34	1.61	1.15	1.46	1.33
2004	1.45	1.53	1.63	1.73	1.39	1.38	1.44	1.29	1.48	1.42
2005	1.93	1.24	1.43	1.39	1.50	1.50	1.51	1.45	1.69	1.54
2006	1.62	1.48	1.28	1.31	1.41	1.46	2.57	1.58	1.58	1.46
2007	1.51	1.65	1.50	1.57	1.41	1.33	1.43	1.33	1.46	1.47
2008	1.48	1.68	1.45	1.57	1.35	1.37	1.50	1.33	1.39	1.46
2009	1.35	1.62	1.51	1.86	1.20	1.17	2.27	1.24	1.43	1.42
2010	1.30	1.60	1.48	1.86	1.26	1.18	2.38	1.28	1.38	1.33
2011	1.36	1.64	1.45	1.91	1.24	1.20	2.15	1.26	1.39	1.29
2012	1.36	1.37	1.63	1.76	1.30	1.17	2.18	1.49	1.38	1.32
2013	1.35	1.43	1.65	1.73	1.35	1.20	2.20	1.61	1.37	1.36
2014	1.41	1.43	1.61	1.69	1.34	1.19	2.27	1.48	1.29	1.29
2015	1.66	1.44	1.65	1.70	1.37	1.18	2.30	1.42	1.34	1.27
2016	1.35	1.46	1.70	1.68	1.45	1.21	2.31	1.48	1.29	1.27
2017	1.38	1.40	1.82	1.69	1.45	1.21	2.38	1.42	1.30	1.32
2018	1.40	1.48	1.74	1.82	1.49	1.21	2.47	1.58	1.17	1.22
2003—2018	1.46	1.50	1.55	1.68	1.37	1.26	2.06	1.40	1.40	1.36

4.3 人力资本储备

4.3.1 受教育程度及变化趋势

大量理论研究和实践已表明劳动力的教育水平是影响农户收入的关键因素之一。从表 4-8 中可以看出，虽然从 2003 年至 2018 年，浙江十村劳动力的平均受教育年限在持续增加，但增长速度较缓慢，因此整体上依然偏低。16 年间观察村农户的平均受教育时长仅为 7.00 年，2018 年也不过仅有 7.46 年，尚不到初中文化水平。从村际视角来看（表 4-9），不同观察村之间有一定差异。其中，河边村劳动力的平均受教育时间最长，为 7.92 年；余北村劳动力的受教育时间最短，为 6.01 年。且在时间序列上虽然均呈增加趋势，但两村间的这一差异并未有明显缩小，甚至有一定增加。2018 年，河边村和余北村劳动力平均受教育时长间的差距达到了 2.59 年。分性别来看，男性劳动力的平均受教育时长高于女性，整体上多 1.14 年。且在时间序列上，性别间的这一差异也并未表现出缩小的趋势，2018 年男性劳动力的平均受教育时长依然比女性多 1.24 年。这一受教育水平间的差异表明，在全国范围内经济已较发达、开放的浙江农村也仍有一定程度的“重男轻女”的思想。可见，浙江劳动力的教育水平在区域间和性别间均存在发展不平衡的问题。

进一步分年龄段来看，不同年龄组别劳动力的文化程度存在显著差异，新生代年轻劳动力的受教育时长显著高于中老年劳动力。2003—2018 年，66 岁及以上的老年劳动力平均受教育时长只有 3.71 年，而 16～25 岁年龄段劳动力则达到了 11.28 年，即基本接近高中文化水平。时间序列上，农村劳动力教育程度的整体提升是更显而易见的。2003 年，66 岁及以上老年劳动力的受教育时长平均仅有 1.80 年，16～25 岁的年轻劳动力平均也只为初中教育程度（9.74 年）。而从 2013 年开始，高中教育便在 16～25 岁劳动力群体间得到了普及，这一群体的平均受教育时长开始超过 12 年。

可见，生于 20 世纪三四十年代的老一辈受教育水平很低，基本为“半文盲”，而 20 世纪末期出生的浙江十村的劳动力已基本可以达到高中的文化程度。这一教育程度的整体提升体现了改革开放四十多年以来国家相关教育行动政策的显著成果，从扫盲普小教育到普及高中阶段教育，农村教育的落后面貌得到了重大转变。不过不可忽视的是，当前农村整体教育程度依然偏低，且仍存在一定的“重男轻女”现象。《中国农村教育发展报告 2019》的调查也显示，全国范围内区域间教育不均衡的问题依然存在，农村教育质量仍存在较大提升空间。因此，应进一步夯实农村教育在全国教育体系中的重要地位、提升农村人口的人力资本，缩小性别、区域间的发展不平衡，这对于阻断代际贫困、实现乡村振兴和共同富裕的发展要求具有重要意义。

表 4-8　浙江十村家庭劳动力分年龄、分性别的平均受教育时长

单位：年

年份	年龄						性别		合计
	16～25 岁	26～35 岁	36～45 岁	46～55 岁	56～65 岁	66 岁+	男	女	
2003	9.74	8.30	7.01	4.56	4.27	1.80	6.80	5.69	6.25
2004	10.32	8.51	7.22	4.64	4.32	2.32	6.99	5.72	6.36
2005	10.15	10.27	7.50	4.71	4.33	2.59	6.92	6.10	6.53
2006	10.54	9.03	7.77	4.87	4.44	2.92	7.11	5.88	6.51
2007	11.12	9.30	7.80	5.25	4.32	2.97	7.24	6.14	6.70
2008	10.93	9.82	7.86	5.48	4.41	3.06	7.31	6.20	6.77
2009	11.44	10.10	7.72	5.83	4.46	3.23	7.45	6.30	6.88
2010	11.65	10.37	7.79	6.38	4.79	3.46	7.77	6.46	7.13
2011	11.85	10.76	8.07	6.63	4.52	3.57	7.74	6.53	7.15
2012	11.76	11.35	8.18	6.82	4.60	4.01	7.76	6.58	7.18
2013	12.39	11.57	8.35	7.11	4.74	3.99	7.82	6.78	7.31
2014	12.27	11.72	8.42	7.28	4.75	4.04	7.89	6.70	7.31
2015	12.70	12.08	8.65	7.44	4.95	4.09	7.93	6.79	7.38
2016	12.89	12.35	9.12	7.77	4.91	4.28	8.07	7.00	7.54
2017	13.04	12.38	9.42	7.86	5.22	4.15	8.07	6.92	7.50
2018	12.67	12.37	9.80	7.88	5.48	4.24	8.08	6.83	7.46
2003—2018	11.28	10.60	8.04	6.14	4.71	3.71	7.56	6.42	7.00

表 4-9　各观察村家庭劳动力平均受教育时长及变化

单位：年

年份	龙上	永丰	余北	西蜀阜	庙堰	新民	金后	鹁鸪门	河边	石板堰
2003	6.45	5.18	5.43	5.38	5.86	5.90	6.67	7.12	7.07	7.67
2004	6.55	5.18	5.48	5.27	7.27	6.05	6.57	7.12	7.05	7.59
2005	6.68	5.48	5.34	7.69	6.16	6.14	6.66	7.09	7.38	7.25
2006	6.72	5.94	5.49	5.51	6.40	6.32	6.70	7.19	7.47	7.56
2007	6.93	6.14	5.67	5.62	6.82	6.29	7.07	7.34	7.49	7.71
2008	6.90	6.15	5.71	5.81	6.62	6.54	7.12	7.38	7.53	7.92
2009	7.38	6.29	5.74	5.94	6.67	6.31	7.16	7.24	8.09	7.95
2010	7.67	6.40	5.71	—	7.42	6.24	7.52	7.20	8.01	8.05
2011	7.76	6.54	5.85	6.13	7.60	6.44	7.60	7.26	8.34	7.88
2012	7.94	6.65	6.21	6.14	7.58	6.33	7.61	7.54	7.93	7.93
2013	8.02	6.82	6.57	6.07	7.45	6.36	7.81	7.83	8.19	7.93
2014	7.90	6.81	6.70	6.04	7.50	6.54	7.87	7.80	8.03	7.90
2015	7.82	7.00	6.55	6.52	7.65	6.60	7.92	7.80	8.21	7.73
2016	7.98	7.20	6.74	6.75	7.87	6.88	7.76	7.91	8.60	7.96
2017	7.80	7.24	6.62	6.83	7.70	6.77	8.05	7.82	8.58	7.67
2018	7.60	7.45	6.28	6.98	7.30	6.78	7.90	7.94	8.88	7.66
2003—2018	7.38	6.44	6.01	6.18	7.15	6.40	7.40	7.47	7.92	7.79

4.3.2　专业技术职称拥有率及变化趋势

专业技术职称是除基础受教育程度外另一个反映农户劳动力人力资本的重要指标，从图 4-5 来看，整体上浙江十村农户家庭劳动力有专业技术职称人员的比例基本不到 10%，并在近年来逐步减少。2018 年，有专业技术职称的劳动力比率降至 7.96%。男性劳动力专业技术职称的拥有率显著高于女性劳动力。2003—2018 年，男性中有专业技术职称的劳动力占比平均为 13.37%，而女性仅有 4.88%，仅为男性劳动力的 1/3 多一点。可见，与基础教育相比，在专业技术职称的学习考评上，男女间的差异和不平衡程度要更大，男性的人力资本积累显著高于女性。

从村际视角来看（表 4-10），各村劳动力的专业技术职称拥有率存在显著差异。整体上，比例最高的为鹁鸪门村，2003—2018 年该村有专业技术职称的劳动力占比为 16.47%，且历年间一直维持在 15%以上的较高的比率。其次为庙堰村，该村整体上专业技术职称的拥有率为 16.26%，但纵向上看，其表现为先增加后减少的变化趋势，到 2018 年已从 2012 年的 19.47%降至 7.92%。而专业技术职称拥有率最低的石板堰村平均仅有 3.06%，并在时间序列上呈持续减少的趋势，2016 年开始该村已不再有具有专业技术职称的劳动力。总体来看，浙江十村劳动力的专业技术职称拥有比例非常低，职业技术教育或培训还有很大的发展和推广空间，从而更有针对性地提升农村劳动力从业所需的专业人力资本。

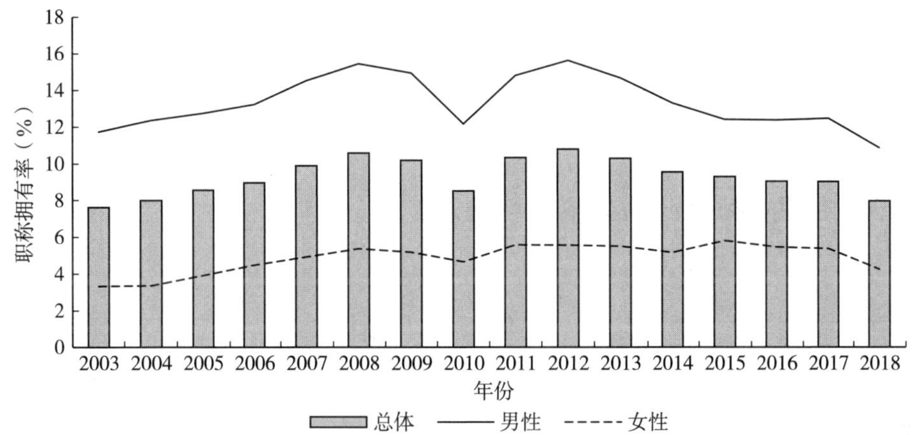

图 4-5 浙江十村农户家庭劳动力专业技术职称拥有率变化趋势

表 4-10 各观察村家庭劳动力的专业技术职称拥有率及变化

单位：%

年份	龙上	永丰	余北	西蜀阜	庙堰	新民	金后	鹁鸪门	河边	石板堰
2003	13.67	4.79	6.11	2.26	10.42	9.21	6.10	16.22	5.47	3.97
2004	16.20	4.73	5.38	2.33	13.13	9.46	4.27	16.07	5.51	5.47
2005	18.88	4.70	4.00	3.05	15.15	9.52	5.16	16.19	4.76	5.26
2006	18.37	7.19	2.31	3.03	17.20	12.16	5.77	16.82	3.94	5.69
2007	19.44	7.84	2.52	3.76	18.45	12.68	7.69	16.67	6.25	5.60
2008	19.73	7.10	3.36	6.20	19.61	13.19	9.09	16.67	6.82	5.79

（续）

年份	龙上	永丰	余北	西蜀阜	庙堰	新民	金后	鹁鸪门	河边	石板堰
2009	13.61	5.56	4.65	17.56	20.39	12.14	7.34	16.19	5.19	3.97
2010	6.16	5.52	3.88	—	19.82	12.59	6.78	16.67	6.77	3.23
2011	10.88	4.76	3.94	23.08	19.47	10.37	7.14	17.31	8.84	2.46
2012	8.97	4.73	4.84	32.26	19.47	7.75	7.03	16.04	10.08	2.52
2013	10.67	4.65	5.15	27.05	18.27	7.58	6.95	16.51	10.08	1.82
2014	4.83	4.82	5.88	27.64	17.65	6.62	6.99	15.24	10.00	0.93
2015	2.90	6.06	5.13	24.41	15.79	7.41	6.49	16.98	10.00	0.94
2016	3.01	5.92	4.80	24.62	13.16	6.62	6.78	16.51	10.94	0.00
2017	2.96	5.92	3.91	24.81	13.39	7.19	6.21	16.82	11.11	0.00
2018	5.43	8.54	1.52	18.52	7.92	8.27	6.59	16.67	0.95	0.00
2003—2018	11.11	5.80	4.30	15.84	16.26	9.59	6.67	16.47	7.38	3.06

4.3.3 职业教育或培训参与情况及变化

整体上，浙江十村农户家庭劳动力中有参加职业教育或培训经历的比例并不太高（表4-11），2003—2018年平均为13.71%。且从时间序列上看，虽然2003—2006年，该比例从14.63%上升至17.56%，但之后便开始逐步减少，到2018年已降至7.82%，与2006年相比减少了9.74个百分点，与观察期初的2003年相比减少幅度也有6.81个百分点。从培训类型来看，在有相关经历的群体中，劳动力接受的以非农职业教育和非农培训为主，整体上占比达到86.64%，是受过农业职业教育或培训的劳动力比例的3.38倍，一定程度上反映出非农职业教育或培训开展的覆盖面要远大于农业职业教育或培训的情况。但不管是哪种类型的教育或培训，参与率均在时间序列上呈下降趋势。分性别来看，劳动力职业教育或培训的参与情况也存在显著的性别差异。整体上男性劳动力中有相关经历的比例平均为20.32%，远大于女性劳动力，是其相应指标的近三倍。纵向上，男性劳动力和女性劳动力职业教育或培训参与率的变化趋势与整体同样保持一致，均在近年来持续减少。从2003年的21.99%和6.98%降至2018年的11.96%和3.62%，均减少了一半左右。进一步分年龄来看，可以看

表 4-11　农户家庭劳动力职业教育或培训参与率

单位：%

年份	合计	职业教育或培训类型		性别		年龄					
		非农业	农业	男性	女性	16～25岁	26～35岁	36～45岁	46～55岁	56～65岁	66岁+
2003	14.63	89.74	25.64	21.99	6.98	23.08	23.08	20.51	21.54	10.77	1.03
2004	15.52	89.37	24.15	23.09	7.65	20.77	26.57	21.26	18.36	11.11	1.93
2005	16.32	90.59	24.26	23.96	7.84	11.39	28.22	23.76	21.78	12.38	2.48
2006	17.56	90.95	23.28	25.85	8.95	13.36	30.17	21.98	18.97	12.93	2.59
2007	17.26	92.14	20.52	25.19	8.91	14.85	29.69	20.96	18.78	13.10	2.62
2008	16.89	92.00	20.44	25.15	8.28	13.78	28.44	22.67	16.89	13.78	4.44
2009	15.58	85.45	24.41	21.30	9.75	10.80	31.92	23.47	19.25	12.21	2.35
2010	13.69	86.31	21.43	19.84	7.31	16.07	29.17	17.86	19.64	14.29	2.98
2011	11.92	89.70	20.61	17.50	6.17	13.33	30.30	18.18	19.39	15.76	3.03
2012	12.67	80.23	29.65	19.08	6.01	7.56	22.67	24.42	20.93	19.77	4.65
2013	12.27	82.14	29.17	18.53	5.79	5.36	26.19	21.43	23.21	19.05	4.76
2014	11.62	82.17	26.75	17.63	5.31	3.82	24.84	21.66	21.66	22.29	5.73
2015	12.16	80.37	28.83	17.96	5.95	4.29	20.86	22.09	24.54	20.25	7.98
2016	11.73	82.80	26.75	17.67	5.61	2.55	26.11	19.11	22.29	20.38	9.55
2017	11.92	79.11	30.38	18.40	5.21	3.16	22.15	18.35	22.78	22.15	11.39
2018	7.82	84.00	25.00	11.96	3.62	3.00	17.00	16.00	30.00	23.00	11.00
2003—2018	13.71	86.64	25.64	20.32	6.83	11.20	26.62	21.13	20.78	15.80	4.47

出近年来45岁以下青壮年的占比在下降，特别是16～25岁的劳动力，说明时间序列上劳动力职业教育或培训参与率的下降主要是由于年轻劳动力参与职业教育或培训的比例在减少。如前文所述，随着农村基础教育建设的加强，年轻劳动力在学校受教育的时长已相较于之前有大幅增长。但在出校之后，可能由于相关职业教育或培训的建设尚不健全，没有突出与基础教育不同的内容或宣传推广不到位，导致基础教育学习时间更长的年轻劳动力对职业教育的主观认识不足、学习和参与的积极性不高。不少已有研究结果也表明，农民的职业教育培训中存在不少供给和需求间的错位矛盾，特别是在新生代农民工群体中（张雪梅，2008；陈微，2008；于敏，2010）。

从村际视角来看（表4-12），各村受过职业教育或培训的劳动力比例大小存在显著差异，且与劳动力专业技术职称拥有率的村际情况基本一致。在2003—2018年，职业教育或培训参与率最高的同样为庙堰村的劳动力，其占比平均为32.14%；而最低的也依然为石板堰村，平均仅有5.65%，这一比例不到庙堰村的1/5，且同样从2016年开始该村便不再有受过职业教育或培训的劳动力。如前文所述，石板堰村的劳动力以从事家庭经营农业为主，外出务工的相对较少，而农业相关教育或培训的开展及推广情况不及非农业教育或培训，因此石板堰村有职业教育或培训经历的劳动力占比非常低。

表4-12　各观察村劳动力职业教育或培训参与率

单位：%

年份	龙上	永丰	余北	西蜀阜	庙堰	新民	金后	鹁鸪门	河边	石板堰
2003	17.27	4.79	11.94	9.02	35.00	19.08	12.80	16.22	17.19	8.73
2004	20.42	4.73	10.61	9.30	31.00	22.52	15.24	17.86	17.97	9.38
2005	23.08	4.70	9.60	9.92	32.32	25.17	14.19	16.98	18.25	8.77
2006	23.13	11.11	8.46	9.09	39.58	25.00	15.38	17.76	20.16	11.38
2007	18.06	12.42	9.24	9.77	40.38	25.35	13.61	17.59	19.23	12.00
2008	20.41	10.97	9.24	7.75	38.10	24.31	12.73	17.59	20.86	10.74
2009	22.45	8.02	11.63	9.92	31.73	22.76	13.33	7.62	23.19	7.14

（续）

年份	龙上	永丰	余北	西蜀阜	庙堰	新民	金后	鹁鸪门	河边	石板堰
2010	10.96	7.36	8.53	—	33.04	23.70	11.17	8.82	16.06	7.26
2011	14.97	7.14	7.63	3.85	33.33	17.04	10.33	8.65	14.09	4.92
2012	15.86	7.69	9.63	4.03	34.21	15.50	9.73	13.21	17.56	3.33
2013	19.33	6.40	7.97	4.10	28.21	17.42	10.16	13.76	15.27	1.80
2014	15.65	6.63	9.09	5.69	28.70	16.91	8.60	13.33	12.88	0.92
2015	16.55	6.06	7.03	3.94	30.77	17.04	8.65	14.15	19.08	0.93
2016	15.67	5.92	7.69	3.85	29.31	16.18	9.60	13.76	17.83	0.00
2017	16.18	5.92	7.03	3.10	29.82	17.27	7.91	14.02	20.47	0.00
2018	17.05	3.05	1.63	2.96	20.39	15.79	4.95	12.96	1.90	0.00
2003—2018	17.97	7.04	8.58	6.45	32.14	20.19	11.02	14.07	17.18	5.65

综上所述，未来应进一步在基础教育外、拓宽和加强农村劳动力接受职业教育、培训的渠道和可获得性，突出其与基础教育不同的职业和技能针对性，增大推广规模、扩大覆盖范围、丰富内容形式，特别是针对农村女性劳动力和农业相关的教育、培训，从而以职业发展为导向更有效地提升劳动力的人力资本、增加就业机会，这对于提升家庭收入、缩小收入差距具有重要意义。

4.4　劳动力的时间配置

4.4.1　务农时间及变化趋势

随着浙江十村农户家庭劳动力就业“非农化”趋势的加强，劳动力在本乡镇内从事农业劳动的平均时长也在不断减少，从 2003 年的平均 52.37 天降至 2018 年的 28.86 天，相比减少了 44.90%（表 4－13）。不过，与中国其他省份地区农业生产“女性化”的趋势特征（彭小辉等，2017）不同，浙江十村女性劳动力在本乡镇内的务农时间低于男性，16 年间平均为 30.34 天，比男性劳动力的这一平均时长少 21.13 天。且从时

表 4-13　浙江十村劳动力本乡镇内务农时间及变化

单位：天

年份	合计	性别		村庄									
		男性	女性	龙上	永丰	余北	西蜀阜	庙堰	新民	金后	鹁鸪门	河边	石板堰
2003	52.37	61.00	43.64	66.87	159.12	39.54	1.16	10.30	20.05	5.59	60.41	45.80	113.26
2004	49.11	56.71	41.22	45.11	157.04	26.76	3.06	15.80	25.03	5.73	43.84	43.48	118.52
2005	47.64	58.84	35.21	53.42	158.07	32.98	2.60	4.44	23.94	2.29	53.16	40.24	145.70
2006	45.81	53.56	37.75	42.52	136.78	20.79	0.06	9.27	16.85	3.63	40.64	52.68	126.22
2007	44.26	53.16	34.81	38.09	121.24	23.78	2.63	9.13	15.22	6.34	55.19	48.90	120.12
2008	42.39	51.39	33.01	29.27	119.19	26.47	2.71	5.62	22.88	9.72	51.90	30.35	122.96
2009	42.23	52.73	31.53	35.13	104.00	21.45	10.76	4.62	13.22	1.56	58.62	27.45	150.16
2010	44.68	56.05	32.89	36.92	99.51	17.40	—	14.46	10.10	0.00	51.91	26.01	154.27
2011	45.89	58.43	32.95	37.78	114.38	20.52	23.85	8.95	12.09	4.13	69.23	29.95	146.56
2012	42.39	56.72	27.49	40.54	92.28	11.44	0.00	7.63	11.39	18.35	74.45	27.85	143.92
2013	37.66	51.46	23.39	31.63	74.72	9.27	5.74	1.85	11.55	3.64	81.20	29.50	151.80
2014	34.14	43.30	24.52	35.05	64.52	14.89	7.80	0.00	9.77	0.13	63.52	24.83	147.06
2015	36.09	46.49	25.28	29.99	66.64	23.69	0.00	17.78	13.58	1.73	73.44	22.43	141.20
2016	31.66	41.45	21.56	33.04	51.67	20.92	0.03	12.67	13.88	7.23	64.91	8.21	126.85
2017	32.81	42.00	23.31	29.36	52.13	15.59	0.00	27.68	13.32	4.52	61.54	17.17	141.40
2018	28.86	40.21	17.34	28.08	50.98	4.02	0.00	23.09	14.41	5.93	48.43	2.52	139.79
2003—2018	41.11	51.47	30.34	38.33	99.70	20.55	4.01	10.85	15.64	5.03	59.49	30.10	136.23

间趋势上来看，虽然男性劳动力和女性劳动力的务农时长均在逐步减少，但女性劳动力的减少幅度显著大于男性。2018年，浙江十村女性劳动力的平均务农时长为17.34天，与2003年相比减少了60.26%，是同年男性劳动力平均务农时长的43.13%。

从村际视角来看，浙江十村劳动力在本乡镇内从事农业劳动的时间存在显著差异。16年间，只有一直以传统农业生产为主的石板堰村的劳动力的务农时间较长，达到136.23天。其余观察村劳动力的平均务农时间均在100天以下，特别是西蜀阜、金后这样的务工村，分别平均仅有4.01和5.03天。时间序列上，除了石板堰村外，大部分观察村劳动力在本乡镇内务农的时间都呈大幅下降趋势。农户劳动力时间更多分配在非农领域的现实进一步反映和证实了劳动力就业的非农化趋势。

进一步地，我们选取十个观察村中务农比例相对较高的三个村——龙上村、永丰村、石板堰村具体考察其家庭经营农业劳动者的务农时间。从图4-6来看，三个村庄农业劳动力的务农时长近年来基本也在逐步减少。这一结果说明整体上劳动力在本乡镇内从事农业劳动时间的下降趋势一方面是由于就业非农化导致农业从业劳动力数量的减少；另一方面，农业劳动力本身的务农时间也有所缩短，这可能是农业现代化、机械化的推广应用对劳动时长替代的结果。

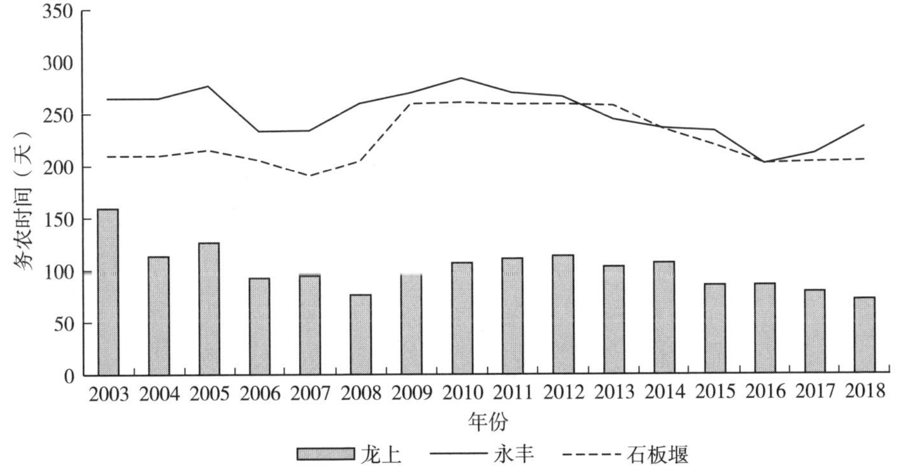

图4-6　浙江三村家庭经营农业劳动者务农时间变化趋势

4.4.2 外出从业时间及变化趋势

整体来看（表 4－14），2003—2018 年，浙江十村农户劳动力平均外出从业时间呈下降趋势，由观察期初的平均 108.32 天减少至 2018 年的 67.22 天，减少幅度为 37.94%。具体地，2003—2008 年，劳动力平均外出从业时间尚有小幅上升，2009 年，应是受到全球金融危机的冲击影响，劳动力外出从业时间由前一年的平均 122.77 天降至 93.76 天，之后便开始持续减少。十个观察村中外出劳动力人数的变化趋势也与此保持一致（图 4－7），其由 2003 的 497 人增至 2008 年的 550 人后，2009 年骤减至 417 人，之后持续下降，到 2018 年减至 276 人，与观察期初的 2003 年相比减少了 44.47%，与观察期内的峰值 2008 年相比则减少幅度达到 49.82%。不过在这一过程中，外出劳动力中男性与女性的分布没有太大变化，近两年基本保持在 6∶4 的比例。

进一步从外出劳动力的外出从业时长来看（表 4－14），其在观察期的 16 年间表现为波动上涨趋势，从 2003 年的平均 287.39 天到 2018 年的 310.28 天，增加了 7.96%。分性别来看，男性外出劳动力和女性外出劳动力在外出时长上几乎没有差别，变化趋势也与整体保持一致。2003—2018 年，二者分别由 288.65 天和 285.64 天增加至 307.53 天和 314.36 天。从村际视角来看，不同观察村外出劳动力的外出时长差别相对较大。例如，虽然西蜀阜村和庙堰村都是劳动力就业非农化程度较大的村庄，但前者外出劳动力的外出时长最长，平均达 330.17 天，而后者则最短，平均为 263.01 天。不过从时间趋势上来看，各村外出劳动力的外出时长同样与整体保持一致，基本均呈增加趋势。

综上所述，虽然外出程度依然较高的劳动力其外出从业时间仍在增加，但整体上浙江农户劳动力外出从业时长和外出人数在减少。而前文的分析结果显示，浙江十村农户家庭劳动力的就业表现出明显的非农化趋势。那么，为何整体的外出从业时间和外出劳动力人数反而在下降呢？这一现实特征表明，浙江十村劳动力就业的非农化表现出一定的“离土不离乡”的趋势。即劳动力依然在由农业产业向非农产业转移，但越来越多的人在就近转移，劳动力离村离家的时间在不断缩短。

表4-14　浙江十村各类型劳动力外出从业时间及变化

单位：天

年份	劳动力总体	外出劳动力												
		合计	性别		村庄									
			男	女	龙上	永丰	余北	西蜀阜	庙堰	新民	金后	鹁鸪门	河边	石板堰
2003	108.32	287.39	288.65	285.64	279.24	291.40	310.18	333.68	255.00	278.85	269.36	272.31	270.59	282.73
2004	111.73	294.50	291.62	298.47	303.68	292.16	300.00	325.15	238.00	305.48	289.62	273.91	304.38	275.92
2005	109.51	295.10	297.35	291.95	302.04	288.56	266.61	326.30	259.32	300.56	284.81	301.08	307.78	264.21
2006	111.91	295.15	294.72	295.72	304.87	280.00	290.39	328.97	262.56	317.80	261.40	295.50	302.66	271.63
2007	116.54	300.05	298.91	301.53	296.72	305.44	291.40	337.34	272.73	304.03	282.12	293.13	309.22	288.72
2008	122.77	295.12	297.41	292.28	288.21	309.21	292.60	333.93	269.33	279.60	299.20	282.65	312.10	276.20
2009	93.76	305.58	308.24	302.47	317.22	324.29	315.00	332.08	251.35	305.57	285.42	286.67	323.10	300.81
2010	92.12	304.59	301.95	308.03	314.01	324.62	292.83	—	265.65	312.97	295.00	295.63	305.74	316.05
2011	92.85	306.89	309.76	302.98	309.94	283.33	306.21	333.63	270.26	323.31	296.57	288.96	324.07	295.95
2012	83.51	303.06	301.35	305.39	308.22	290.50	290.93	334.38	276.13	315.80	290.74	298.21	320.45	297.86
2013	82.39	305.98	308.86	302.29	324.64	315.56	294.08	335.93	255.55	309.63	300.99	313.17	274.50	299.67
2014	80.99	305.82	309.19	301.08	332.60	328.95	323.08	325.00	259.28	319.38	289.71	288.57	281.73	278.13
2015	79.86	304.11	304.98	302.95	307.25	320.00	323.33	323.13	273.95	315.94	291.97	314.82	302.31	283.45
2016	81.65	298.58	299.41	297.42	302.68	319.17	322.14	315.29	270.00	313.19	295.54	297.83	278.81	267.65
2017	77.13	304.10	305.20	302.42	309.72	321.90	324.11	310.00	262.86	314.00	301.91	299.29	292.24	277.89
2018	67.22	310.28	307.53	314.36	322.50	302.86	309.45	311.67	266.67	320.16	303.43	304.60	280.00	295.33
2003—2018	94.46	300.17	300.73	299.41	307.85	301.19	298.31	330.17	263.01	308.10	290.65	292.49	301.19	285.74

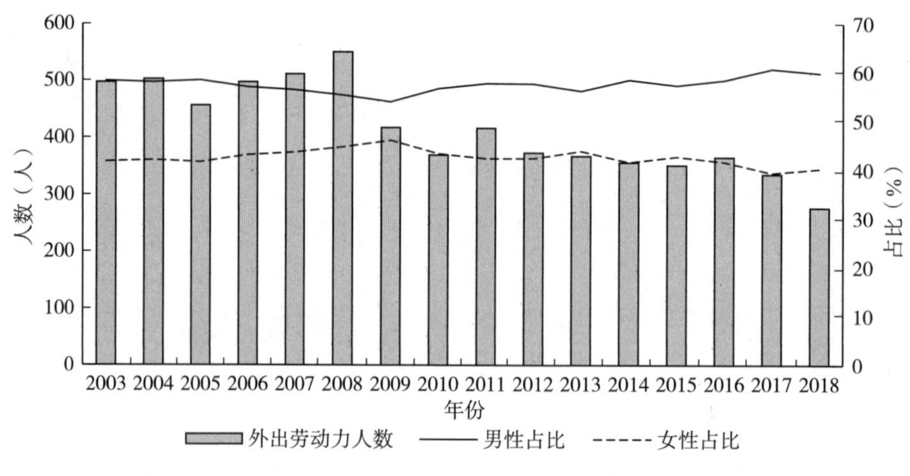

图 4-7　浙江十村农户外出劳动力人数及其性别分布的变化趋势

4.5　劳动力外出从业收入、地点及变化

4.5.1　外出从业收入及变化趋势

外出从业收入是农户家庭经济收入的重要来源和重要组成部分，从表 4-15 中可以看出，2003—2018 年，浙江十村农户家庭劳动力外出从业的平均收入为 135.24 元/天。从时间趋势上来看，整个观察期内，劳动力外出就业收入实现了较大幅度的增长，从 2003 年的平均 92.52 元/天上涨至 2018 年 240.27 元/天，增加了 1.60 倍，平均每年增长 6.57%。进一步分段来看，以 2008 年为界，劳动力名义收入的增幅越来越大。2003—2008 年，外出从业工资增长了 6.60%，而 2009—2018 年则翻了一番多。

分性别来看，男性劳动力外出从业收入显著高于女性劳动力。16 年间，男性劳动力的外出从业收入平均达到 164.54 元/天，是女性劳动力的 1.72 倍。时间序列上，虽然女性外出从业收入的增长幅度整体上略高于男性，但两者间的收入差距仍在波动增加，2018 年两者的平均日工资差距达到了 120.46 元，与 2003 年 49.15 元的收入差相比增长了 1.45 倍。可见，农户家庭劳动力外出从业收入的性别差异依然是较大的。

表4-15　浙江十村劳动力外出从业收入及变化

单位：元/天

年份	合计	性别		村庄									
		男	女	龙上	永丰	余北	西蜀阜	庙堰	新民	金后	鸦鹄门	河边	石板堰
2003	92.52	112.74	63.59	45.43	87.34	48.92	264.82	90.31	94.56	84.98	64.94	48.48	29.69
2004	99.95	127.54	60.34	34.51	86.30	56.95	309.14	88.60	106.13	90.07	68.36	61.49	38.41
2005	88.03	106.89	60.80	34.51	35.08	71.84	251.81	89.91	88.43	78.76	54.50	47.00	47.91
2006	92.95	111.27	68.35	43.22	39.92	43.08	283.37	116.69	93.36	101.08	66.41	82.78	42.24
2007	96.10	115.85	71.29	60.28	37.48	60.18	280.80	97.60	113.17	100.30	54.69	77.13	54.15
2008	98.63	119.94	71.71	59.66	41.73	68.46	298.02	109.34	78.57	99.37	63.70	87.11	49.48
2009	116.77	144.53	83.01	78.44	66.80	70.87	240.36	128.04	105.20	168.40	74.11	100.84	75.23
2010	98.51	121.94	68.02	70.77	101.95	56.03	—	102.24	109.38	144.23	103.81	91.89	99.59
2011	164.65	198.90	118.44	92.93	98.26	89.23	326.68	271.74	110.21	183.79	378.74	135.13	119.09
2012	189.14	247.74	110.42	114.91	101.02	113.14	316.40	277.22	149.60	373.61	112.01	110.44	92.28
2013	180.34	218.62	131.98	121.06	153.55	119.70	510.09	226.93	227.71	138.95	126.48	197.13	111.58
2014	172.47	198.04	135.96	136.21	121.30	120.47	550.09	227.09	188.54	147.21	111.18	208.94	134.10
2015	167.64	206.92	115.62	146.34	128.85	163.52	176.73	217.25	253.43	155.45	127.31	128.07	120.62
2016	183.80	218.17	136.21	155.53	163.40	183.96	220.07	255.02	247.27	149.56	142.57	224.92	143.18
2017	211.61	240.44	167.72	171.79	152.40	175.88	288.08	254.50	338.47	168.82	156.36	173.71	196.80
2018	240.27	289.13	168.67	176.10	96.63	238.46	409.25	198.13	323.83	304.78	200.54	—	209.51
2003—2018	135.24	164.54	95.62	95.01	76.22	79.55	296.38	156.77	164.12	158.74	108.36	116.05	83.77

从村际视角来看，不同村庄农户劳动力间的外出从业收入水平也存在着显著的差别。收入偏高的几个村基本均为就业非农化程度相对较高的观察村，最高的依然是早已以非农就业为主的西蜀阜村，观察期内平均水平达到了 296.38 元/天；其余则依次为新民村、金后村和庙堰村，劳动力外出从业的平均收入分别为 164.12 元/天、158.74 元/天和 156.77 元/天。而最低的永丰村，16 年间劳动力外出从业的平均收入仅为 76.22 元/天，刚达到西蜀阜村的 1/4。

进一步从净收入来看（表 4－16），各村劳动力外出从业的净收入水平与之前相差不大，说明浙江十村劳动力外出从业的成本整体相对较低，一定程度上也从侧面印证了其“离土不离乡”的外出从业特点。各观察村净收入的相对排名也与之前基本保持一致，在扣除外出从业成本之后，净收入水平排名最高和最低的村依然分别为西蜀阜村和永丰村，净收入分别为 227.35 元/天和 53.59 元/天。

表 4－16　浙江十村劳动力外出从业净收入及变化

单位：元/天

年份	龙上	永丰	余北	西蜀阜	庙堰	新民	金后	鹁鸪门	河边	石板堰	合计
2003	27.90	35.64	39.77	182.43	74.44	71.13	42.86	54.24	34.91	25.19	61.66
2004	27.66	35.54	46.64	207.62	73.78	60.44	66.27	54.85	44.67	35.12	68.11
2005	30.23	33.15	59.71	180.99	77.82	72.86	66.11	48.94	31.99	34.66	69.56
2006	36.20	36.91	38.52	211.19	102.68	88.24	83.51	63.20	62.12	35.04	76.48
2007	57.18	37.07	52.82	205.68	75.01	105.25	91.87	51.24	67.89	47.12	81.27
2008	58.19	40.14	58.21	227.30	99.61	78.19	77.09	59.20	59.20	43.26	83.21
2009	64.40	45.25	64.86	185.01	95.02	49.14	115.28	66.35	69.73	59.71	84.01
2010	56.66	66.73	54.25	—	82.93	89.94	100.08	62.99	54.37	80.88	74.39
2011	72.05	65.93	75.60	270.61	213.89	90.23	132.25	324.61	82.07	80.92	127.68
2012	80.12	63.97	101.70	295.64	219.46	113.08	322.78	101.92	70.97	64.04	154.38
2013	98.50	106.76	105.54	429.38	215.29	144.49	113.35	110.31	12.28	87.01	134.20
2014	102.41	88.30	110.39	486.65	219.92	155.37	130.39	69.51	179.81	106.87	143.19
2015	123.47	90.77	149.24	139.86	212.40	182.57	144.53	108.22	104.70	89.89	137.41

（续）

年份	龙上	永丰	余北	西蜀阜	庙堰	新民	金后	鹁鸪门	河边	石板堰	合计
2016	128.30	113.79	148.20	183.22	248.49	210.05	139.27	122.91	144.20	105.71	151.50
2017	133.66	117.01	152.31	240.36	241.65	294.99	163.31	138.39	103.96	129.50	177.19
2018	138.31	80.61	189.58	348.94	168.14	292.63	287.61	172.22	—	142.11	209.70
2003—2018	76.14	53.59	69.02	227.35	136.65	131.16	132.33	91.86	74.21	64.11	107.46

4.5.2　外出从业地点及变化趋势

如图 4-8 所示，2003—2018 年，浙江十村在本乡镇外从业的劳动力人数在不断减少。2018 年已仅有 276 人，与 2003 年的 513 人相比减少了近一半。这一数据再次印证了浙江十村劳动力非农化就业中不断加强的“离土不离乡”趋势。而在本乡镇外从业的劳动力中，其从业地点也主要以省内为主，16 年间的平均占比达到 82.74%。这得益于浙江省本身就相对发达的经济水平。与中国其他省份相比，浙江各地的蓬勃发展可以给农民创造相对更多的本地或就近就业或自主创业机会。如丽水市莲都区的河边村，近年来积极发展生态旅游业，不少农户开始在村内开展民宿、客栈等家庭经营。

更具体地来看，浙江十村劳动力在省内的外出从业地点以乡外县内为主，16 年间的平均占比为 61.00%。但在时间序列上，去乡外县内从业的劳动力比例呈逐步减少的趋势。2018 年，乡外县内虽然仍是劳动力主要外出地点，但占比已降至 48.91%，与 2003 年相比减少了 15.22 个百分点。与此对应地，去县外省内从业的劳动力比例在逐步增加。2003 年，其占比为 16.37%，到 2018 年，则已增至 30.43%。去外省和境外从业的劳动力比例变化相对不大，16 年间分别平均为 14.79%和 2.48%。

分性别来看，男女劳动力外出从业地点的分布变化存在一定差异（表 4-17）。整体上，两者选择最多的外出从业地点同样均是乡外县内，时间序列上也均呈减少趋势，但女性劳动力的减少幅度要远大于男性劳动力。从 2003 年的 66.82%降至 2018 年的 47.27%，女性劳动力中去乡外县内从业的人数占比的减少幅度达到了 29.26%，比男性劳动力的这一变化高出近十个百分点。相对应地，女性劳动力中去县外省内从业的人数占比的增长幅度也显著高于男性。2018 年，女性劳动力中外出从业地点为县外省内的比例已达到 33.64%，与 2003 年相比增加了 1.15 倍，而男性劳动力中当年的这一比例只有 28.31%，与 2003 年相比增加了 11.37 个百分点。到 2018 年，女性劳动力在外省从业的比例（17.27%）也略高于男性劳动力（16.87%）。可见，近年来，女性劳动力的外出从业地点分布与观察期初相比已发生了较大变化，其外出范围在不断扩大。

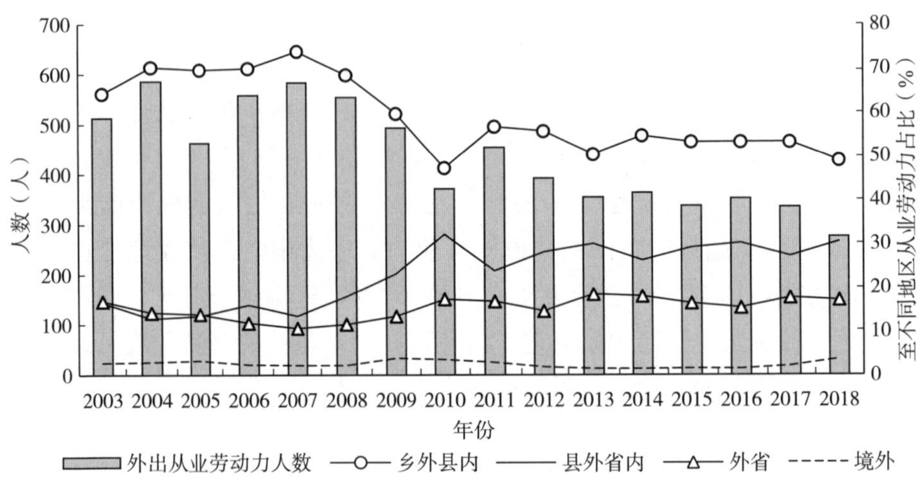

图 4－8　浙江十村在本乡镇外从业的劳动力人数及从业地点分布的变化趋势

表 4－17　浙江十村劳动力外出从业地点分布的分性别情况

单位：%

年份	男性				女性			
	乡外县内	县外省内	外省	境外	乡外县内	县外省内	外省	境外
2003	62.46	16.94	16.94	3.65	66.82	15.64	16.11	1.42
2004	67.86	13.10	14.88	4.17	73.20	12.40	13.20	1.20
2005	68.52	12.59	14.44	4.44	70.98	14.51	12.95	1.55
2006	68.79	14.65	13.38	3.18	71.31	17.62	9.84	1.23
2007	74.01	11.01	12.23	2.75	73.44	16.41	8.59	1.56
2008	68.06	16.77	12.90	2.26	68.85	19.26	9.84	2.05
2009	58.36	23.05	14.50	4.09	61.16	23.21	12.05	3.57

（续）

年份	男性				女性			
	乡外县内	县外省内	外省	境外	乡外县内	县外省内	外省	境外
2010	43.27	33.17	19.23	4.33	52.15	30.67	14.72	2.45
2011	55.17	22.99	18.39	3.45	58.55	24.87	14.51	2.07
2012	55.36	26.79	16.07	1.79	55.95	29.76	12.50	1.79
2013	50.00	28.79	19.70	1.52	50.64	31.41	16.67	1.28
2014	54.76	24.76	19.05	1.43	54.25	28.10	16.34	1.31
2015	55.50	25.65	17.28	1.57	50.00	33.56	15.07	1.37
2016	52.71	28.08	18.23	0.99	53.69	32.89	11.41	2.01
2017	54.68	24.14	18.72	2.46	50.76	31.82	15.91	1.52
2018	50.00	28.31	16.87	4.82	47.27	33.64	17.27	1.82
2003—2018	60.29	20.67	16.04	3.01	61.97	23.16	13.10	1.77

4.6　小结

本章的分析结果表明，截至 2018 年，浙江十村农户的劳动力资源配置与之前相比已有很大不同。从就业方向来看，农户家庭劳动力就业的非农化趋势在不断加强，家庭农业经营劳动力的老龄化和低文化程度特征也日益明显。整体上，目前男性和女性劳动力的职业均以“受雇劳动力”为主，但随着年龄的增长，在自身体力和户籍等相关社会制度的限制和约束下，不少老龄劳动力只得返回村庄重操农业，特别是女性老龄劳动力。因此，加快培育有能力、有技术、有知识的后备年轻力量是未来实现农业生产现代化发展迫切需要解决的重要问题。从劳动力质量来看，农村劳动力本身的老龄化趋势也在不断加强，家庭劳动力的负担程度整体上也在不断增加。伴随近年来结婚率、生育率的持续走低，未来一段时期内农村劳动力的老龄化程度和负担程度可能还将进一步加剧。因此，如何提升农村人口活力也是乡村振兴战略实施过程中另一个需要重视的问题。

在人力资本储备方面，观察期内浙江十村劳动力的教育程度有所提升，已基本可以达到高中文化水平，但当前农村整体教育程度依然偏低，且还存在一定的“重男轻女”现象，区域间教育不均衡的问题也依然存在，农村教育质量仍存在较大提升空间。除基础教育外，浙江十村劳动力的专业技术职称拥有率非常低，有职业教育或培训经历的人员比例也并不太高，特别是年轻劳动力参与职业教育或培训的比例在减少。因此，一方面，应进一步重视和发展农村基础教育，缩小性别间和区域间的发展不平衡；另一方面，还应拓展和加强农村劳动力接受职业教育或培训的渠道，以职业发展为导向，更有针对性地提升其就业所需的专业人力资本，且在这一过程中应特别重视针对女性劳动力的职业技能培训。

从劳动力的外出从业情况来看，虽然外出程度依然较高的劳动力其外出从业时长仍在不断增加，但整体上浙江十村农户劳动力的外出从业时长和外出从业人数均在减少，外出地点也以省内为主，表明劳动力就业的非农化呈现出一定的“离土不离乡”的特征。即劳动力依然在由农业产业向非农产业转移，但得益于浙江省整体经济的蓬勃发展可以为农民创造相对更多的就业或创业机会，因此越来越多的农户劳动力在就近转移，其离村离家的时间在不断缩短。

参考文献

2019.《中国农村教育发展报告 2019》发布［N］．中国民族报，02－19（3）．

陈微，2008．需求的跌落——第二代农民工培训需求与培训供给分析［J］．当代青年研究（12）：76－81．

陈锡文，陈昱阳，张建军，2011．中国农村人口老龄化对农业产出影响的量化研究［J］．中国人口科学（2）：39－46，111．

胡雪枝，钟甫宁，2012．农村人口老龄化对粮食生产的影响——基于农村固定观察点数据的分析［J］．中国农村经济（7）：29－39．

彭小辉，王玉琴，史清华，2017．山西农家行为变迁：1986—2012［M］．北京：中国农业出版社．

徐娜，张莉琴，2014．劳动力老龄化对我国农业生产效率的影响［J］．中国农业大学学报，19（4）：227－233．

于敏，2010．农民生产技能培训供需矛盾分析与培训体系构建研究——基于宁波市 511 个种养农户的调查［J］．农村经济（2）：90－94．

张雪梅，2008．浅析农民培训中的“需求”与“错位”［J］．农村经济（3）：109－112．

第5章　农作物生产成本

自20世纪90年代以来，浙江省的耕地面积整体上便呈现持续减少的趋势，农户由农业生产向非农产业转移的结构调整也在不断加剧。一方面，这是宏观经济社会发展和城市化进程不断加快的结果；但另一方面，农业生产本身成本的大幅提高可能也是迫使农户放弃老本行、向非农化转变的重要原因。因此，本章将以浙江省十个观察村为例，梳理考察2003—2018年农户的种植作物生产成本及结构变化，并详细分析当地主要种植的稻谷、大豆、薯类三类主粮作物和油料、蔬菜、水果三类经济作物的具体变化情况，以更好地把握和了解农业生产成本变化的基本事实，对于预判未来农业生产发展趋势、保障粮食安全具有重要现实意义。

5.1　生产资料购买成本及其结构变化

如表5-1所示，2003年以来，浙江十村农户购买种植作物生产资料的成本呈现出持续大幅度增加的趋势。年均支出总金额从2003年的699.96元增至2018年的3 386.52元，增长了3.84倍，平均每年增长11.08%。从成本结构来看，16年间平均支出占比最大的为化肥和农药，分别占总支出的51.97%和22.90%。可见，化肥和农药是当前农户种植农作物过程中最主要的生产投入要素。进一步从纵向上来看，农药的支出占比呈小幅波动增长，从2003年的21.64%至2018年的31.30%，增长了9.66个百分点。而与此同时，化肥虽然一直是支出金额最多的生产资料，但在时间序列上，2008年以前其成本占比基本保持不变，之后便开始持续减少。2018年，化肥平均支出占比变为38.98%，与2003年相比减少了约20个百分点。具体再从不同化肥种类的成本结构变化来看，16年间农户的化肥购买呈现出明显的由单一型化肥向复合型化肥转变的结构性调整。氮、磷、钾肥占化肥总支出的比例分别由 2003 年的 44.60%、4.38%和 4.71%大幅减少至 2018 年的 3.14%、0.08%和 1.97%。而 2003 年，复合肥的支出占比为 44.37%，2018 年则达到 92.45%，是 2003 年的 2.08 倍，平均每年增长 3.21 个百分点。此外，种苗、农膜和柴油的支出占比也有所增加，2018 年分别为 16.31%、12.76%和 0.65%，与 2003 年各自的份额相比分别增长了 3.61 个、6.44 个和 0.43 个百分点。值得注意的是，虽然柴油仍是目前成本结构中占比最小的生产投入要素，但从时间序列上看，其支出占比的增长幅度最大（约 2 倍），一定程度上表明机械化作业在农户种植生产中的推广发展趋势。

表 5-1　浙江十村农户购买种植作物生产资料的支出金额及其结构变化

年份	总金额（元）	构成比例（%）									
		种苗	化肥						柴油	农膜	农药
			合计	氮肥	磷肥	钾肥	复合肥	其他			
2003	699.96	12.70	59.13	44.60	4.38	4.71	44.37	1.93	0.21	6.32	21.64
2004	794.99	9.06	59.16	46.70	3.10	2.03	46.13	2.03	2.88	7.34	21.55
2005	716.96	7.51	62.66	40.66	2.72	1.10	50.76	4.77	2.40	5.03	22.41
2006	867.55	7.28	61.69	33.48	1.85	1.14	61.38	2.16	0.68	5.61	24.75
2007	1 107.32	7.75	59.67	27.79	1.64	1.23	67.96	2.43	3.04	5.43	24.12
2008	1 278.58	5.85	62.94	28.76	2.66	1.99	70.53	0.86	0.29	7.47	23.44
2009	1 590.38	6.73	58.29	18.26	2.06	1.41	74.82	3.45	0.18	12.62	22.19
2010	2 063.36	8.54	55.95	20.59	1.93	1.97	74.76	0.76	0.27	12.97	22.30
2011	2 294.21	14.19	52.52	20.52	2.37	4.11	71.87	1.13	0.00	13.23	20.07
2012	2 478.81	12.90	50.29	14.89	1.15	3.72	76.79	3.45	0.08	13.25	23.48
2013	2 574.67	13.42	54.47	12.54	1.43	2.98	78.76	4.30	0.00	13.32	18.80
2014	2 721.01	18.66	47.30	19.59	1.52	1.96	75.79	1.14	3.53	10.91	19.59
2015	2 425.77	13.30	52.41	16.25	1.44	1.75	77.43	3.13	1.20	10.97	22.13
2016	2 807.88	14.64	45.59	15.78	0.86	2.21	77.80	3.35	0.48	14.72	24.66
2017	2 977.15	20.57	40.88	6.88	0.72	1.93	86.16	4.30	0.40	14.09	24.06
2018	3 386.52	16.31	38.98	3.14	0.08	1.97	92.45	2.37	0.65	12.76	31.30
2003—2018	1 785.28	12.82	51.97	20.57	1.73	2.33	77.46	4.04	0.90	11.42	22.90

5.2　生产资料购买途径的变化

2003—2018 年，农户生产资料的购买途径也有较大变化（表 5－2）。随着化肥、农药等生产资料流通的全面市场化放开，"私人经销化"趋势进一步加强。2003 年，农户从"个体经销商"处购买的生产资料占总支出的 61.32%，而到 2018 年，这一比例已增加至 89.59%，比 2003 年的份额增加了 28.27 个百分点，平均每年增加 1.89 个百分点。与此同时，从"国有商业机构、供销社"购买的支出比例大幅减少，2003 年其份额尚有 15.34%，2018 年农户则已无此流通渠道的生产资料购买支出。类似地，曾是农户另一个重要生产资料购买途径的"农业技术推广部门"的份额也大幅减少。2003 年，它还是农户第二大的生产资料购置源，份额为 15.68%，而 2018 年已减少至 0.42%，减少了 15.26 个百分点。

表 5－2　浙江十村农户作物生产资料购买途径的变迁

单位：%

年份	国有商业机构、供销社	工业部门	农业技术推广部门	合作社等集体组织	个体经销商	其他
2003	15.34	0.00	15.68	4.50	61.32	3.16
2004	2.26	0.06	16.74	4.06	73.83	3.04
2005	3.75	0.01	16.33	12.07	65.84	2.00
2006	3.84	0.06	18.26	2.34	74.97	0.54
2007	1.51	0.03	15.83	3.01	77.32	2.30
2008	2.71	0.18	11.56	1.86	60.14	23.55
2009	0.91	0.27	7.65	2.27	81.16	7.75
2010	1.28	0.00	5.74	0.47	84.05	8.46
2011	4.12	0.05	5.12	0.63	77.44	12.64
2012	0.41	0.00	8.98	0.61	81.04	8.96
2013	1.21	0.00	1.83	2.08	84.42	10.46
2014	1.99	0.00	4.54	2.35	81.44	9.68
2015	0.96	0.00	4.50	2.30	80.24	11.99
2016	0.35	0.00	1.47	1.66	85.43	11.09

（续）

年份	国有商业机构、供销社	工业部门	农业技术推广部门	合作社等集体组织	个体经销商	其他
2017	0.52	0.00	3.23	1.71	82.95	11.59
2018	0.00	1.47	0.42	0.23	89.59	8.29
2003—2018	1.89	0.17	6.65	1.99	79.61	9.69

5.3 主要粮食作物的生产成本及其构成变化

为了对粮食作物的生产成本支出有一个更清晰的认识，我们对浙江农户种植的三类主要粮食作物——稻谷、大豆和薯类的生产成本进行进一步的考察分析。

5.3.1 稻谷

2003—2018年，虽然浙江农户稻谷种植的户均播种面积基本没有变动，但从表5-3中可以看出，其生产成本却呈现出较大幅度的上升。2003年，农户种植稻谷的成本平均为231.73元/亩，而到了2018年，这一支出已达到624.11元/亩，与2003年相比增加了1.69倍，平均每年增长6.83%。从成本结构来看，整体上稻谷种植过程中平均支出最大的同样为化肥和农药，16年间分别平均占总支出的29.92%和22.29%。进一步从纵向上来看，2003年支出最多的为化肥，其平均占比为37.37%，但之后其份额便持续减少，至2018年已减至21.53%，与2003年相比减少了15.84个百分点。而与此同时，农药的平均成本占比却在波动增长，由2003年的16.90%增至2018年的30.12%，平均每年增加0.89个百分点，从2015年开始，其份额便已超过化肥，在2015—2017年成为稻谷种植过程中成本占比最大的生产资料。

除化肥和农药外，另一个值得注意的生产投入是机械作业[①]。2003年，其整体上的支出占比为11.07%，2018年则已达到30.63%，与2003

① 这里的机械作业费用指的是租用他人机械进行作业所支出的费用，下同。

表 5-3 浙江十村农户稻谷生产成本的金额、构成及变化

年份	总金额（元/亩）	构成比例（%）												
		种子种苗	农家肥	化肥	农膜	农药	水电及灌溉	畜力	机械作业	固定资产折旧及修理费	小农具购置	土地租赁	雇工	其他
2003	231.73	5.14	2.16	37.37	0.05	16.90	7.07	5.66	11.07	5.82	1.20	—	3.88	3.69
2004	251.41	5.35	2.56	36.60	0.03	15.94	6.19	6.64	12.38	4.47	1.60	—	5.45	2.78
2005	266.49	4.88	0.97	33.37	0.31	22.98	5.68	6.44	13.91	3.73	0.42	—	4.59	2.73
2006	328.09	8.45	1.19	32.74	0.16	22.76	7.08	4.67	16.25	1.77	0.46	—	1.73	2.73
2007	334.77	4.32	0.82	34.80	0.00	26.49	9.83	0.42	18.33	1.41	0.14	—	2.99	0.46
2008	353.65	2.98	1.65	30.23	1.27	29.48	2.27	5.93	20.77	1.49	1.34	—	1.38	1.21
2009	384.25	3.49	1.59	29.07	0.99	28.18	3.46	4.71	23.11	0.25	0.47	3.34	0.13	1.21
2010	413.28	6.84	0.67	27.17	0.00	24.77	3.81	2.84	25.84	2.35	0.53	4.75	0.43	0.00
2011	449.97	4.66	0.22	28.26	0.30	26.42	3.04	2.71	25.48	1.47	0.08	4.81	1.58	0.98
2012	463.05	4.71	0.74	29.13	0.00	26.08	0.88	5.56	28.15	1.33	0.00	3.41	0.00	0.00
2013	598.45	8.16	0.76	26.41	0.00	22.68	0.84	0.95	31.82	0.00	0.32	4.09	3.27	0.70
2014	516.51	8.08	0.44	26.55	0.00	22.47	3.89	5.61	21.45	1.31	0.00	7.89	1.31	1.00
2015	500.02	9.35	2.14	20.40	3.07	25.38	2.90	0.00	26.84	0.00	0.00	9.91	0.00	0.00
2016	646.25	10.48	0.00	24.31	0.00	28.72	0.00	3.19	22.34	0.00	0.00	10.96	0.00	0.00
2017	643.20	9.25	0.00	29.13	0.00	27.19	0.00	0.00	23.82	0.00	0.00	10.61	0.00	0.00
2018	624.11	8.51	0.00	21.53	0.00	30.12	0.00	0.00	30.63	0.00	0.00	9.21	0.00	0.00
2003—2018	343.90	5.59	1.18	29.92	0.29	22.29	4.54	4.09	18.71	2.23	0.56	6.72	2.30	1.58

年相比增加了1.77倍，平均每年增加1.30个百分点。从图5-1中可以进一步看出，一方面，2003—2018年租赁机械进行生产作业的农户占比在波动增加。2003年，有50%的稻谷种植农户租赁了机械，而到2018年，这一比例已增至71.43%。另一方面，在租赁机械的农户中，户均机械作业费用也基本在持续增加，2003年为44.47元/亩，2018年则达到245.87元/亩，相比增加了4.53倍。这一费用的增长是由于租赁服务市场价格的增加还是租赁机械进行作业的生产环节数的增加尚有待于进一步专项调查的研究分析，但综合来看，机械作业成本份额在时间序列上的变化一定程度上仍可表明在浙江稻谷种植中，机械化生产社会服务的普及程度在不断提高，整体的机械化生产水平也在不断提升。与此相对应地，农户畜力费和雇工费平均占比的不断减少也可从反面进一步印证这一点。2003年，稻谷种植户畜力[①]和雇工的平均支出占比分别为5.66%和3.88%。而分别从2017年和2015年开始，农户便不再有这两项支出。

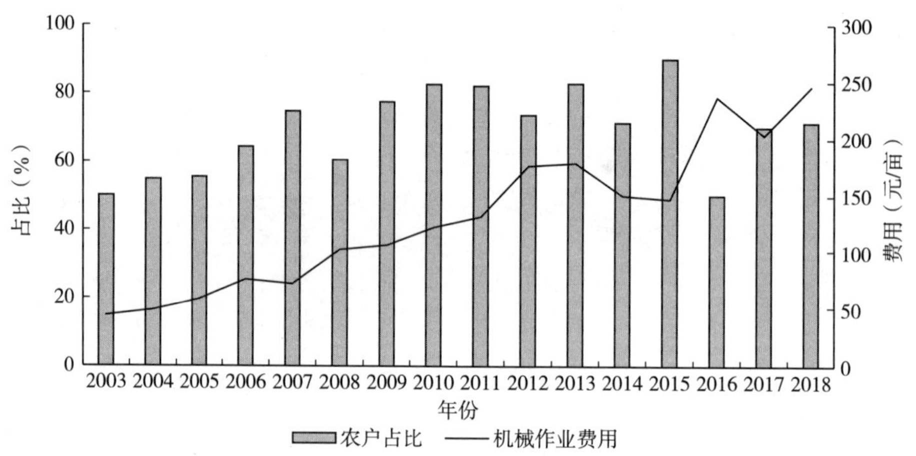

图5-1　浙江十村租赁机械作业稻农占比、费用及变化

此外，土地租赁的成本份额也在不断增加[②]。其在稻谷种植农户整体中的平均支出占比由2009年的3.34%变为2018年的9.21%，增加了

① 畜力费指的是农户使用自己饲养的役畜以及使用从他处借来的役畜所支付的费用，包括在借入期内所消耗的饲料等费用。

② 全国农村固定观察点关于土地租赁费用的调查统计始于2009年。

1.75倍，平均每年增加0.65个百分点。而进一步只看有租赁土地的稻谷种植农户，2009年的户均土地租赁费用为264.17元，2018年则已增长至800元。地租占其生产成本的比例也由2009年的24.68%增长为2018年的29.52%，从2011年起便成为成本支出中最大的部分（图5-2）。

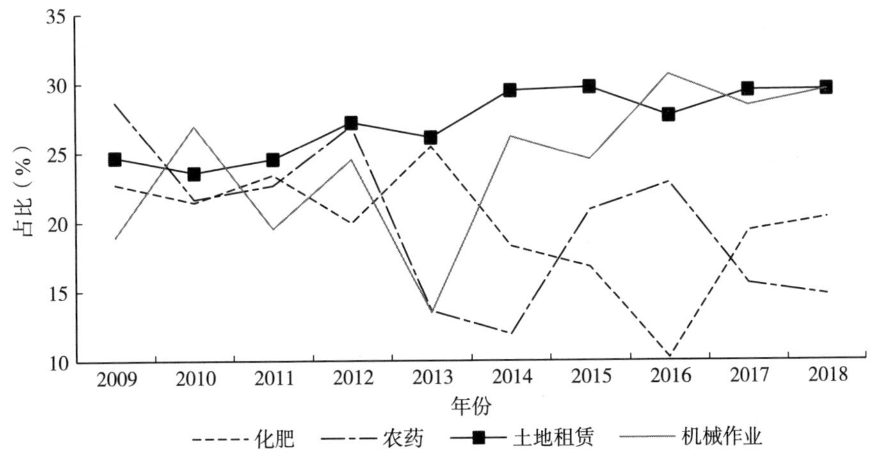

图5-2　浙江十村有土地租赁的稻农主要生产成本占比及变化

5.3.2　大豆

与稻谷相比，大豆种植的生产成本很小，2003—2018年平均为50.94元/亩（表5-4）。且从纵向上来看，虽然不同年份间有所波动，但整体上没有太大幅度的增加。从支出结构来看，主要为种子种苗、化肥和农药三种资料。其中，种子种苗是大豆种植农户成本支出中占比最大的部分，整体上其成本份额达到37.06%，化肥和农药的支出占比则分别为17.90%和17.09%。而进一步从时间序列上来看，各主要生产资料的成本份额虽然在不同年份有上下波动，但整体上同样基本没有太大的变化。2018年，种子种苗、化肥和农药的支出占比分别为50.00%、18.18%和18.18%。

5.3.3　薯类

表5-5详细展示了浙江十村农户薯类的种植成本和结构，可以看出2003—2018年，薯类的生产成本平均为145.20元/亩。其中，2003—

表 5-4　浙江十村农户大豆生产成本的金额、构成及变化

年份	总金额（元/亩）	构成比例（%）												
		种子种苗	农家肥	化肥	农膜	农药	水电及灌溉	畜力	机械作业	固定资产折旧及修理费	小农具购置	土地租赁	雇工	其他
2003	35.22	43.27	0.00	12.57	0.00	10.86	0.00	0.00	0.00	11.31	1.80	—	18.85	1.35
2004	44.05	17.77	0.87	4.17	0.00	8.95	0.35	0.00	0.00	23.99	3.91	—	39.98	0.00
2005	48.89	28.85	0.00	14.96	1.89	11.99	0.00	0.00	0.00	21.15	0.32	—	20.83	0.00
2006	32.54	25.12	0.00	41.51	0.00	25.94	0.00	0.00	0.00	4.48	1.53	—	1.18	0.24
2007	39.74	36.30	0.80	16.83	0.00	20.51	0.00	0.80	0.00	7.85	0.00	—	16.83	0.08
2008	113.98	28.00	10.60	21.00	0.00	20.68	0.00	4.24	0.42	2.97	1.48	—	10.60	0.00
2009	25.88	42.79	0.00	2.04	0.00	13.54	0.00	0.00	0.00	12.52	0.00	0.00	29.11	0.00
2010	45.63	38.61	0.00	12.64	0.00	15.92	1.33	0.00	0.00	7.63	0.66	19.90	3.32	0.00
2011	32.94	42.03	0.00	14.73	0.00	16.93	1.35	0.00	0.00	3.37	1.35	20.24	0.00	0.00
2012	42.81	62.53	0.00	19.99	1.68	15.80	0.00	0.00	0.00	0.00	0.00	0.00	0.00	0.00
2013	73.60	47.43	1.24	33.40	0.00	17.93	0.00	0.00	0.00	0.00	0.00	0.00	0.00	0.00
2014	45.34	33.85	13.04	28.26	0.00	17.39	0.00	0.00	6.21	0.00	0.00	0.00	0.00	1.24
2015	57.83	43.68	0.00	25.98	0.00	16.78	0.00	0.00	0.69	0.00	0.00	12.87	0.00	0.00
2016	132.67	51.74	8.94	17.87	0.00	21.45	0.00	0.00	0.00	0.00	0.00	0.00	0.00	0.00
2017	91.29	41.04	0.00	10.64	0.00	48.32	0.00	0.00	0.00	0.00	0.00	0.00	0.00	0.00
2018	31.90	50.00	13.64	18.18	0.00	18.18	0.00	0.00	0.00	0.00	0.00	0.00	0.00	0.00
2003—2018	50.94	37.06	2.31	17.90	0.24	17.09	0.23	0.24	0.56	6.74	0.81	7.06	9.58	0.18

表 5-5 浙江十村农户薯类生产成本的金额、构成及变化

年份	总金额（元/亩）	构成比例（%）												
		种子种苗	农家肥	化肥	农膜	农药	水电及灌溉	畜力	机械作业	固定资产折旧及修理费	小农具购置	土地租赁	雇工	其他
2003	155.15	26.65	24.32	32.92	5.41	5.68	0.27	2.70	0.32	1.73	0.00	—	0.00	0.00
2004	86.79	23.83	15.19	46.73	1.64	3.89	0.00	0.62	0.00	0.00	8.10	—	0.00	0.00
2005	112.00	34.41	22.03	39.47	0.00	4.08	0.00	0.00	0.00	0.00	0.00	—	0.00	0.00
2006	100.00	25.16	30.76	39.03	0.00	4.08	0.00	0.00	0.00	0.00	0.96	—	0.00	0.00
2007	47.13	40.63	22.30	24.15	0.00	12.22	0.00	0.00	0.00	0.00	0.00	—	0.00	0.71
2008	191.11	46.09	15.42	25.54	0.62	6.68	0.00	0.00	0.51	0.00	5.14	—	0.00	0.00
2009	84.65	57.65	20.16	16.43	0.00	0.52	0.00	0.00	0.00	0.75	4.48	0.00	0.00	0.00
2010	108.69	27.23	2.65	62.15	0.00	7.96	0.00	0.00	0.00	0.00	0.00	0.00	0.00	0.00
2011	118.89	32.76	14.85	32.47	0.00	5.59	0.00	0.00	0.00	0.00	14.33	0.00	0.00	0.00
2012	102.01	43.82	16.49	38.01	0.00	1.68	0.00	0.00	0.00	0.00	0.00	0.00	0.00	0.00
2013	115.08	49.13	27.21	17.42	0.00	6.24	0.00	0.00	0.00	0.00	0.00	0.00	0.00	0.00
2014	129.21	40.50	26.55	31.03	0.00	1.92	0.00	0.00	0.00	0.00	0.00	0.00	0.00	0.00
2015	114.83	46.89	28.07	23.13	0.00	1.90	0.00	0.00	0.00	0.00	0.00	0.00	0.00	0.00
2016	133.48	42.54	32.36	18.49	0.00	6.61	0.00	0.00	0.00	0.00	0.00	0.00	0.00	0.00
2017	226.97	27.29	21.63	33.87	0.00	3.36	0.00	0.00	0.00	0.00	3.36	0.00	0.00	10.50
2018	499.08	16.36	7.24	66.67	0.00	9.14	0.00	0.00	0.00	0.00	0.43	0.00	0.00	0.17
2003—2018	145.20	33.46	18.82	38.33	0.45	5.33	0.02	0.20	0.05	0.14	2.31	0.00	0.00	0.89

2017 年基本没有太大的变化。但 2018 年，在种植薯类农户数相较往年并无较大变动的情况下，农户的户均支出费用却有较大幅度的增加，达到 499.08 元/亩，与 2017 年相比增加了 1.20 倍。进一步从成本结构来看，浙江农户在薯类种植过程中平均支出最大的同样为化肥，16 年间整体上的成本份额为 38.33%。其次则为种子种苗，所占份额平均为 33.46%。与稻谷和大豆不同的是，薯类种植中还需要相对较多的农家肥投入，其整体上的支出占比达到 18.82%，在薯类生产资料支出中排第三位。这是由于薯类作物的栽培本身即适应以有机肥为主、化肥为辅①，故其农家肥支出份额整体较大。可能也正因为如此，由于有机肥的施用有助于减少土壤病虫害，薯类种植中农药的使用相对来说很少，在总支出中排第四位，平均份额仅有 5.33%。

针对成本变化较大的 2018 年具体来看，当年种子种苗的成本份额为 16.36%，相比往年有较大幅度减少，但从支出金额来看与往年相比却并无较大变化。总支出的增长主要来源于化肥、农药的支出增加。2018 年，这两种生产投入的支出份额分别为 66.67%和 9.14%，与上一年相比，分别是其 1.97 倍和 2.72 倍。而与此同时，农家肥的支出占比却减至 7.24%，相比上一年减少了 14.38 个百分点。更直观地，从图 5-3 中可以相对更明显地

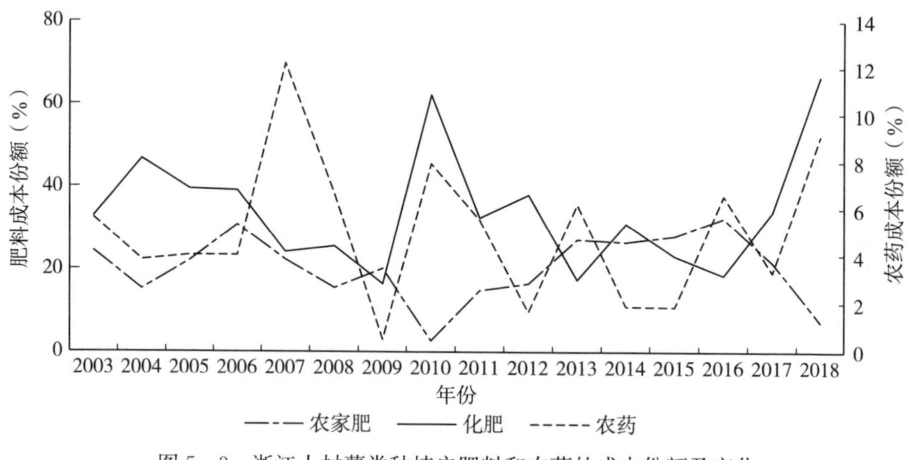

图 5-3 浙江十村薯类种植户肥料和农药的成本份额及变化

① 资料来源：https：//www.tuliu.com/read-25907.html。

看出，在农户有机肥施用成本较大幅度减少、化肥施用成本大幅增加的2010 年和 2018 年，其农药支出成本也相对大幅增加。这一生产要素的成本结构变化也印证了薯类作物种植的技术要求，即农家肥和化肥施用应保持一定的比例且以农家肥为主，如单纯地多施化肥来替代农家肥，反而可能会在一定程度上导致病虫害的增加从而增加用药量，进一步推升生产成本。

5.4　主要经济作物的生产成本及其构成变化

前文中对浙江十村农户主要粮食作物的生产成本进行了分析，本节将进一步考察其主要种植的三类经济作物——油料[①]、蔬菜和水果的生产资料购买支出情况。

5.4.1　油料

从表 5－6 来看，整体上浙江农户油料种植的生产成本相对不大，2003—2018 年平均为 131.88 元/亩。不过从纵向上来看，有较大幅度的波动上升。2003 年，其户均总支出为 93.17 元/亩，而到 2018 年已增至 383.20 元/亩，是 2003 年的 4.11 倍，平均每年增长 9.89%。从成本结构来看，与粮食作物相比，油料作物种植过程中化肥的支出占比大幅增加。作为其成本占比最大的一部分，整体上化肥成本的户均份额达到 73.58%；其次为农药，平均份额为 11.69%；第三则为种子种苗，平均份额为 5.86%。进一步地，时间序列上近几年化肥的支出占比有所减少，不过具体来看不是因为其支出金额的减少，而是由于农药支出的相对增加。2018 年农药的成本份额为 24.93%，与 2003 年相比增加了 1.8 倍。此外，2003—2018 年种子种苗费用的占比也有一定程度的波动增加，由 2003 年的 1.98%变为 2018 年的 5.57%，增长了 1.82 倍。

5.4.2　蔬菜

整体上，蔬菜的生产成本比粮食作物和油料作物高了许多，2003—

① 浙江主要的油料作物为油菜。

表 5-6　浙江十村农户油料生产成本的金额、构成及变化

年份	总金额（元/亩）	构成比例（%）												
		种子种苗	农家肥	化肥	农膜	农药	水电及灌溉	畜力	机械作业	固定资产折旧及修理费	小农具购置	土地租赁	雇工	其他
2003	93.17	1.98	9.07	69.36	0.00	8.91	0.32	0.97	0.00	4.15	0.97	—	0.00	4.28
2004	96.84	3.26	2.11	65.28	0.35	7.15	1.17	1.17	0.94	9.91	1.59	—	0.00	7.08
2005	104.57	4.50	2.34	67.70	0.54	10.77	0.85	2.05	0.62	8.15	0.00	—	1.55	0.92
2006	80.25	3.97	2.56	80.59	0.00	8.47	0.00	0.00	0.00	2.72	0.00	—	0.00	1.69
2007	76.84	4.65	0.40	82.47	0.00	8.31	0.00	0.00	0.00	4.17	0.00	—	0.00	0.00
2008	114.43	7.73	1.10	54.94	0.00	19.77	0.00	0.00	10.38	4.42	0.00	—	0.00	1.66
2009	140.56	5.12	4.22	78.33	0.00	8.14	0.00	1.44	0.00	1.83	0.30	0.63	0.00	0.00
2010	106.52	5.67	1.17	77.55	0.00	5.70	0.22	3.68	0.00	1.92	0.00	0.00	0.67	3.43
2011	150.02	6.80	3.71	77.21	0.00	7.98	0.22	3.36	0.00	0.73	0.00	0.00	0.00	0.00
2012	179.73	7.23	0.71	78.23	0.00	7.60	0.00	5.41	0.82	0.00	0.00	0.00	0.00	0.00
2013	143.87	6.87	1.32	81.29	0.00	6.19	0.00	0.00	1.32	0.00	0.00	0.00	0.00	3.00
2014	137.34	4.93	0.83	84.46	0.00	4.19	0.00	0.00	0.00	0.00	0.00	0.00	0.00	1.87
2015	118.35	9.37	0.00	80.56	0.00	9.63	0.00	0.00	0.00	0.00	0.00	0.44	0.00	0.00
2016	108.19	9.26	0.00	63.45	0.76	26.53	0.00	0.00	0.00	0.00	0.00	0.00	0.00	0.00
2017	241.38	5.40	0.00	56.88	0.00	32.57	0.00	0.00	0.00	0.33	0.83	0.00	0.00	3.99
2018	383.20	5.57	5.93	61.92	0.00	24.93	0.00	0.00	0.00	0.00	1.65	0.00	0.00	0.00
2003—2018	131.88	5.86	2.11	73.58	0.10	11.69	0.19	1.33	0.52	2.23	0.29	0.14	0.19	1.75

2018 年的户均花费为 540.34 元/亩（表 5-7）。且从时间趋势上看，虽然蔬菜的户均播种面积并没有增加，甚至在小幅减少，但其成本支出却在持续大幅增长，2003 年为 228.49 元/亩，2018 年已高达 1 654.23 元/亩，相比增加了 6.24 倍，平均每年增长幅度达到 14.11%。整体上其支出占比最大的依然为化肥和农药，16 年间二者的平均份额分别为 37.11%和 12.61%。成本占比第三的为农家肥，其份额为 11.40%。地租费用整体上排第四位，为 7.95%。与其他作物相比，蔬菜种植中还有一定的农膜支出，其成本份额为 7.39%，比种子种苗支出占比（6.51%）还略高。此外，浙江农户的蔬菜生产成本中还有一定的畜力支出和固定资产折旧及修理费，其整体上的占比分别为 6.33%和 2.59%。机械作业费用的占比则很小，仅有 1.42%，说明蔬菜种植中农户机械化生产的水平还较低。

从纵向上来看，2003—2018 年的化肥支出占比在逐步减少，由 2003 年的 40.91%至 2018 年 31.62%，减少了 9.28 个百分点。不过其具体支出金额在时间序列上并未减少，反而呈较大幅度的增长趋势，2018 年单位播种面积的化肥投入金额是 2003 年的 5.60 倍。因此，化肥成本份额的这一变化并不是因为其投入的减少，而应是由于其他生产要素支出的相对增加导致的。农药的成本份额相对而言变化不大，整体上略有小幅减少。2003 年其支出占比为 15.54%，2018 年为 13.84%，相比减少了 1.70 个百分点。同样地，农药份额的这一变化也不是因为本身投入的减少，其单位播种面积上的投入金额在时间序列上的增加幅度甚至比化肥还大，2018 年与 2003 年相比增长了 5.45 倍。与此同时，农家肥的支出占比在 2015 年之前有所增加，之后开始不断减少，近两年的份额与 2003 年相比已基本相同，2018 年为 8.77%。土地租赁费用的支出占比整体上变化不太大，基本相对稳定。农膜的占比则有较大幅度的增加，2003 年其成本份额仅有 1.78%，到 2018 年已翻了两番，达到 8.94%。畜力和固定资产折旧及修理费的成本份额同样也在持续增长，分别从 2003 年的 2.98%和 1.90%增至 2018 年的 6.12%和 4.75%，各增加了 1.06 倍和 1.50 倍。

值得注意的是，机械作业费用的支出占比虽然一直很小，但整体上表现出一定的增长趋势。而进一步从图 5-4 中可以看出，2003—2018 年蔬菜种植户中租赁机械进行生产的农户比例在增加，从 2003 年的 1.83%增

表 5-7　浙江十村农户蔬菜生产成本的金额、构成及变化

年份	总金额（元/亩）	构成比例（%）												
		种子种苗	农家肥	化肥	农膜	农药	水电及灌溉	畜力	机械作业	固定资产折旧及修理费	小农具购置	土地租赁	雇工	其他
2003	228.49	11.75	9.98	40.91	1.78	15.54	7.27	2.98	0.44	1.90	1.40	—	0.76	5.29
2004	257.15	10.77	9.82	41.21	2.68	13.33	3.38	5.83	0.53	1.68	0.73	—	0.53	9.51
2005	260.19	9.50	8.22	50.18	2.25	16.36	1.33	6.64	0.49	2.05	0.61	—	0.96	1.41
2006	260.93	7.38	7.53	55.09	4.04	12.24	0.30	7.76	1.88	1.21	0.57	—	1.20	0.81
2007	299.68	4.00	7.52	55.13	1.36	14.68	0.17	6.58	0.91	1.71	1.16	—	4.14	2.64
2008	341.55	4.72	8.99	55.85	2.21	12.96	0.00	5.99	1.95	1.52	0.99	—	3.35	1.46
2009	499.63	4.42	12.39	35.79	11.81	12.30	0.15	5.59	1.73	1.13	1.31	6.95	4.02	2.40
2010	491.04	3.49	11.54	37.24	6.72	12.56	0.03	8.36	0.63	1.23	0.35	4.21	4.05	9.58
2011	423.99	6.01	13.49	43.95	5.67	14.31	0.21	5.49	1.07	1.78	0.72	5.89	0.88	0.53
2012	592.96	8.38	12.73	42.43	7.07	10.18	0.16	6.12	2.29	2.94	1.09	4.84	1.04	0.74
2013	664.49	6.81	13.90	41.85	7.98	11.47	0.13	6.90	1.00	2.54	0.61	4.85	0.49	1.48
2014	675.33	9.31	13.17	36.96	7.95	13.03	0.06	7.29	0.90	2.92	0.53	5.12	0.05	2.71
2015	878.08	5.41	15.13	32.17	7.71	13.39	0.06	6.25	2.19	3.43	0.57	8.32	1.38	3.99
2016	969.86	7.33	11.05	32.09	10.71	14.46	0.05	6.06	1.55	3.36	0.77	4.48	2.19	5.90
2017	998.26	10.39	9.94	28.74	9.60	14.48	0.19	6.89	2.05	4.25	0.84	5.32	0.66	6.64
2018	1 654.23	6.34	8.77	31.62	8.94	13.84	0.01	6.12	1.69	4.75	1.18	4.76	1.04	10.93
2003—2018	540.34	6.51	11.40	37.11	7.39	12.61	0.19	6.33	1.42	2.59	0.77	7.95	1.64	4.10

加至2018年的7.32%，增长了3倍。同时，在租赁机械的农户中，户均机械作业费用也在大幅持续增加。2003年的户均支出为15.81元/亩，2018年已增至211.02元/亩。虽然这一费用的增长是由于市场价格的增加还是租赁次数或时长的增加尚有待于进一步调查确认，但这一变化仍可在一定程度上表明当前蔬菜种植中的机械化应用正处于发展阶段，未来相关支出的份额可能会有进一步的增加。

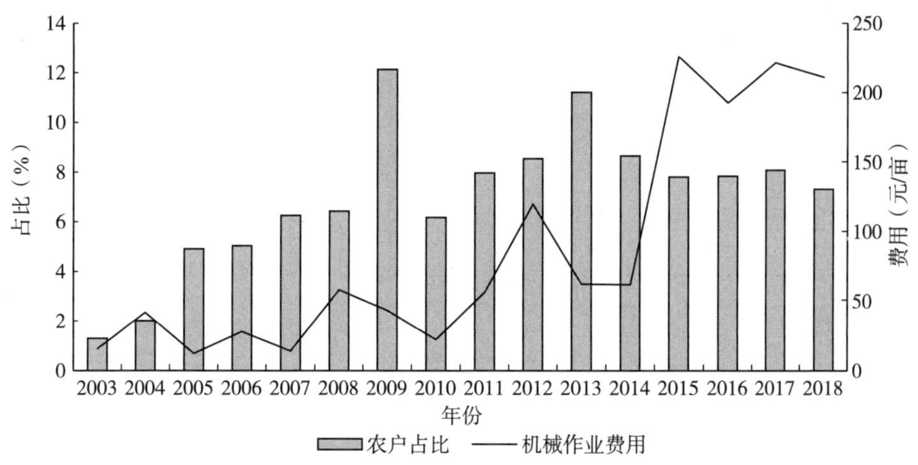

图5-4　浙江十村租赁机械作业蔬菜种植户占比、费用及变化

5.4.3　水果

从表5-8中可以看出，水果的生产成本远高于其他作物。2003—2018年，农户的平均支出达1 150.75元/亩，是粮食作物中户均成本相对最小的大豆的22.59倍，甚至比蔬菜的平均成本还要高1.13倍。且从时间序列上看，一直保持着较大幅度的持续增长。2003年的户均支出为334.93元/亩，而至2018年已高达3 674.31元/亩，相比增加了9.97倍，增长速度则达到平均每年17.31%。具体来看，其成本占比最大的同样为化肥，整体上化肥16年间的份额为20.03%。其次则为土地租赁费用，其支出占比平均达到16.82%，远高于粮食作物和其他经济作物中地租的份额，一定程度上说明园地的租金远高于耕地。农膜和农药的成本份额相差不大（13.62%和13.60%），分别为第三位和第四位。第五为种子种

表 5-8　浙江十村农户水果生产成本的金额、构成及变化

年份	总金额（元/亩）	构成比例（%）												
		种子种苗	农家肥	化肥	农膜	农药	水电及灌溉	畜力	机械作业	固定资产折旧及修理费	小农具购置	土地租赁	雇工	其他
2003	334.93	9.34	2.12	47.65	2.21	20.86	0.79	1.60	0.06	0.47	0.73	—	11.75	2.41
2004	257.46	2.41	5.77	50.22	0.41	32.11	1.15	0.72	0.43	0.29	0.23	—	2.06	4.22
2005	256.05	1.84	3.39	57.23	7.99	19.07	0.92	1.34	0.06	0.21	0.36	—	6.94	0.65
2006	313.95	0.79	5.22	52.16	15.30	21.95	0.00	1.56	0.21	0.17	0.21	—	1.62	0.79
2007	472.93	1.88	6.10	43.12	23.80	14.79	0.18	2.81	0.41	0.53	1.63	—	1.37	3.37
2008	1 088.59	1.05	2.85	20.40	64.14	5.53	0.01	0.56	0.19	0.76	0.17	—	3.63	0.69
2009	733.05	1.87	12.07	55.09	3.61	16.99	0.00	0.21	0.00	0.00	0.04	0.00	10.06	0.04
2010	1 260.76	11.45	10.08	29.89	16.82	14.93	0.01	3.63	0.48	1.83	0.38	1.80	6.47	2.23
2011	1 890.50	14.18	10.41	23.37	17.67	10.21	0.74	3.42	0.17	2.86	1.00	7.11	7.02	1.84
2012	1 624.56	13.75	8.74	17.99	16.73	8.22	0.96	2.46	0.64	3.08	0.56	14.30	9.80	2.76
2013	1 569.27	15.67	12.27	26.15	15.89	12.10	0.11	2.21	0.86	4.17	0.65	5.42	0.93	3.56
2014	1 641.94	15.75	7.79	24.87	12.29	14.57	0.01	2.67	1.54	3.58	0.36	10.01	2.49	4.07
2015	1 697.10	11.69	10.53	19.71	13.16	13.93	0.01	3.22	1.47	2.18	0.60	15.12	2.94	5.44
2016	2 009.20	13.84	9.43	15.34	13.36	18.51	0.12	1.89	0.25	1.71	1.03	19.72	1.51	3.29
2017	2 757.36	14.93	6.67	14.14	9.19	14.23	0.07	4.70	0.61	1.80	0.78	14.39	16.08	2.41
2018	3 674.31	9.45	3.60	10.13	5.87	20.34	0.11	0.66	0.64	1.41	1.18	10.52	32.32	3.78
2003—2018	1 150.75	10.50	6.90	20.03	13.62	13.60	0.24	2.20	0.57	1.88	0.68	16.82	10.24	2.72

苗，其成本占比为 10.50%。此外，雇工在水果种植中的支出占比也相对较大，整体上的份额达到 10.24%，而机械作业的费用占比相对非常小，仅为 0.57%。对比之下可说明，水果种植中仍需要和依赖一定的劳动力投入，尚无法被机械替代。

纵向上看，化肥的成本份额持续大幅减少，由 2003 年的 47.65%至 2018 年的 10.13%，减少了 37.52 个百分点。不过同样地，这一变化也不是因为其本身投入的减少，其具体支出金额由 2003 年的 159.60 元/亩增至 2018 年的 372.11 元/亩，因此，化肥份额的减少也应是由于其他生产资料支出的相对增加导致的。农药的成本份额在不同年份间有所波动，但整体上变化不大。与此同时，土地租赁和雇工的支出占比则有较大幅度的增加。2010 年，水果种植农户的地租占总成本的比例为 1.80%，至 2018 年，这一比例变为 10.52%，相比增加了 4.85 倍。而雇工的成本份额由 2003 年的 11.75%变为 2018 年的 32.32%，增长了 1.75 倍。

5.5　小结

从上述分析中可以看出，自 2003 年以来，浙江农户的农作物生产成本在持续大幅增加，且不管是主粮作物还是经济作物，农户的成本压力基本均在不断加重。从成本结构来看，目前支出占比最大的主要还是化肥和农药，不过近年来其份额有所减少，随着化肥和农药减量化行动的不断推行实施，未来成本结构可能会有进一步调整。需要注意的是，粮食作物中地租的成本占比在不断加大，2011 年以后甚至已成为稻谷成本支出中最大的部分。在农产品价格天花板的约束下，这可能会进一步加剧农业生产非粮化甚至非农化的趋势，对粮食生产和粮食安全造成一定的压力。

第 6 章　家庭收入

中国“三农”问题的核心是农民问题，而农民问题的关键便是如何保障和促进农民收入的增长。这也是长期以来政府工作实践和学者学术研究关心与关注的重点内容，是实现乡村振兴和全面建设小康社会的根本要求和重中之重。2003 年是中国新一轮农村改革的开始，一系列惠农政策如农业税减免、良种补贴、家电补贴、新农保等陆续出台实施，在此背景下，有必要对农户家庭收入变化的基本情况进行分析和了解。本章即围绕这一主题，详细梳理了 2003—2018 年浙江十村农户家庭收入水平和收入结构的具体变化，并分析了几种不同收入类型的演变，在此基础上对发展历程中收入分布的不平等情况进行了进一步的考察。

6.1　收入水平与结构

6.1.1　整体收入水平

2003 年以来，浙江十村农户的家庭总收入总体上呈阶梯式增长趋势（图 6-1）。16 年间有两次负增长，将整个观察期内农户的收入变化过程分为三个阶段，纵向上这一过程的形成与当时整个宏观经济发展的背景有关。第一阶段为 2003—2008 年，该时期是中国宏观经济的一轮快速增长期。浙江十村农户的家庭总收入由 2003 年的 8.47 万元提高至 2008 年的 12.47 万元，平均每年增加 8.03%。后受全球金融危机的冲击和影响，中国 2008 年下半年的出口开始大幅下滑，经济增速也放缓。2009 年，浙江农户的平均家庭收入相比上一年也有所减少，变为 12.38 万元。之后，便以比之前更高的增长速度开始第二阶段的持续增长期。一直到 2013 年，户均总收入达到了 24.75 万元，年均增长速度达 18.91%。第三阶段为 2014—2018 年。2014 年，全球经济开始新一轮颓势，中国当年的 GDP 增长率也减缓为24年来的最低值，浙江十村农户的家庭总收入也相较2013年减少了1.20万元。2015年开始恢复之前的增长态势，到2018年，户均总收入水平达到32.77万元，与2014年相比增加了39.15%，平均每年增长8.61%。从整个16年的观察期来看，浙江农户收入水平的增长在全国范围内一直是相对较快的。2018年的户均收入与2003年相比提高了2.87倍，每年平均的增长速度达到9.44%。

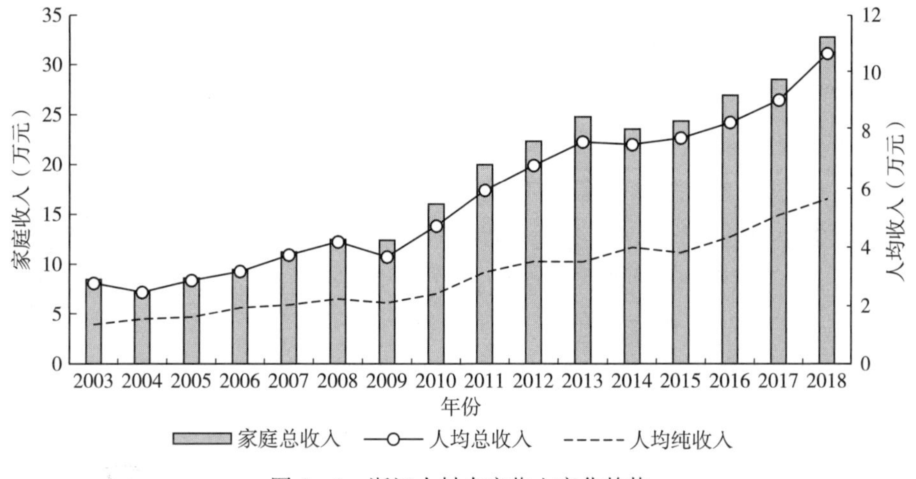

图6-1 浙江十村农户收入变化趋势

与此同时，农户家庭人均纯收入水平变化趋势也基本与家庭总收入的变化趋势保持一致，呈现一个阶段式的增长态势。第一个增长阶段2003—2008年，人均纯收入的年平均增速为10.64%，比同期家庭总收入的增长快2.61个百分点。第二个增长期2009—2013年，人均纯收入的增速进一步增加至13.74%，但较同期总收入增长慢5.18个百分点。第三个阶段2014—2018年，人均纯收入增速同样放缓，变为9.08%，不过再次高于同时期总收入的增速。整体上来看，2018年十村农户的人均纯收入平均达到了5.66万元，与2003年相比提高了3.19倍。16年间的年平均增长速度为10.03%，比家庭总收入的增速还要快0.59个百分点。

综上所述，自2003年中国开始新一轮的农村改革以来，浙江十村农户的收入有大幅度的显著提升。不过浙江农户的收入水平之高、增长之快在全国范围内可谓是一枝独秀的，相关调查和统计表明，到2018年，浙江省的农民收入已连续34年居全国各省份首位①。

6.1.2 农户收入结构

从表6-1中可以看出，在浙江十村农户的收入结构中，家庭经营收入占据了大半江山，始终是农户最主要的收入来源。2003—2018年，其占农户家庭总收入的比例平均为62.14%。进一步从纵向上来看，整体上其收入占比在观察期内有一定增长，但以2011年为界可分为两个不同的阶段。在2003—2011年，家庭经营的收入份额增长幅度相对较大，由观察期初2003年的54.43%至2011年的72.32%，增加了17.89个百分点。2011年之后，虽然家庭经营收入水平基本还在持续增长，但其在总收入中的占比开始逐步减少，至2018年其份额变为62.85%，与2011年相比减少了9.47个百分点。而与观察期初的2003年相比，则依然增加了8.42个百分点。因此整体上看，家庭经营收入的稳步增长是支撑和保障浙江十村农户收入水平提升的关键。

外出务工的工资性收入是浙江十村农户家庭收入的第二大来源，16年间的平均占比为18.01%，且从时间趋势上来看有较大幅度的增长。2003年，外出务工收入占农户家庭总收入的比例为10.57%，到2018年，这一比例已增长至19.08%，增长了8.51个百分点。可见，外出务工工资的大幅提升是浙江十村农户收入增长的重要拉动力。

除家庭经营收入和外出务工工资外，农户得到的利息、股息、红利收入水平和占比也在持续快速增加。虽然从16年间平均来看，其在总收入中的占比只有3.18%，但在2018年已达到7.05%，与2003年的份额相比增长了5.15倍。而若从收入水平来看，2003年这一部分收入户均仅有971.88元，到2018年则已达到2.31万元，相比增长了22.78倍，年均增速高达23.52%。这一变化一定程度上可以说明，利息、股息、红利收入已成为不可忽视的推动农户收入增长的新增助力。

此外，另一个值得注意的农户收入来源是退休金和养老金。新型农村社会养老保险从2009年开始在全国试点推行，而浙江省的相关工作一直

① 资料来源：http：//zj.cnr.cn/zjyw/20190226/t20190226_524522936.shtml。

走在全国前列，在相关制度建立伊始，便率先全面启动城乡居民社会养老保险，到2012年即实现制度全覆盖，并在之后几年不断上调基础养老金的最低标准，到目前已基本实现从“制度全覆盖”到“人群全覆盖”①。观察点的调查数据也反映出这一点，在10年观察期内，浙江十村农户退休金、养老金的收入水平和收入占比均有大幅度的增长。2009年，农户的退休金、养老金收入平均为1 675.23元，而到2018年，这一数字已提高到20 576.28元，增加了11.28倍，平均每年增长32.14%。与此同时，退休金、养老金在农户家庭总收入中的占比也在持续提升，由2009年的1.35%提升至2018年的6.28%，年平均增速为18.59%。随着未来城乡基本养老保险制度的进一步健全和完善，该项收入将成为农户，特别是老年农户基础生活的安全保障。

综合整个发展演变趋势来看，浙江十村农户的总收入结构呈现以下几个特点：一是家庭经营收入是农户收入的重要来源，其收入水平的稳定和有序增长是保障农户增收的关键。二是不断拓宽、多元化发展的收入渠道是推动浙江农户收入保持持续快速增长的动力所在。除家庭经营收入外，不断提高的外出务工工资是农户另一个主要的收入来源，同时利息、股息、红利等财产性收入也在不断增加，成为推动农户增收的新亮点。三是农户退休金、养老金的收入也在快速增长，不断健全完善的城乡基本养老保险制度提供了基本保障。

表6-1　浙江十村农户家庭总收入及结构

年份	总收入（万元）	构成比例（%）							
		经营收入	务工收入	租赁收入	利息、股息、红利收入	征地补偿	退休金、养老金	乡村干部、教师工资收入	其他收入
2003	8.47	54.43	10.57	1.89	1.15	—	—	—	31.96
2004	7.25	49.88	13.07	2.49	1.33	—	—	—	33.23
2005	8.62	42.53	12.95	2.15	1.98	—	—	—	40.39

① 资料来源：https：//www.sohu.com/a/131446097_114731；http：//www.zj.gov.cn/art/2018/8/20/art_1553216_20881.html。

（续）

年份	总收入（万元）	构成比例（%）							
		经营收入	务工收入	租赁收入	利息、股息、红利收入	征地补偿	退休金、养老金	乡村干部、教师工资收入	其他收入
2006	9.46	50.26	12.92	2.56	3.11	—	—	—	31.16
2007	11.22	50.60	12.92	2.60	2.54	—	—	—	31.34
2008	12.47	50.39	14.07	2.82	1.93	—	—	—	30.79
2009	12.38	66.81	20.98	3.45	3.56	0.07	1.35	0.97	2.80
2010	16.01	68.87	17.35	2.98	2.38	2.61	1.38	1.69	2.75
2011	19.98	72.32	16.79	2.58	2.34	0.08	1.70	1.10	3.10
2012	22.33	70.33	17.68	2.69	2.56	0.12	2.75	1.06	2.81
2013	24.75	67.84	18.31	3.05	2.30	2.16	3.14	0.97	2.23
2014	23.55	65.79	21.03	3.38	3.09	0.44	4.03	1.16	1.10
2015	24.34	56.36	20.43	2.81	3.86	2.51	5.23	1.08	7.72
2016	26.93	63.86	20.33	2.46	2.23	1.33	5.90	1.02	2.89
2017	28.49	62.31	20.41	2.04	3.50	0.29	6.24	1.04	4.17
2018	32.77	62.85	19.08	2.01	7.05	0.42	6.28	0.78	1.90
2003—2018	18.04	62.14	18.01	2.62	3.18	1.27	5.40	1.36	6.02

注：全国农村固定观察点对于农户得到的退休金、养老金、征地补偿款、乡村干部及教师工资等类型收入的具体调查和统计均始于 2009 年。之前调查表中相关收入变量设计也与 2009 年后有较大不同，故 2003—2008 年不属于表格所列的经营、务工、租赁及利息、股息、红利等主要类型的收入均被归为其他收入。

6.2 家庭经营收入的变迁

前文农户收入结构的分析表明，2003—2018 年家庭经营收入的份额表现出“∩”形曲线的变化，但从收入水平来看，除了 2014 年和 2015 年有小幅下降波动外，整体上仍表现为较大幅度的持续增长（表 6 - 2）。2003 年，十村农户的家庭经营收入平均为 4.61 万元，2018 年则提高到 20.59 万元，增加了 3.47 倍，平均每年增长速度达到 10.49%。进一步从收入结构来看，整体上 2003—2018 年浙江十村农户家庭经营收入仍然呈现出非农化的趋势（图 6－2）。具体从演变进程来看，可以以 2008 年为界分为两个阶段[①]。2003—2004 年农业收入份额增长至 38.57%后便开始持续快速减少，至 2008 年已降至 13.61%，与 2003 年相比减少了 10.46 个百分点，若与 2004 年相比减少幅度则达到 24.96 个百分点。2009 年农业收入占比回升至 31.83%，之后再次开始逐步下降，2018 年变为 27.32%，相比 2009 年减少了 4.51 个百分点。观察期的 16 年间，农业收入在家庭经营收入中的比例平均为 1/4，已不是浙江十村农户家庭经营收入中最主要倚重的部分。再进一步分析可以发现，在家庭经营非农化发展的同时，农业经营中作物种植的非粮化趋势也在不断加强。粮食经营收入的份额在从 2003 年的 0.87%增至 2004 年的 1.46%后，便一直持续大幅下降，2018 年其在家庭经营收入中的比例已仅有 0.05%。与此同时，经济作物收入比重在观察期内基本保持相对平稳，16 年间的平均占比为 3.31%。除了粮食作物外，畜牧业的收入份额在观察期内也在持续波动减少，由 2003 年的 4.34%降至 2018 年的 0.26%。渔业的收入份额波动相对较大，不过基本始终是农业经营收入中占比最大的部分。16 年间，其在农业收入中的占比平均为 68.79%，占农户家庭经营收入的平均比例也达到 17.26%。可见，引起农业收入份额减少的主要根源是粮食作物种植和畜牧业收入的大幅减少。

工业收入是目前浙江十村农户家庭经营收入中最主要的部分，2003—2018 年的平均占比为 42.94%。纵向上看，2010 年以前其收入份额波动相对较大，之后便基本趋于平稳。整体上与观察期初相比有所增加，2018 年的份额为 43.57%，比 2003 年的比例增加了 13.71 个百分点。非农业经营中占比第二大的收入来源为商业服务，包括商业、饮食、娱乐、服务等。16 年间，其占家庭经营收入的比例平均为 15.62%。不过时间趋势上，该项收入的份额在逐步波动减少，2018 年已降至 7.39%，与 2003 年相比减少了 15.55 个百分点。此外，运输业的收入份额也有较大幅度的波动减少，已由 2003 年的 7.64%下降至 2018 年的 2.54%。

① 从表 6－2 中可以看出，2008 年浙江农户农业收入份额的大幅波动主要是由于当年渔业收入的大幅减少。

表 6-2　浙江十村农户家庭经营收入及结构

年份	家庭经营收入（万元）	构成比例（%）								
		农业					工业	建筑业	运输业	商业服务
		粮食作物	经济作物	畜牧业	渔业	林业				
2003	4.61	0.87	2.04	4.34	15.39	1.43	29.86	0.88	7.64	22.94
2004	3.62	1.46	3.10	6.02	26.48	1.52	58.41	0.61	8.82	14.84
2005	3.66	1.23	3.45	4.98	25.43	2.26	44.96	0.25	9.79	21.85
2006	4.75	0.81	3.53	4.13	19.19	2.18	52.19	0.15	4.67	15.94
2007	5.68	0.54	3.29	3.08	14.45	2.39	25.06	0.12	3.94	38.74
2008	6.28	0.44	3.18	5.90	0.02	4.06	25.76	0.25	6.44	40.91
2009	8.27	0.41	3.75	4.01	23.15	0.52	36.07	0.13	3.84	14.29
2010	11.03	0.35	6.29	2.89	21.35	1.31	41.88	0.00	2.75	16.09
2011	14.45	0.30	2.85	3.79	17.44	0.79	45.66	1.08	4.29	10.33
2012	15.70	0.25	2.76	2.66	19.69	1.56	45.22	0.98	2.75	13.65
2013	16.79	0.19	2.78	2.40	16.60	1.00	39.21	0.24	2.76	22.72
2014	15.49	0.21	3.38	2.43	13.76	2.02	45.02	1.00	2.11	11.55
2015	13.72	0.16	3.79	1.51	17.64	2.19	43.48	1.04	2.12	14.98
2016	17.19	0.08	3.00	0.98	14.66	0.92	48.05	1.25	2.13	13.99
2017	17.75	0.18	3.24	0.69	16.88	0.28	47.31	0.87	2.99	11.04
2018	20.59	0.05	2.89	0.26	18.96	5.16	43.57	0.05	2.54	7.39
2003—2018	11.21	0.30	3.31	2.39	17.26	1.83	42.94	0.63	3.37	15.62

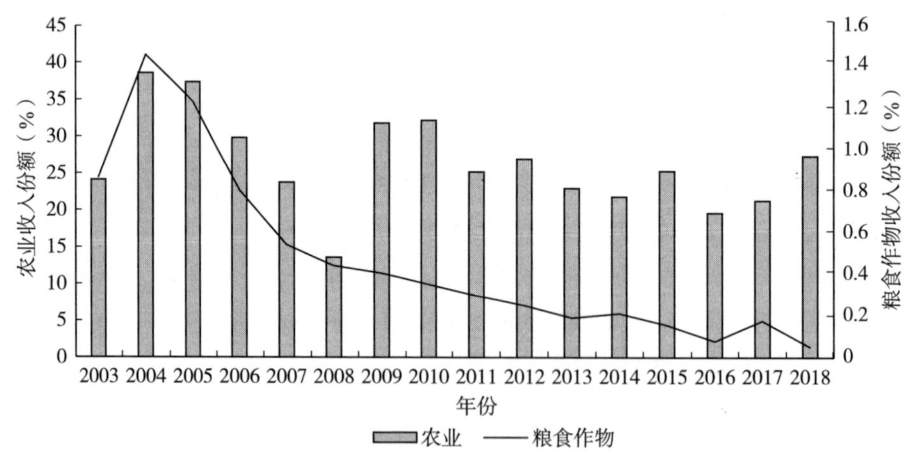

图 6-2　浙江十村农户家庭经营收入中农业与粮食作物收入份额变化

6.3　外出务工工资收入的变迁

外出务工收入是农户主要的工资性收入，如前文所述，它也是浙江十村农户家庭收入的第二大来源，且其收入份额在时间趋势上还在不断增加，本节将进一步具体考察其收入水平和结构的变化。2003—2018年，浙江十村农户外出务工工资平均为3.25万元。而从时间序列上来看，其一直以较快的速度保持着稳步增长的趋势（图6-3）。在观察期初的2003年，外出务工的户均收入仅为8 952.67元，而到2018年已增长至6.25万元，是2003年的6.98倍，平均每年的增长速度达到13.84%。这一持续增长的态势使得外出务工工资成为浙江十村农户总收入实现持续增长的重要动力源泉。进一步从收入结构来看，本地从业收入和外地从业收入的比重也在不断调整。具体地，我们以本地从业工资收入为主进行考察，其份额变化在观察期内呈“∩”形曲线。在2009—2012年，本地从业工资的占比由42.64%提高至54.84%，成为农户外出务工收入的主要源泉。之后开始逐步降低，2018年其收入份额降至48.76%，与2012年相比减少了6.08个百分点。不过若与观察期初相比则还是有所增加，是2009年份额的1.14倍。可见近些年来，外地从业获得的工资收入是浙江十村农户

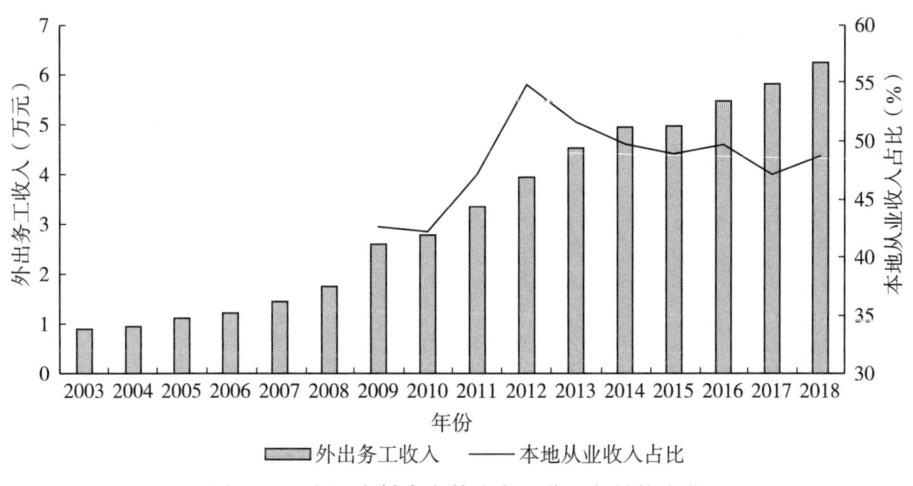

图6-3　浙江十村农户外出务工收入与结构变化

注：全国农村固定观察点关于本地从业和外地从业工资收入的分项调查和统计始于2009年。

外出务工收入的主要来源。

6.4 其他非借贷性收入及结构

在2003年以前，除家庭经营、外出务工等主要收入来源外，其他非借贷性收入也对浙江十村农户的经济增长有着重要影响。但从表6-3中可以看出，在2003—2018年，其收入水平和份额均呈波动下降趋势，特别是份额大幅减少。在2003年，这项收入在农户家庭总收入中的占比尚有15.66%，而到2018年已仅为1.94%。不过从收入水平来看，2018年农户的该项收入平均仍有9 350.66元，但相比2003年减少了29.52%。与份额相比，其收入水平的减少幅度较小，因此其份额的大幅下降应主要是由于其他类型收入的增长导致的，目前其对农户收入的影响相对来说已经很微弱。

进一步从结构来看，政府发放（包括各种救济、救灾、抚恤金、补贴等）是目前农户其他非借贷性收入中最主要的部分，且在时间序列上其份额有较大幅度的波动增长。2003年，这部分收入占非借贷性收入的比例仅为4.50%，2018年已提高至49.46%，增加了近十倍，平均每年增加近3个百分点。此外值得注意的是，非常住人口寄回或带回的收入占比在观察期间内有较大变化，演变趋势呈“∩”形曲线。2012年，该项收入在其他非借贷性收入中的占比为历年最高，达到25.55%，之后便逐步减小，2017年减少至5.79%，已不到2012年份额的1/4。

表6-3 浙江十村农户其他非借贷性收入及结构

年份	收入（元）	构成比例（%）				
		政府发放		非常住人口寄回或带回	城市亲友赠送	医疗报销
		合计	调查补贴			
2003	13 267.31	4.50	0.49	1.11	—	—
2004	5 481.90	6.91	1.26	3.08	—	—
2005	17 359.11	5.36	0.44	1.51	—	—
2006	8 825.93	10.19	0.98	3.15	—	—
2007	11 157.20	7.53	0.79	1.68	—	—

（续）

年份	收入（元）	构成比例（%）				
		政府发放		非常住人口寄回或带回	城市亲友赠送	医疗报销
		合计	调查补贴			
2008	16 623.32	6.89	0.60	2.61	—	—
2009	3 462.10	16.61	3.45	23.75	12.56	16.95
2010	4 397.46	20.57	3.03	11.62	12.05	23.21
2011	6 190.46	18.78	2.90	18.07	13.81	13.28
2012	6 280.51	22.62	3.56	25.55	23.09	11.86
2013	5 525.21	35.86	4.23	10.25	16.75	17.15
2014	3 524.15	18.15	7.40	7.39	40.75	27.22
2015	19 109.16	28.53	1.66	2.88	10.73	9.43
2016	7 783.36	16.00	4.45	7.63	39.12	19.97
2017	11 890.65	52.19	3.08	5.79	11.70	17.97
2018	9 350.66	49.46	4.09	—	—	28.54
2003—2018	15 392.89	11.75	1.23	3.55	8.73	8.59

注：全国农村固定观察点关于城市亲友赠送、医疗报销等类型收入的具体调查和统计始于2009年。

6.5　收入的分布情况

从表6-4中可以看出，时间序列上不同收入水平的农户分布有较大变化。在观察期初的2003年，人均纯收入不足1万元的农户占比最大，在浙江十村的样本群体中达到62.60%，人均纯收入在6万元以上的农户占比则仅有3.00%。而到了2018年，人均收入低于1万元的农户占比已降至3.43%，相比2003年的份额减少了59.17个百分点，平均每年减少3.95个百分点；人均收入超过6万元的农户份额则达到25.40%，比2003年增加了7.47倍，成为占比最大的群体。横截面上这一分布结构的变化应主要是由于16年间农户收入整体上的大幅增加导致的，因此农户分布在收入轴上整体进行了右移（图6-4）。值得注意的是，虽然时间序列上农户的平均收入在持续增加，但与此同时，各个年份收入低于平均值的农户比例却没有太大变化，只有非常微小的波动减少，且近几年为增加趋势。2018年，该类型农户的占比依然有72.58%。一定程度上说明农户收入的不平等程度在时间序列上似乎并未有太明显的改善，发展不平衡的程度依然相对比较严重。

表6-4 浙江十村不同人均收入水平的农户分布

单位：%

年份	不同人均纯收入水平的农户占比							收入低于平均值的农户比例
	<1万元	1万～2万元	2万～3万元	3万～4万元	4万～5万元	5万～6万元	≥6万元	
2003	62.60	21.00	8.20	1.80	2.00	1.40	3.00	72.40
2004	53.40	29.40	7.00	4.00	2.00	1.60	2.60	72.80
2005	53.49	27.15	9.18	2.79	1.80	0.80	4.79	72.46
2006	45.20	29.60	10.40	6.60	2.80	0.60	4.80	73.00
2007	43.93	30.97	10.12	6.68	1.62	1.42	5.26	75.30
2008	38.13	31.03	12.37	6.09	3.45	2.23	6.69	72.82
2009	26.60	40.40	16.60	7.00	2.20	2.60	4.60	69.80
2010	19.64	38.68	22.65	10.42	1.80	1.60	5.21	69.94
2011	13.25	33.94	25.30	11.45	4.82	2.81	8.43	74.30
2012	9.04	28.31	24.50	15.26	7.43	5.02	10.44	72.09
2013	10.87	24.14	22.94	16.10	6.64	6.84	12.47	67.00
2014	10.64	22.09	22.89	18.67	8.23	4.42	13.05	74.30
2015	12.88	14.29	26.96	18.91	9.26	6.84	10.87	70.82
2016	4.67	13.59	23.12	21.10	12.58	7.91	17.04	68.36
2017	3.24	12.35	19.03	21.05	12.35	11.13	20.85	70.24
2018	3.43	12.70	21.37	17.74	9.88	9.48	25.40	72.58
2003—2018	25.74	25.62	17.66	11.59	5.54	4.16	9.70	71.76

为了更具体地考察农户收入的不平等程度及变化趋势，我们进一步计算了常用的衡量指标——基尼系数，结果如图6-5所示。若以家庭总收入来看，浙江十村农户的不平等程度在时间序列上呈现出一定的增加趋势。2003年，其基尼系数为0.615 0，到2018年则增至0.670 5，年均增长0.58%。不过若考虑投入成本的差异，以农户人均纯收入来考察，可

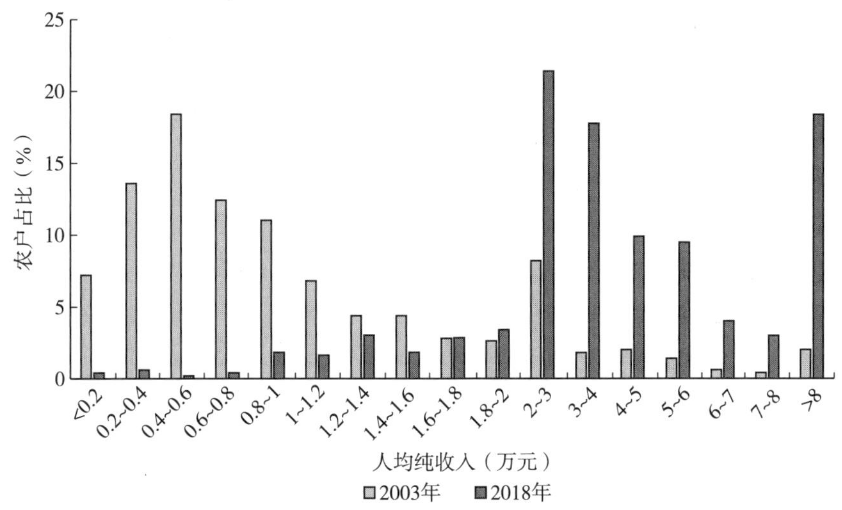

图 6-4　浙江十村不同收入水平的农户分布及变化

以发现浙江十村农户的基尼系数整体上有一定减少，均在 0.6 以下。纵向上则以 2009 年为界可分为两个阶段，在 2003—2008 年基本保持平稳，2009 年减少至 0.423 0 后开始新一阶段的波动，2018 年为 0.458。不过从近几年来看，与之前的统计分析结果保持一致，不管是按家庭总收入还是人均纯收入计算的基尼系数均呈上升趋势，说明农户发展的不平等程度确实在加重。这一结果也表明，整体经济增长的过程中并不能自主地兼顾和解决公平的问题，可能反而会加重不同群体间发展的不平等程度。

为了更具体地考察不同收入类型对农户收入分布不平衡的影响，参考 Lerman 和 Yitzhaki（1985）的做法对基尼系数进行进一步分解，结果如表 6-5 所示。可以看出，整体上家庭经营收入对基尼系数的贡献最大，其贡献率超过了 3/5。其中，主要贡献来自工业收入，贡献率达到 36.43%；其次为渔业收入，贡献率为 14.82%；第三是商业饮食收入，贡献率为 8.22%。除家庭经营收入外，工资收入对基尼系数的贡献在几项主要收入类型中排名第二位，其主要来源——农户外出务工工资的贡献率为 8.00%。财产性收入和转移性收入的贡献率则分别为 5.43% 和 2.92%。整体上，各类型收入对基尼系数的贡献大小与其在总收入中的份额大小基本保持一致，不过值得注意的是，外出务工收入对基尼系数的贡

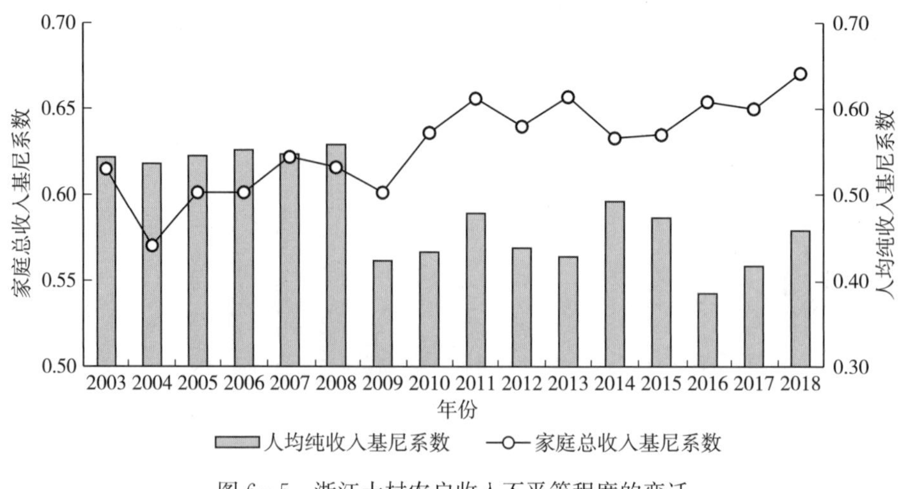

图 6-5　浙江十村农户收入不平等程度的变迁

献与其在总收入中的占比排名相比来说较小，一定程度上可以说明为农户提供更多的非农就业机会、提升务工工资有助于改善农户收入间的不平等。各收入类型的边际效应结果也证实了这一点，实证结果表明农户外出务工工资收入每增加 1%，基尼系数将减少 0.112 9%，是对于降低农户收入不平等情况作用最大的收入类型；其次为退休金、养老金，其每增加 1%将使基尼系数减少 0.032 0%。相反地，家庭经营收入中对当前基尼系数贡献最大的工业和渔业收入，若其增加 1%，将分别使不平等程度加重 0.077 3%和 0.033 1%，也只有这两种收入的增加会继续导致总基尼系数的提高。

从上述分析中可以看出，家庭经营收入是目前导致浙江十村农户收入分布不均衡的最主要的原因。具体地，主要是因为从业壁垒相对较大的行业，如工业、渔业等。由于从事该类行业本身需要一定的专业技能或较大的固定资产投入，因此其进入门槛相对较高，从业者也可因此获得相对更高的收益。但此类行业在为相关从业农户带来较高收入水平和较快收入增长的同时，不可避免地加深了其与其他农户间收入的不平等程度。相应地，相对更开放、灵活和自主的外出务工带来的工资性收入则在有效促进农户增收的同时，有助于改善收入不平等的状况。此外，本身即具备社会保障功能的转移性收入同样有此作用。

表 6-5　浙江十村农户收入基尼系数的分解

收入类型		S_k	G_k	R_k	*Share*	*% Change*
家庭经营收入	粮食作物	0.001 3	0.919 0	0.010 3	0.000 0	−0.001 3
	经济作物	0.021 8	0.937 0	0.055 3	0.001 7	−0.020 1
	畜牧业	0.013 9	0.986 8	0.471 2	0.009 9	−0.004 0
	渔业	0.115 1	0.971 6	0.867 3	0.148 2	0.033 1
	林业	0.011 2	0.986 4	0.660 6	0.011 2	0.000 0
	工业	0.287 0	0.984 4	0.843 8	0.364 3	0.077 3
	建筑业	0.004 5	0.997 7	0.393 0	0.002 7	−0.001 8
	运输业	0.018 0	0.989 9	0.490 4	0.013 4	−0.004 7
	商业饮食	0.084 1	0.971 3	0.658 2	0.082 2	−0.002 0
	娱乐服务	0.002 9	0.994 2	0.319 9	0.001 4	−0.001 5
	文教卫生	0.000 1	0.999 6	0.108 0	0.000 0	−0.000 1
工资性收入	外出务工	0.192 9	0.608 6	0.446 0	0.080 0	−0.112 9
	乡村干部、教师工资收入	0.010 6	0.966 5	0.465 5	0.007 3	−0.003 3
财产性收入	租赁收入	0.026 6	0.865 9	0.500 9	0.017 6	−0.009 0
	利息、股息、红利收入	0.034 6	0.909 2	0.563 8	0.027 1	−0.007 5
	征地补偿	0.009 9	0.988 4	0.642 3	0.009 6	−0.000 3
转移性收入	退休金、养老金	0.042 1	0.749 1	0.210 9	0.010 2	−0.032 0
	其他非借贷性收入	0.032 2	0.869 0	0.443 7	0.019 0	−0.013 2
总收入基尼系数				0.654 5		

注：S_k 为各类型收入比例，G_k 为单项收入基尼系数，R_k 为单项收入和总项收入从低到高排序分布的相关性；*Share* 为单项收入对不平等的贡献；%*Change* 为边际变化率，表示单项收入每提高 1%，总体基尼系数相应变化的百分比。

6.6　小结

本章的分析研究表明，2003—2018 年，浙江十村农户收入实现了大幅增长，并已在整体上基本形成“一体两翼一保障”的多元化收入格局。其中，家庭经营收入是农户收入的主体，也是保障其收入平稳有序增长的关键。不断提高的外出务工的工资性收入是促进农户增收的一大重要动力源泉。而与此同时，利息、股息、红利等财产性收入也在不断增加，成为推动农户增收的新动力。除此之外，随着浙江城乡养老保险制度的不断健全和完善，退休金、养老金等转移性收入也在快速增长，为农户收入和生活提供基本保障。

从收入结构来看，家庭经营的非农化、农业经营的非粮化趋势在不断加强。农户的外出务工近年来则仍以外地为主。而从收入分布来看，近年来浙江十村农户的收入不平等情况在加重，主要是由于家庭经营中工业、渔业等从业门槛相对较高的行业导致的。而相对更开放、自主的外出务工在能有效促进农户增收的同时，还有助于降低农户发展不平衡的程度，缓解整体收入分布的不平等。因此综合来看，进一步鼓励和促进农户非农就业，是促进农户收入增长并降低收入不平等的有效措施。

参考文献

Lerman Robert，Yitzhaki Shlomo，1985. Income Inequality Effects by Income Source：A New Approach and Applications to the United States [J]. Review of Economics and Statistics，67：151 - 156.

第 7 章　金融行为变迁

储蓄、借贷、投资等金融行为是农户家庭经济行为的重要内容之一，不管是哪种类型的家庭生产经营均离不开资金的支持。而除了收入增长的基础动力外，财富储备、可借贷空间和能力等同样是关系农户长期、可持续经济发展的重要因素。随着 2003 年以来中国农村金融改革的不断深化、农村金融体系的不断完善以及农户家庭收入的不断增长，农户储蓄、借贷、投资等金融行为也发生了显著变化。为了对此有更清晰的基础认识和了解，本章即基于 2003—2018 年全国农村固定观察点的数据，对浙江十个观察村样本农户的金融行为进行分析和研究，从而为农村金融体系的进一步完善和优化、为农户生产生活提供更好更有效的金融服务提供必要的现实依据和针对性的政策建议。

7.1　储蓄行为

7.1.1　储蓄水平及变化趋势

从表 7－1 中可以看出，2003—2018 年，在浙江十村农户收入不断增加和积累的背景下，农户的存款金额也呈现出持续增长的趋势。2018 年人均储蓄金额达到 42 645.89 元，与 2003 年相比增加了 1.94 倍，平均每年增长 7.44％。若扣除物价波动的影响，以 2003 年为基期，用浙江省农村居民消费价格指数进行折算，2003　2018 年人均存款的增长幅度和年平均增速则分别增加了 1.02 倍和 4.79％。在存款类型中，手存现金的金额整体上也呈增加趋势，2018 年为 2 212.09 元/人，但相比之下，其 16 年间的增长幅度（81.68％）和年平均增速（4.06％）均小于存款总金额这两个指标。这一结果一定程度上表明，网上银行、手机银行等电子服务的使用在不断增加和普及，民众的存款行为已发生较明显的变化，其偏好的服务渠道逐渐转向线上。可以预见的是，随着网络通信、金融科技等技术的不断发展和运用，未来居民金融行为的电子化和智慧化程度还将进一步加强。

表 7-1　浙江十村农户家庭储蓄水平及储蓄面的变化

年份	纯收入（元/人）	存款（元/人）	手存现金（元/人）	储蓄面（%）
2003	13 494.59	14 526.42	1 217.54	60.80
2004	15 313.51	16 928.66	1 400.86	63.20
2005	16 060.53	20 689.87	1 246.03	67.07
2006	19 350.04	22 016.36	1 507.92	63.60
2007	20 329.21	20 818.20	1 475.47	60.93
2008	22 368.80	21 981.73	1 869.99	58.01
2009	20 950.63	25 797.56	1 418.73	59.80
2010	24 111.26	22 324.71	1 406.29	58.72
2011	31 498.16	26 795.00	1 724.34	59.24
2012	35 158.66	28 511.28	1 672.91	61.04
2013	35 060.58	31 519.33	1 622.42	61.17
2014	39 984.80	34 496.98	2 112.41	59.44
2015	38 184.93	33 799.90	2 024.24	59.36
2016	43 606.96	36 067.92	2 315.97	58.22
2017	51 132.34	42 391.76	2 439.22	55.26
2018	56 600.06	42 645.89	2 212.09	48.79
2003—2018	30 143.91	27 547.97	1 727.29	59.68

更具体地从时间变化过程看，农户储蓄水平的增长可分为两个阶段：一是 2003—2009 年，这一阶段农户人均存款由14 526.42元增至25 797.56元，增长幅度为 77.59%，比纯收入的增长幅度高 22.34 个百分点。二是 2010—2018 年，这一阶段存款的增幅低于纯收入。虽然该时间段内存款的增长速度相比上一阶段还有所增加，达到了 91.03%，但纯收入的增长相对更快，2018 年农户的人均纯收入与 2010 年相比增加了 1.35 倍。以往研究表明，因为当时中国农村社会保障体系建设相对较弱，预防性储蓄是早期农户储蓄的主要动机之一，不少人存款主要是为了将来养老所用

（史清华、卓建伟，2003；万广华等，2003）。而自2009年起，新型农村社会养老保险开始在全国推行，几千年来农民群体第一次有了自己的社会养老金。浙江省相关工作的实施始终处于全国“领头羊”的地位，因此，2009年以后浙江农户人均存款与纯收入增长幅度相对大小的转折变化一定程度上反映出了新农保的作用，其对农户社会保障水平的提高增强了农户对未来养老、生活的信心，从而减少对预防性储蓄的重视和依赖。

不过值得注意的是，农户的储蓄面（储蓄面＝有储蓄户/全部观察户）并没有伴随着储蓄水平的上升而同步扩大，反而呈现出不断萎缩的趋势，特别是在2013年以后。在观察期初，浙江十村有存款的农户比例为60.80%，后有小幅波动但基本保持相对平稳，至2013年为61.17%，之后便开始一直减少。2018年，有存款的农户比例已减至48.79%，与2003年相比减少了12个百分点，2013年之后的五年中平均每年下降2.48个百分点。可见，农户的储蓄水平和分布变化并不一致，一定程度上表明农户的储蓄行为可能在逐步分化。

进一步从村级视角出发，可以更清楚地看出不同村庄间的农户储蓄行为存在较大差异（表7-2）。从储蓄水平来看，最高的为西蜀阜村，16年间该村农户的平均存款金额为91 615.21元/人。纵向上，该村农户储蓄水平表现为波动增长，到2018年为94 823.33元/人，与2003年相比增加了26.13%。排名第二和第三位的依次为新民村和庙堰村，其观察期内农户的平均存款分别为53 596.64元/人和51 139.89元/人，并同样在时间序列上呈现出较强的增长趋势，16年间的增长幅度分别达到了4.06倍和2.10倍。储蓄水平最低的为龙上村，16年间其平均存款仅有1 617.80元/人，与储蓄水平最高的西蜀阜村相比仅是其1.77%，几乎只是后者人均存款额的零头。各观察村储蓄面的排序情况与存款水平保持一致，有存款的农户比例排名前三位的同样依次为西蜀阜村、新民村和庙堰村，分别为89.86%、87.09%和84.00%。比例最低的也依然为龙上村，仅为11.17%，并在近些年中几乎减为零。由此可见不同村庄间农户储蓄情况差异之悬殊。整体上，家庭劳动力非农就业程度越高的观察村农户的平均存款水平和储蓄面值相对更高。

表 7-2 各村农户家庭储蓄水平及储蓄面的变化

年份	存款金额（元/人）									
	龙上	永丰	余北	西蜀阜	庙堰	新民	金后	鸦鸪门	河边	石板堰
2003	543.67	6 623.00	9 664.00	75 178.33	23 081.20	22 073.91	2 578.38	1 221.67	2 459.67	1 840.33
2004	669.33	7 414.68	9 128.80	83 255.00	25 670.83	32 063.95	4 330.55	1 937.33	2 679.50	2 136.67
2005	3 657.14	6 072.00	11 286.49	105 241.70	26 903.84	35 590.00	9 652.40	1 729.83	4 464.07	2 522.00
2006	6 199.41	6 880.85	12 919.76	101 943.34	34 014.83	35 325.24	9 067.93	2 018.85	7 303.33	4 490.10
2007	3 879.33	6 521.13	12 911.56	90 583.10	42 016.03	28 621.18	8 920.79	5 846.67	4 186.19	3 880.78
2008	0.00	2 470.00	14 433.55	77 244.33	47 488.59	38 745.71	10 059.52	6 034.35	14 169.71	7 602.04
2009	50.00	5 204.33	19 999.71	80 613.33	75 036.67	40 665.24	12 014.76	6 260.00	11 224.05	6 907.50
2010	274.18	6 543.67	20 038.47	75 276.67	43 495.70	38 390.21	13 017.86	5 810.00	11 118.33	9 236.33
2011	250.00	2 388.33	14 710.76	76 820.00	86 959.60	46 124.67	14 216.95	6 876.67	8 796.67	10 323.00
2012	0.00	7 237.92	13 415.70	104 426.67	57 546.21	52 351.68	23 169.52	5 947.26	9 393.33	10 855.00
2013	0.00	1 958.33	19 272.57	124 088.44	50 439.17	56 470.00	25 118.06	8 655.16	19 128.57	10 833.33
2014	0.00	420.00	27 687.85	129 940.00	53 026.09	69 476.19	35 435.48	7 856.39	8 265.00	13 290.00
2015	0.00	433.33	36 076.98	78 375.24	67 347.58	74 673.47	37 397.14	12 074.83	14 816.67	17 323.33
2016	204.08	19.90	46 386.25	76 333.33	51 367.54	81 496.78	47 490.83	14 803.67	19 472.79	22 365.67
2017	0.00	13.61	59 295.56	92 350.00	62 229.00	93 941.67	40 263.92	22 246.67	12 365.65	39 420.07
2018	10 000.00	293.40	34 634.06	94 823.33	71 615.35	111 726.07	40 135.02	27 175.00	1 836.73	31 921.67
2003—2018	1 617.80	3 792.77	22 280.01	91 615.21	51 139.89	53 596.64	20 803.81	8 526.46	9 473.45	12 200.39

（续）

年份	储蓄面（%）									
	龙上	永丰	余北	西蜀阜	庙堰	新民	金后	鹁鸪门	河边	石板堰
2003	14.00	78.00	74.00	94.00	96.00	82.00	50.00	22.00	52.00	46.00
2004	20.00	78.00	34.00	94.00	94.00	88.00	42.00	32.00	56.00	44.00
2005	52.00	94.00	32.00	84.00	90.00	86.00	52.94	30.00	60.00	40.00
2006	46.00	66.00	78.00	82.00	90.00	72.00	56.00	48.00	58.00	40.00
2007	32.00	60.00	73.91	82.00	100.00	81.63	62.00	30.00	40.00	48.98
2008	0.00	42.00	71.74	76.00	100.00	78.00	57.14	38.00	46.00	71.43
2009	2.00	26.00	74.00	80.00	92.00	84.00	70.00	42.00	60.00	68.00
2010	4.00	28.00	75.51	80.00	84.00	84.00	64.00	38.00	54.00	76.00
2011	4.00	24.00	68.75	94.00	92.00	88.00	70.00	34.00	40.00	78.00
2012	0.00	34.00	63.27	100.00	98.00	85.71	78.00	32.00	46.00	74.00
2013	0.00	18.00	77.08	100.00	82.00	86.00	72.00	34.00	68.00	76.00
2014	0.00	6.00	83.33	98.00	78.00	90.00	80.00	38.00	40.00	82.00
2015	0.00	4.00	82.98	96.00	70.00	94.00	74.00	34.00	52.00	88.00
2016	2.04	4.00	77.78	92.00	64.00	100.00	72.00	42.00	46.94	82.00
2017	0.00	2.00	76.09	92.00	62.00	96.00	72.00	46.00	30.61	76.00
2018	2.00	10.00	30.43	94.00	52.00	98.00	72.00	46.00	2.04	80.00
2003—2018	11.17	35.88	73.44	89.86	84.00	87.09	65.25	36.63	47.05	66.92

7.1.2　不同收入水平农户的储蓄

将观察期内浙江十村的样本农户按家庭纯收入水平从低到高分为低、中低、中等、中高和高的五组，以此考察不同收入水平农户的储蓄情况。从表 7－3 中可以清楚地看出，不同收入水平农户的存款金额间存在较大差异，随着家庭纯收入水平的提高，农户的平均存款金额也呈明显的增长趋势。2003—2018 年，低收入组农户的平均存款为 7 694.28 元/人，而高收入组则达到 67 184.85 元/人，后者是前者的 8.73 倍。从时间序列来看，不同收入组农户储蓄水平的纵向变动存在显著差异。低收入、中低收入和中等收入组农户的人均存款在不断增加，但中高和高收入组别的农户存款却在整体上有较大幅度的减少。具体来看，增长幅度最大的为中低收入组，其 2018 年的人均存款为 25 506.94 元，与 2003 年的 8 999.55 元相比增加了 1.83 倍，平均每年增加 7.19%。低收入和中等收入组农户的人均存款则分别从 2003 年的 3 675.00 元和 12 790.65 元增至 2018 年的 9 158.33元和 29 320.95 元，分别增加了 1.49 倍和 1.29 倍。与此同时，中高收入组农户的人均存款水平却在不断波动下降，2018 年为 33 403.47 元，与 2003 年的人均存款金额相比减少了 28.99%。而高收入组农户的平均存款在由 2003 年的 124 533.21 元/人短暂增长至 2005 年的165 616.67元/人后便开始持续大幅减少，至 2018 年已降至 60 436.28 元/人，与 2003 年相比减少了 51.47%，若与最高点的 2005 年相比，减少幅度则达到 63.51%，16 年间平均每年减少 4.71%。可见，上文分析中表明的农户整体上平均存款的增加，一方面主要是由于相对低收入农户其自身储蓄水平的不断提高，另一方面，从前文分析中可知浙江十村农户的收入水平在观察期内普遍上升，收入分布在时间序列上整体右移，即相对低收入水平农户占比不断减少，相对高收入农户的占比则不断增加，而高收入农户的储蓄水平要显著高于低收入农户，因此这一分布的变化也带动了农户整体储蓄水平的提高。

虽然到 2018 年，高收入与低收入农户储蓄水平之间的绝对值差异依然较大，不过从相对大小来看，随着低收入农户储蓄的不断增加和高收入农户储蓄的不断减少，不同收入组农户人均存款金额间的差距在不断缩

表7-3　不同收入水平农户的储蓄及储蓄面变化

年份	存款金额（元/人）					储蓄面（%）				
	低	中低	中等	中高	高	低	中低	中等	中高	高
2003	3 675.00	8 999.55	12790.65	47 040.24	124 533.21	58.37	62.33	52.31	74.29	80.95
2004	4 661.84	10 504.83	17 741.11	35 523.49	137 025.19	55.67	61.25	71.83	81.82	81.82
2005	6 293.95	9 857.30	18 321.85	32 338.39	165 616.67	61.26	67.31	75.86	63.16	82.76
2006	7 349.61	10 753.08	15 665.67	27 692.78	145 460.81	61.39	61.49	66.02	64.29	74.29
2007	7 605.12	9 971.27	14 379.49	29 908.97	114 546.05	59.86	56.55	60.61	63.08	78.95
2008	6 805.85	9 427.60	17 018.11	33 986.99	91 474.15	49.60	58.27	58.18	60.56	75.00
2009	8 897.42	12 526.57	16 477.26	37 962.68	82 651.05	50.54	54.76	60.74	64.71	75.41
2010	9 612.13	13 365.79	15 724.04	24 492.49	61 771.08	53.16	60.00	55.24	63.96	62.12
2011	5 570.54	22 016.28	15 121.24	30 457.56	54 486.48	48.21	58.14	55.47	58.21	73.40
2012	7 606.31	15 610.77	15 899.67	33 066.79	50 944.18	51.43	50.68	59.40	62.41	70.16
2013	3 595.24	13 883.12	18 374.55	30 257.37	60 614.34	28.57	68.49	58.76	63.50	68.09
2014	15 134.94	19 749.11	26 103.96	21 450.41	64 456.11	59.38	67.86	63.54	51.94	60.13
2015	23 692.44	16 246.56	19 358.77	28 679.16	58 263.42	53.52	59.18	58.95	54.48	66.89
2016	8 106.67	22 332.94	21 878.31	33 570.32	52 753.39	40.00	59.57	54.76	57.33	63.19
2017	22 703.70	19 326.92	30 396.99	36 021.52	57 895.53	42.86	53.85	61.11	53.06	56.73
2018	9 158.33	25 506.94	29 320.95	33 403.47	60 436.28	43.33	46.94	45.95	45.08	52.94
2003—2018	7 694.28	13 055.51	18 492.46	31 381.35	67 184.85	54.90	59.86	59.80	59.02	64.80

小。在观察期初的2003年，收入最高的农户组的平均存款金额是收入最低农户组的33.89倍，而到2018年，这一比值已降低至6.60倍。若以样本总体的平均水平为基准来比较，从图7-1中可以看出，高收入、中高收入和中等收入农户人均存款与总体均值之比在2003—2018年均呈下降趋势，特别是高收入组。2003年，高收入组农户的存款金额是当年总体均值的8.57倍，而到2018年已仅为同年总体均值的1.42倍。类似地，2003年中高收入组农户的人均存款还远超平均水平，是当年总体均值的3.24倍，而到2018年已只为同年平均值的78.33%。

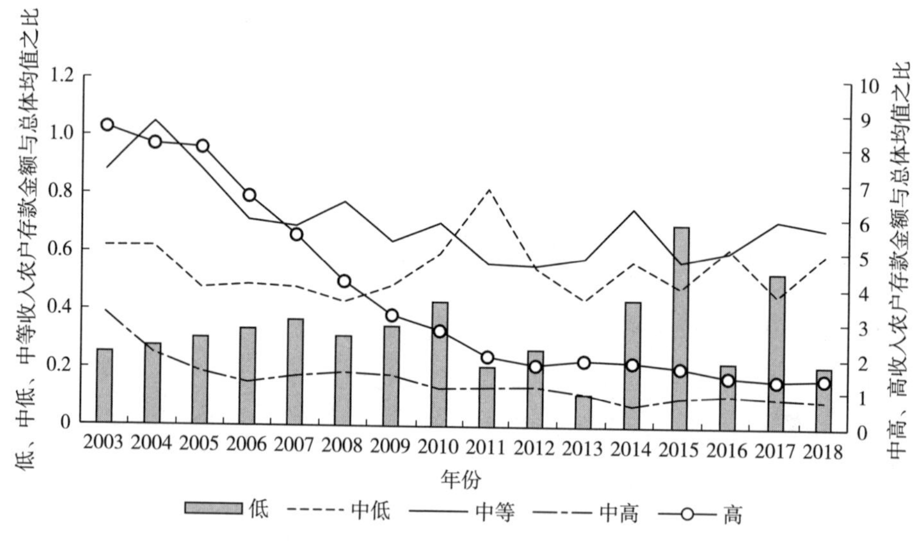

图7-1 不同收入水平农户存款金额与总体均值之比的变化趋势

为了进一步考察农户储蓄水平的分布变化，计算农户储蓄的基尼系数并与收入的基尼系数进行比较（图7-2）。可以发现，储蓄的基尼系数远高于收入基尼系数，即使在最低的2016年，也有0.74。从时间趋势的变化来看，整体上储蓄的基尼系数是在波动减少的，从2003年一直降至2016年，之后两年虽有小幅回升，但2018年的水平（0.78）依然显著低于2003年（0.83），相比减少了5.68%。因此，结合前文结果，2003—2018年浙江十村农户储蓄的不平衡程度整体上是在减弱的。根本性的原因在于农户收入在整体增加，家庭财富的积累也在不断增多。而中国加入WTO以后，金融业和金融市场不断快速发展。高收入群体的理财意识相对更强、财富管理方式和渠道相对更多，在传统的存款储蓄外有了更多且收益更高的金融工具和产品选择，如黄金、股票、基金、期货、保险等，或是进行房地产投资。因此高收入农户依赖传统存款储蓄手段赚取利息收入的投资动机减弱，更多是将其作为预防性的流动现金储备，以备不时之需，因此其储蓄水平相对不断减少。而对低收入水平的农户来说，传统储蓄依然是其可用的主要的财富管理工具，对储蓄的重视程度依然较高。因此，随着收入水平的不断上升，其存款水平也在不断提高。在这样两极储蓄行为的变化下，不同收入水平农户存款金额间的差距便呈现出不断缩小的趋势。

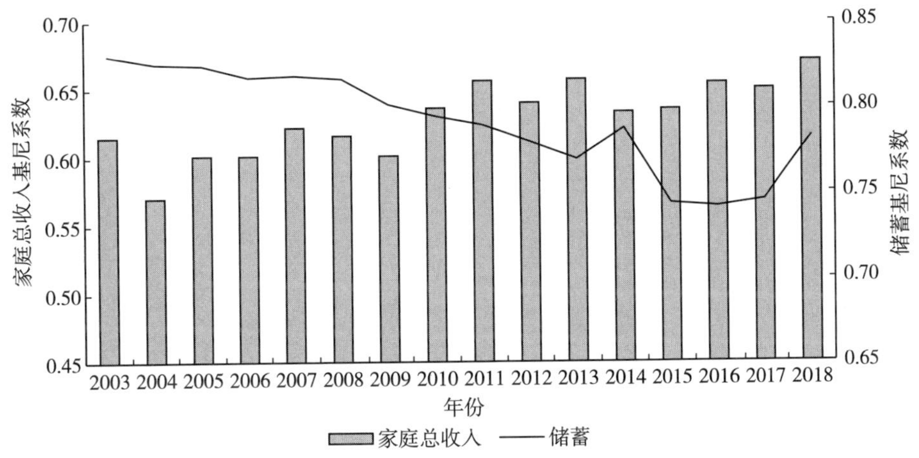

图7-2 农户家庭总收入与储蓄的基尼系数变化趋势

从储蓄面来看，首先，与整体变化趋势一致，各收入水平农户中有存款的比例均在波动减少，特别是收入相对较高的两组农户，其减少幅度更大。2003—2018年，低、中低、中等、中高和高收入组中有存款农户的占比分别下降了25.76%、24.69%、12.16%、39.31%和34.60%。其次，从相对大小来看，不同收入水平农户储蓄面间的差距同样也在不断缩小。在观察期初，高收入组中有存款农户的比例为80.95%，比低收入组的这一比例高22.58个百分点。而到了2018年，低、中低、中等、中高和高收入组中存款农户的占比分别变为43.33%、46.94%、45.95%、45.08%和52.94%，最高和最低值之间的差额已只有9.61个百分点。可见，不同收入水平农户中储户的比例已相差不大。

7.1.3 不同文化水平农户的储蓄

从图 7-3 中可以看出，不同文化水平农户的储蓄行为也存在较大差异。整体上，随着家庭主要劳动力受教育时长的增加，农户储蓄水平呈“N”形增长趋势。2003—2018 年，主要劳动力受教育时长在 12 年及以上的农户人均存款最多，为 36 617.68 元。主要劳动力受教育时长不足 3 年的农户人均存款相对最少，16 年间平均为 21 619.36 元，仅是前者的约六成。而从储蓄面的情况来看，则是文化水平相对更高的群体中有存款的农户比例相对更低。在主要劳动力受教育时长不足 3 年的农户分组中，有存款的农户占比为 72.32%。而在主要劳动力受教育时长为 9～12 年和 12 年及以上的两组中，这一比例分别降至 51.57%和 55.62%。

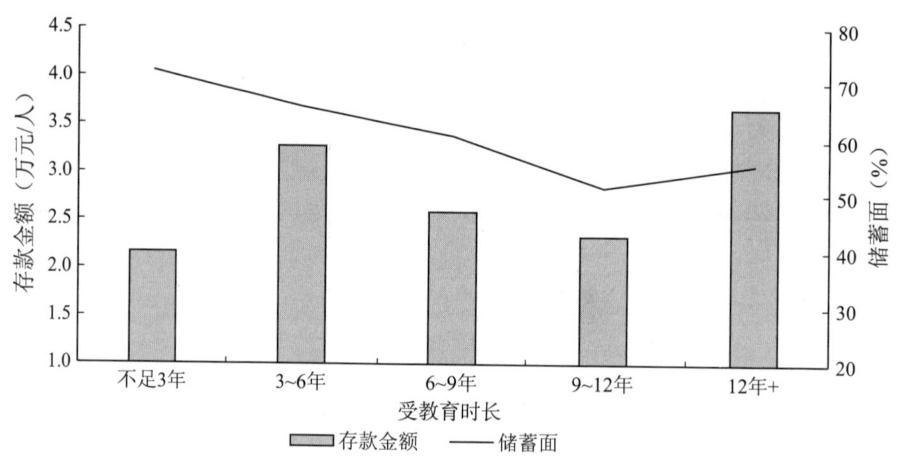

图 7-3 2003—2018 年各受教育时长农户的储蓄水平及储蓄面

从时间序列上的变化来看，观察期内不同文化水平农户组的储蓄水平基本均呈增长趋势（表 7-4）。其中，增长最多的为主要劳动力受教育时长在 3～6 年的农户组，16 年间其人均存款由 10 737.35 元增至 57 673.02 元，增加了 4.37 倍。其次分别为主要劳动力受教育时长 6～9 年和不足 3 年的农户组，16 年间分别增加了 2.62 倍和 2.58 倍。而在文化水平相对最高（即 12 年+）的农户组中，其人均存款金额在观察期内的波动相对

表 7-4　不同受教育时长农户的储蓄水平及储蓄面变化

年份	存款金额（元/人）					储蓄面（%）				
	不足 3 年	3～6 年	6～9 年	9～12 年	12 年+	不足 3 年	3～6 年	6～9 年	9～12 年	12 年+
2003	9 914.69	10 737.35	12 238.49	16 275.77	35 726.85	65.79	63.78	65.38	52.45	58.33
2004	7 830.63	18 594.64	15 464.42	15 970.83	31 089.12	77.50	62.20	67.53	54.23	66.67
2005	9 482.00	23 327.52	15 721.07	22 170.17	39 064.23	79.07	73.50	73.03	52.05	68.29
2006	9 028.32	35 968.97	17 577.50	13 579.33	40 083.19	81.58	73.28	63.19	54.25	59.57
2007	15 196.29	27 591.50	23 815.09	14 125.86	24 444.71	80.65	63.55	64.54	49.69	70.00
2008	13 525.32	29 761.98	18 933.17	13 699.23	44 736.48	79.41	67.96	55.47	50.63	55.36
2009	13 507.21	41 429.89	31 001.81	13 772.77	25 767.09	65.22	66.67	64.83	50.64	53.85
2010	11 644.61	18 789.44	19 692.15	14 142.42	12 038.90	58.82	66.02	56.25	50.34	51.35
2011	18 750.00	29 236.02	26 280.15	24 720.65	39 193.69	76.74	65.25	54.93	55.06	54.05
2012	21 319.11	32 942.96	22 409.48	24 025.17	63 019.82	75.61	66.13	59.71	52.90	65.79
2013	30 243.24	35 006.45	34 746.89	26 407.84	32 327.71	72.97	68.64	62.77	52.15	58.54
2014	34 159.69	34 610.86	29 044.96	34 496.77	51 955.43	67.44	66.95	59.40	53.75	51.16
2015	34 365.85	40 775.76	29 883.98	28 913.49	41 729.00	74.42	68.97	56.72	52.32	52.83
2016	33 189.27	38 788.40	36 584.40	34 276.11	38 298.57	76.92	63.64	57.35	52.70	50.91
2017	39 439.92	53 062.53	43 016.32	40 436.71	28 014.62	74.42	63.06	55.81	47.65	43.86
2018	35 520.83	57 673.02	44 243.57	35 943.19	37 084.85	56.00	54.29	50.79	44.52	40.00
2003—2018	21 619.36	32 694.86	25 845.98	23 318.17	36 617.68	72.32	65.92	60.77	51.57	55.62

较大，到 2018 年为 37 084.85 元，与 2003 年相比仅增加了 3.80%。可见，不同文化水平农户储蓄的增长幅度有较大差异，因此到 2018 年，各组储蓄金额的相对大小与观察期初相比也发生了较大变化。2003 年时，与 16 年间的整体平均情况一致，文化水平越高的农户储蓄水平也相对越高。主要劳动力受教育时长在 12 年及以上的农户人均存款最多，为 35 726.85元，是当年储蓄水平最低组（主要劳动力受教育时长不足 3 年的农户组）的 3.60 倍。而到了 2018 年，储蓄水平最高的已变为主要劳动力受教育时长在 3～6 年的农户组，受教育时长 12 年及以上农户组当年的人均存款水平则仅排在第三位。且从相对大小来看，储蓄水平最高组的存款也只是最低组的 1.62 倍。可见，在观察期末，不同文化水平农户组间的存款差距已缩小了许多。

从储蓄面的时间变化来看，与整体趋势保持一致，各文化水平农户组中有存款的农户占比均在纵向上呈下降趋势。其中下降幅度最大的为家庭主要劳动力受教育时长 12 年及以上的农户组，从 2003 年的 58.33%降至 2018 年的 40.00%，减少了 18.33 个百分点。而 2018 年，存款农户占比最高的为受教育时长不足 3 年的农户组，为 56.00%，与 2003 年相比也减少了 9.79 个百分点。

7.1.4　不同家庭负担农户的储蓄

整体来看，随着家庭劳动力负担程度的加重，农户的储蓄水平显著降低（表 7－5）。2003—2018 年，浙江十村农户中家庭劳动力负担小于等于 1 人/劳的平均存款金额为 28 570.60 元/人，而家庭负担大于 3 人/劳的农户平均存款为 10 598.88 元/人，仅是前者的 37.10%。不过从时间趋势上的变化来看，不同负担程度农户的储蓄均在波动增加。其中，增长幅度相对最大的为家庭负担大于 3 人/劳的农户组，从开始有相对稳定记录的 2008 年至 2018 年，其平均存款增加了 4.10 倍。其次为劳动力负担小于等于 1 人/劳的农户组，2003—2018 年其存款由 9 757.89 元/人增至 42 480.23元/人，相比增加了 3.35 倍。家庭负担为 1～2 人/劳和 2～3 人/劳农户组的储蓄则在 16 年间分别增加了 1.96 和 0.58 倍。虽然在观察期内，家庭负担最重的农户组的储蓄水平有了很大幅度的增长，但从 2018 年的情况来看，其人均存款金额依然最低，平均为 23 394.35 元，是储蓄水平最高组（劳动力负担小于等于 1 人/劳）当年平均金额的 55.07%。

从储蓄面的情况来看，只有家庭负担大于 3 人/劳的农户组中有存款农户的比例在近些年呈波动增加的趋势，而其余农户组则均在波动减少。到 2018 年，家庭负担最重组中有存款的农户比例达到 75.00%，与开始有相对稳定记录的 2008 年相比增加了 8.33 个百分点。而劳动力人均负担为 1 人及以下、1～2 人和 2～3 人的农户组在 2018 年的储户比例则分别为 44.69%、48.69%和 57.45%，与观察期初的 2003 年相比分别减少了 10.64 个、12.88 个和 13.98 个百分点。

表 7-5 不同劳动力负担程度农户的储蓄水平及储蓄面变化

年份	存款金额（元/人）				储蓄面（%）			
	≤1 人/劳	1～2 人/劳	2～3 人/劳	>3 人/劳	≤1 人/劳	1～2 人/劳	2～3 人/劳	>3 人/劳
2003	9 757.89	14 266.33	20 459.01	0.00	55.33	61.57	71.43	0.00
2004	9 809.95	17 620.24	18 155.14	0.00	58.78	63.90	66.67	0.00
2005	23 889.02	15 543.77	2 462.86	806.12	74.19	65.02	51.43	57.14
2006	22 119.89	23 766.21	3 460.88	8 230.77	65.77	64.50	36.84	53.85
2007	21 768.76	17 335.73	18 669.03	0.00	55.06	63.41	55.56	0.00
2008	25 357.69	19 431.61	7 920.29	4 583.33	56.25	57.61	52.17	66.67
2009	28 888.74	23 969.26	17 805.56	7 865.46	62.71	54.51	61.54	85.71
2010	28 833.57	16 064.91	23 624.19	8 991.07	56.67	58.65	56.41	62.50
2011	32 890.34	23 237.13	17 062.70	7 857.14	56.18	58.19	64.44	50.00
2012	25 152.69	25 177.36	21 617.89	11 785.71	55.37	62.98	63.41	50.00
2013	32 565.30	30 822.94	29 959.09	8 951.50	57.06	61.23	59.09	60.00
2014	29 817.47	31 726.15	49 464.91	11 464.29	55.50	55.61	73.68	50.00
2015	29 873.73	31 794.85	29 568.11	11 000.00	55.68	60.98	58.14	42.86
2016	39 548.77	31 682.49	30 195.12	16 500.00	57.56	54.34	63.41	66.67
2017	46 397.31	35 853.76	39 253.66	18 156.25	53.76	51.20	65.85	62.50
2018	42 480.23	42 182.02	32 325.53	23 394.35	44.69	48.69	57.45	75.00
2003—2018	28 570.60	24 230.28	23 584.91	10 598.88	57.33	59.27	59.93	57.78

注：劳动力负担程度指的是农户家庭中每个劳动力的负担人数，即家庭成员人数与劳动力数的比值。

综上可见，随着家庭负担的加重，农户的储蓄水平在不断降低，储户的占比则在不断增加，家庭负担最重的农户群体的储蓄行为表现出高普及和低水平的特点。这主要是因为劳动力负担越重的家庭，生活必需的支出和开销越大，可剩余积累的金额越少。也正因为如此，他们会相对更注重储蓄行为，储户比例相对更大，以应对未来的不时之需。需要注意的是，在当前世界经济衰退、国际贸易规模大幅收缩、全球化进程受阻的新形势下，扩大内需、提振消费成为当前中国推动经济发展的重要举措和战略要求。对此，在制定激发居民消费的相关政策和策略时，有必要考虑高负担程度下农户储蓄行为的这一特征。因为从前几章的分析中可知，在老龄化程度的不断加重的现实背景下，可以预计农村家庭的负担程度还将进一步加剧。因此，只有在充分认识当前农户家庭负担情况、储蓄水平和可消费能力新特点的前提下，才能找准促进和提振消费的着力点。

7.2 借贷行为

7.2.1 借贷水平及变化

7.2.1.1 当年累计借贷水平及变化趋势

从图 7－4 中可以看出，在观察期内随着时间的推移，浙江十村农户家庭的当年累计借款额表现为先增加后减少的“∩”形曲线。2003 年时，农户年内平均累计借入 12 440.04 元/人。之后波动增长至 2013 年的最高点，达到 41 012.27 元/人，与 2003 年相比增加了 2.30 倍。此后，农户的人均借款水平开始持续降低，到 2018 年已降至低于观察期初的水平，为 10 850.81 元/人，与 2013 年的峰值相比减少了 73.54%，平均每年减少 23.25%。若扣除物价波动的影响，用浙江省农村居民消费价格指数以 2003 年为基期进行折算后，农户当年累计借入款的整体变化趋势与按现值分析的趋势基本一致，不过变化幅度有所不同。2003—2013 年，农户借入款的增加幅度变为 1.49 倍，小于按现值分析的增幅。不过在后半段的减少过程中，以 2003 年为基期的借入款下降幅度则要高于按现值分析的水平。按 2003 年的价格水平，2017 年的借款额便已降到低于观察期初的水平，而 2018 年与 2003 年相比减少了 40.10%，若与峰值 2013 年相比则减少了75.94%。从借入面来看，2003—2018年，浙江十村农户中当年有过借钱行为的农户比例在不断减少，从2003年的29.80%降至2018年的5.04%，减少了24.76个百分点。综合来看，随着收入水平的不断增长，近些年来浙江农户的借款行为和金额整体上变得越来越少。

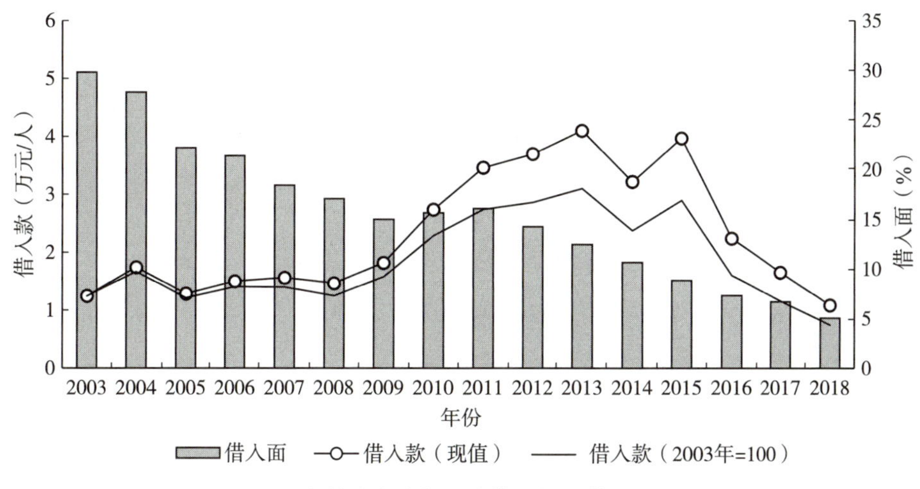

图7-4 浙江十村农户当年累计借入款和借入面的时间变化

进一步从村级视角来看，不同观察村农户的借款行为也存在较大差异（表7-6）。16年间农户当年累计借款水平最高的为金后村，平均为42 100.00元/人。纵向上看，2003—2009年，该村农户借款额呈递减趋势，由25 800.00元/人降至10 200.00元/人。之后开始较大幅度增长，至2014年达到人均92 080.00元，与2003年相比增加了2.57倍，与2009年相比则增加了8.03倍。2014年之后，该村农户的人均借款额再次开始波动回落，到2018年降至65 040.00元。整个观察期内农户年内平均借款最少的是西蜀阜村，人均借款额为9 488.11元，是金后村的22.54%。从时间序列上看，2009年以后该村农户就基本不再有负债了。而从前文分析可知，西蜀阜村正是浙江十村中储蓄水平相对最高的村庄。从借款面的情况可以更进一步地看到，西蜀阜村也是借款农户比例最低的村庄。2003—2008年，该村有借款行为的农户比例仅有4%至8%，2009年以后便基本不再有农户借钱了。而人均借款水平最高的金后村，其借款农户的比例也相对最高，16年间平均为26.13%，是西蜀阜村的9.94倍。

表 7-6　各村农户当年累计借款及借入面的变化

年份	借款金额（元/人）									
	龙上	永丰	余北	西蜀阜	庙堰	新民	金后	鹁鸪门	河边	石板堰
2003	6 285.00	15 062.00	14 026.00	2 180.00	7 100.00	10 440.00	25 800.00	19 262.00	10 389.38	13 856.00
2004	4 344.00	19 320.00	10 940.00	1 300.00	12 560.00	40 600.00	26 600.00	31 106.00	10 750.00	16 586.00
2005	9 467.00	10 400.00	7 480.00	16 140.00	5 100.00	15 500.00	23 039.22	18 036.00	7 904.00	15 040.00
2006	1 852.00	25 812.00	11 771.12	16 200.00	7 300.00	22 600.00	21 300.00	15 380.00	8 308.00	19 520.00
2007	6 220.00	36 200.00	9 630.43	3 600.00	19 200.00	30 000.00	14 740.00	17 810.00	7 540.00	10 959.18
2008	0.00	31 800.00	29 260.87	9 200.00	12 105.00	22 200.00	11 938.78	8 700.00	12 800.00	9 142.86
2009	4 000.00	48 040.00	2 515.00	1 000.00	26 510.00	44 555.18	10 200.00	25 600.00	14 260.00	5 380.00
2010	23 600.00	44 960.00	72 081.63	0.00	34 000.00	39 200.00	11 900.00	19 900.00	25 500.00	3 580.00
2011	6 800.00	40 480.00	84 687.50	0.00	30 000.00	39 400.00	41 740.00	61 860.00	35 120.00	7 880.00
2012	59 000.00	52 880.00	71 265.31	0.00	28 700.00	40 612.25	39 300.00	38 480.00	31 700.00	8 456.00
2013	100 600.00	52 780.00	15 104.17	0.00	60 200.00	33 600.00	70 840.00	42 280.00	27 400.00	5 462.00
2014	5 700.00	50 000.00	3 125.00	0.00	57 000.00	47 600.00	92 080.00	50 900.00	5 400.00	8 640.00
2015	41 300.00	51 600.00	0.00	102 000.00	26 400.00	32 800.00	85 900.00	43 596.00	1 400.00	9 840.00
2016	20 408.16	5 600.00	4 000.00	0.00	28 800.00	13 000.00	79 920.00	32 062.00	27 551.02	10 840.00
2017	5 102.04	200.00	7 608.70	0.00	8 000.00	5 400.00	53 040.00	25 640.00	34 693.88	25 200.00
2018	4 800.00	0.00	0.00	0.00	1 000.00	16 800.00	65 040.00	15 600.00	0.00	4 400.00
2003—2018	18 755.83	30 320.88	21 640.11	9 488.11	22 748.44	28 376.89	42 100.00	29 138.25	16 257.61	10 926.07

（续）

年份	借入面（%）									
	龙上	永丰	余北	西蜀阜	庙堰	新民	金后	鹁鸪门	河边	石板堰
2003	16.00	48.00	12.00	6.00	14.00	14.00	38.00	56.00	36.00	58.00
2004	24.00	34.00	14.00	4.00	8.00	20.00	42.00	50.00	38.00	44.00
2005	20.00	10.00	14.00	8.00	10.00	16.00	29.41	38.00	28.00	48.00
2006	6.00	30.00	22.00	8.00	6.00	18.00	34.00	30.00	22.00	38.00
2007	8.00	32.00	13.04	6.00	10.00	12.24	26.00	26.00	18.00	32.65
2008	0.00	36.00	10.87	4.00	10.00	14.00	28.57	20.00	22.00	24.49
2009	2.00	32.00	10.00	2.00	12.00	14.00	20.00	22.00	20.00	16.00
2010	10.00	30.00	18.37	0.00	10.00	16.00	24.00	14.00	24.00	10.00
2011	8.00	26.00	14.58	0.00	4.00	16.00	30.00	22.00	22.00	18.00
2012	6.00	22.00	14.29	0.00	6.00	14.29	24.00	16.00	20.00	20.00
2013	10.00	20.00	8.33	0.00	14.00	8.00	22.00	18.00	6.00	18.00
2014	6.00	12.00	2.08	0.00	18.00	8.00	22.00	16.00	6.00	16.00
2015	4.00	14.00	0.00	4.00	6.00	6.00	20.00	16.00	4.00	14.00
2016	2.04	2.00	2.22	0.00	6.00	4.00	22.00	16.00	4.08	14.00
2017	2.04	2.00	4.35	0.00	2.00	2.00	16.00	14.00	4.08	20.00
2018	2.00	0.00	0.00	0.00	2.00	4.00	20.00	12.00	0.00	10.00
2003—2018	7.90	21.88	10.16	2.63	8.63	11.65	26.13	24.13	17.19	25.06

但纵向上来看，该村借款农户的比例也在不断波动减少，2018 年为 20.00%，与 2003 年相比减少了 18 个百分点。16 年间，除了原本借款户比例就很低的西蜀阜村外，其余各观察村中借款农户占比均减少了 10 个百分点以上，永丰村、余北村、西蜀阜村和河边村的借款农户占比甚至在 2018 年降为零。整体来看，储蓄水平相对越高的村庄，其农户借款行为和借款额相对越少。

7.2.1.2 年末借贷水平及变化趋势

与农户当年累计借贷水平的变化一样，2003—2018 年，浙江十村农户的年末借入款余额变化同样呈先增加后减少的“∩”形曲线（图 7－5），依次经历了平稳波动、快速增长、负增长三个阶段。观察期初，农户年末借入款余额为平均 10 846.64 元/人。之后几年间虽有小幅波动，但整体变化不大，2008 年平均为 10 737.93 元/人。而 2008—2012 年，浙江十村农户的年末借入款余额开始持续地快速增长，到 2012 年增至 30 445.38 元/人，与 2008 年相比增加了 1.84 倍，年均增长速度达到 29.76%。之后便开始波动减少，到 2018 年降至基本与 2003 年持平的水平，为 10 875.00 元/人。若与峰值 2012 年相比则减少了 64.28%，平均每年减少 15.77%。与借入款相比，农户年末的借出款余额整体相对较少，16 年间的变化幅度也相对较小。不过，农户借出款峰值点的到来早于借入款，为 2011 年。2018 年

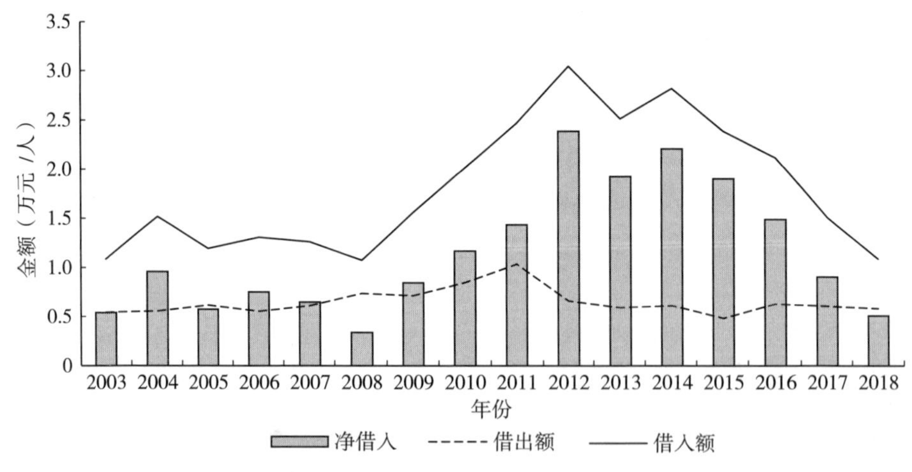

图 7－5 浙江十村农户年末借贷水平及变化

的借出款余额平均为 5 794.36 元/人，与 2003 年的水平相比略有增加，与峰值的 10 339.23 元/人相比则减少了 43.96%。综合来看，农户年末的净借入余额变化与借入款基本相同，在 2003—2008 年的小幅波动之后开始持续增长，2012 年起转为下降趋势。2018 年，农户的年末净借入额平均为 5 080.65 元/人。不过在农户借贷水平的下降阶段中，农户先收敛了资金的借出额，随后减少了资金的借入行为。

7.2.2 借贷来源及变化

从金额水平来看，整体上浙江十村农户从以银行和信用社为代表的正式金融机构中借贷的金额高于从私人处借贷的金额（图 7-6）。2003—2018 年，农户从银行和信用社借入的钱平均为 12 298.17 元/人，比从私人处借贷的资金高 1 898.30 元/人，占年内累计借款总额的 53.50%。不过从时间序列上来看，农户借款金额中来源于正式借贷机构的占比表现为先增加后减少的“∩”形变化趋势（表 7-7）。在观察期初，农户借款金额的主要来源为私人借贷，从正式机构借贷的资金占比仅为 32.54%。2007 年起，正式借贷的金额占比才开始超过私人借贷，到 2010 年达到最高点，占比为 74.23%，与 2003 年相比增加了 1.28 倍。之后，农户借贷资金中来自正式借贷的比例又开始波动减少，2016 年起再次低于私人借

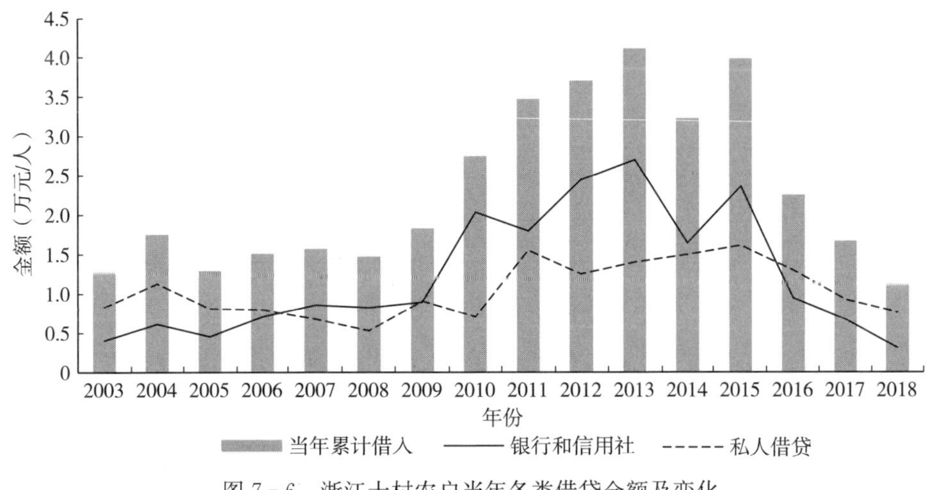

图 7-6　浙江十村农户当年各类借贷金额及变化

贷的份额，到2018年其占比已仅剩28.67%，与2010年的峰值相比下降了45.56个百分点，即便与2003年的份额相比也减少了3.87个百分点。可见，2016年以来，浙江十村农户借贷金额的来源再次变为以私人的非正式借贷为主。

表7-7　浙江十村农户当年借款金额的主要来源及变化

单位：%

年份	当年累计借款					年末借入款余额中正式借贷的份额
	正式借贷			私人借贷	#无息部分	
	合计	银行	信用社			
2003	32.54	11.98	20.56	66.62	41.14	28.19
2004	35.11	14.30	20.82	64.75	32.73	30.06
2005	35.55	16.30	19.25	63.01	50.25	32.46
2006	47.07	22.80	24.27	52.84	61.52	39.68
2007	54.88	25.34	29.53	43.46	53.33	39.56
2008	56.14	9.99	46.15	36.23	63.93	45.11
2009	48.97	24.49	24.49	49.81	31.49	43.63
2010	74.23	25.82	48.41	25.77	62.90	61.56
2011	51.87	25.23	26.64	44.84	30.15	51.25
2012	66.20	20.71	45.49	33.80	34.20	46.53
2013	65.89	24.41	41.48	34.11	63.81	48.43
2014	51.06	21.11	29.95	46.50	80.04	36.67
2015	59.43	14.68	44.75	40.57	67.18	45.82
2016	42.11	37.19	4.91	57.89	92.84	30.83
2017	40.48	38.98	1.50	55.83	78.44	29.82
2018	28.67	26.35	2.32	70.36	100.00	25.21
2003—2018	53.50	22.69	30.81	45.24	59.16	41.37

更具体地来看，正式借贷中来自信用社的金额占比在16年间整体上也呈先增加后减少的趋势。在观察期初，信用社还是正式借贷中农户主要的借款来源，其2003年的金额占比为20.56%，比同年银行的份额高8.58个百分点。到2010年，其在农户贷款金额中的占比达到了近一半（48.41%）。经过几年的波动后，2016年农户借贷金额中来源于信用社的

比例大幅减少，降至4.91%。2018年，其份额已仅剩2.32%，与2003年相比减少了18.24个百分点，与2010年的峰值相比则减少了46.09个百分点。而与此同时，16年间农户借贷中来自银行的金额比例则表现为波动增加的趋势，从2003年的11.98%至2018年的26.35%，相比增加了1.20倍，并在2016年以后，银行成为农户正式借贷中的主要资金来源机构。在私人借贷中，可以看出无息借款的比重在观察期内逐步增加，到2018年已达到百分之百，与2003年的41.14%相比增加了1.43倍，即农户当年向私人借入的资金均不需付息，因此私人间的借贷行为应更主要是基于彼此间的人情关系和信任而发生的。此外，将农户年末借入款余额中正式借贷的份额与其当年累计借款中正式借贷的份额相比发现，前者在各年中均小于后者，即便是在私人借贷资金中无息部分较少的时候，说明农户在还负债时普遍优先偿还正式的金融机构。因为相比之下，私人借贷的偿还期限等要求约束普遍更松弛、弹性空间更大。

上文主要考察了农户借款金额的来源构成，若从各信贷渠道的农户占比来看，可以发现一直以来私人的非正式借贷都是浙江十村农户借款的主要渠道（图7-7)。2003—2018年，从私人处借款的农户在当年全部有借款行为的农户中始终占半数以上。且从纵向上来看，向私人借贷的农户占比的变化也相对较平稳，基本在61%上下波动，最高时达到2/3（2008年和2016年），最低时也有54.72%（2014年）。与此同时，向正式金融机构借贷的农户比例则在16年间表现为“∩”形曲线的变化趋势，从2003年的14.77%波动增长至2015年的45.45%后开始逐年减少，2018年降为24%，不过与2003年的比例相比仍增加了近10个百分点。可见，正式借贷和私人借贷之间并不完全是此消彼长的竞争性替代关系。这种二者并存的二元化结构也正是中国农村金融体制的重要特征之一（朱信凯、刘刚，2009)。更具体地，2003—2014年，正式金融机构中信用社的农户覆盖面相对更大，但从2015年开始，向银行借贷的农户比例开始超过向信用社借贷的农户比例，2018年为16%，比当年向信用社借款的农户比例高8个百分点。

进一步地，对比借款金额中来自正式机构的比例和借款农户中向正式机构借贷的比例可以发现，前者的数值在各年均显著大于后者。说明向正式机构借贷的农户规模虽然相对较小，但农户从其借出的资金规模相对较大，而私人借贷则相反。虽然其在浙江十村农户中相对更普遍，但私人借贷的资金规模相对偏小。因此，私人信贷主要是作为正式金融借贷的一种补充，可以弥补正式借贷在覆盖范围和运行效率等方面的不足，来满足受条件约束而无法从正式金融机构借到钱的农户的信贷需求。

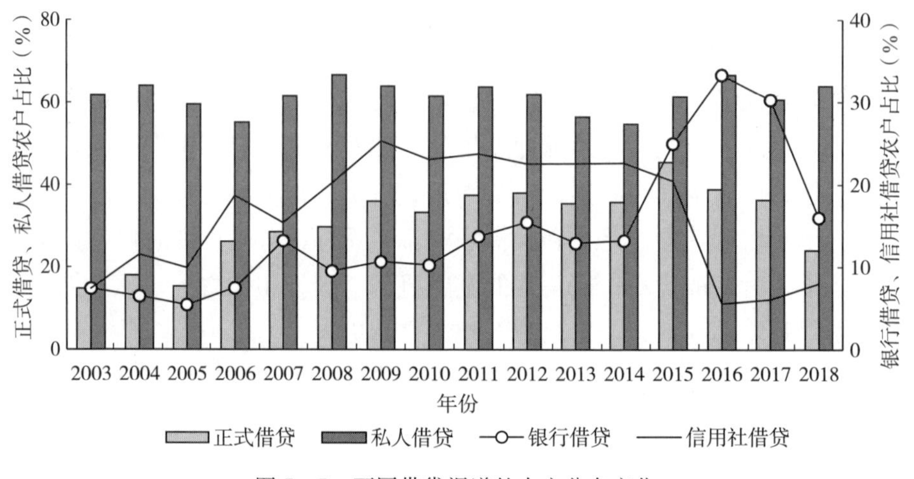

图 7-7　不同借贷渠道的农户分布变化

7.2.3　借贷用途及变化

从借贷资金的分布来看（表 7-8），整体上 2003—2018 年，浙江十村农户的借款金额中 65.72%是生产性借贷，生活性借贷的金额占比仅为 1/3。但从时间序列上的变化来看，生产性借款金额的占比在不断波动减少，特别是在 2012 年以后。在观察期初，农户借款中用于生产性借贷的资金比例为 76.53%，经过先减少后增加的波动，2012 年达到 82.72%，之后便持续下降，2016 年开始即低于 50%，到 2018 年已仅有 36.01%，与 2003 年相比减少了一半多。可见，从 2016 年起，浙江十村农户借贷资金的主要用途不再是用于生产，而是用于生活性需求。2018 年，生活性借贷金额的占比达到 63.99%，与 2003 年相比增加了 1.73 倍。具体来看，农户的生产性借贷也主要是用于非农生产，16 年间用于农业生产的借款在全部生产性借贷资金中的比例仅为 22.00%，且从纵向上看，其份额从

2014 年以后也在不断减少。2018 年，生产性借贷资金中用于农业生产的部分不足一成，其占比只有 8.61%。而在生活性借贷中，浙江十村农户用于上学和治病的比例并不高，2003—2018 年二者的平均占比分别仅有 1.02%和 2.86%。时间趋势上，用于这两项的借款比例也基本均在不断下降，到 2018 年已几乎减为零。这一结果一定程度上可以从侧面反映出浙江农村社会医疗、教育的保障体系相对较为完善，绝大多数农户并不需要通过借贷来满足家庭的医疗和教育需求。

表 7-8　浙江十村农户当年借贷金额的主要用途分布及变化

单位：%

年份	生活性借贷			生产性借贷	
	合计	上学	治病	合计	农业生产
2003	23.47	—	—	76.53	13.11
2004	18.96	5.36	16.12	81.04	21.52
2005	34.41	8.38	6.18	65.59	15.08
2006	39.63	5.29	7.14	60.37	18.31
2007	33.81	3.62	8.59	66.19	19.21
2008	36.03	1.11	12.12	63.23	18.56
2009	47.47	0.25	2.42	52.53	53.78
2010	37.84	0.00	0.28	61.63	12.27
2011	27.57	0.00	1.58	72.43	22.41
2012	17.28	0.00	0.65	82.72	22.13
2013	26.55	0.21	0.06	73.45	20.94
2014	37.02	0.24	0.10	62.72	31.63
2015	31.28	0.21	0.00	68.72	30.96
2016	54.04	0.21	0.00	45.96	9.43
2017	52.58	0.52	7.28	47.42	1.30
2018	63.99	0.00	0.30	36.01	8.61
2003—2018	34.19	1.02	2.86	65.72	22.00

从农户的分布情况来看（图 7-8），2003—2018 年，为满足生活性需求和生产性需求借贷的农户比例整体上相差不大，分别为 42.16%和

44.26%。不过从时间序列上来看，在观察期初，农户大多是出于生产性目的而借贷（46.31%），比出于生活性目的借贷的农户比例高 14.77 个百分点。但从 2015 年开始，后者的比例大幅跃升至超过 50%，并在后续几年中不断增加，到 2018 年达到了 68%，与 2003 年相比增加了 1.16 倍。因此，近几年中，浙江农户主要是出于满足生活性需求目的而进行借款，与农户借贷金额的分布情况保持一致。

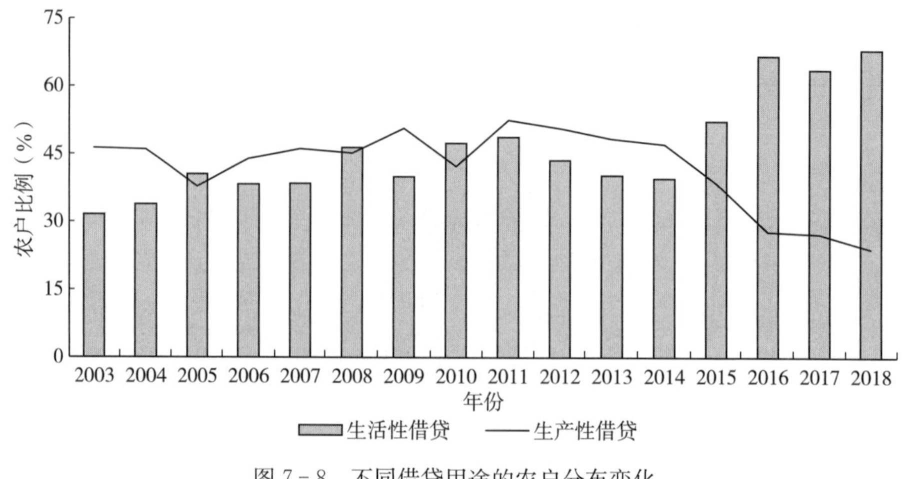

图 7-8　不同借贷用途的农户分布变化

7.2.4　借出和借入的关系

从表 7-9 中可以看出，2003—2018 年既无借出也无借入的农户比例最高，平均为 76.88%。其次为有借入但无借出的农户，其 16 年间的占比平均为 11.76%。同时有借入和借出行为的农户比例很小，仅有 1.42%。纵向上来看，既无借出也无借入的农户比例随时间的推移呈明显上升趋势，从 2003 年的 60.20%上升至 2018 年的 88.71%，增加了 28.51 个百分点。与此同时，既有借出也有借入的农户的占比则在不断下降，从观察期初的 4.80%减至 2018 年的 0.40%。有借出无借入行为的农户和无借出有借入行为的农户比例也均表现为下降趋势，分别从 2003 年的 13.60%和 21.40%降至 2018 年的 6.65%和 4.23%。可见，后者的减少幅度相对更大。同时这一结果一定程度上也表明，农户的借出与借入行为之间是相对独立的，并没有明显的负相关性。综合来看，随着时间的推移，在农户家庭收入普遍增加的背景下，既无借出也无借入的农户比例明显上升，表明浙江十村农户的借贷需求在逐步下降，借贷行为越来越少。且在2016年以后，单向借出的农户比例也已高于只有借入的农户比例。

表7-9　不同借出、借入关系的农户分布

单位：%

年份	有借出有借入	有借出无借入	无借出有借入	无借出无借入
2003	4.80	13.60	21.40	60.20
2004	4.00	14.40	20.60	61.00
2005	3.19	13.17	16.77	66.87
2006	1.00	12.40	18.00	68.60
2007	1.42	10.93	13.56	74.09
2008	0.81	10.95	12.78	75.46
2009	1.00	11.60	10.60	76.80
2010	1.40	12.02	11.42	75.15
2011	0.60	11.04	12.85	75.50
2012	1.00	8.43	11.24	79.32
2013	0.80	7.44	8.65	83.10
2014	0.80	6.22	7.83	85.14
2015	0.60	6.44	7.04	85.92
2016	0.61	6.90	5.68	86.82
2017	0.20	6.68	5.26	87.85
2018	0.40	6.65	4.23	88.71
2003—2018	1.42	9.94	11.76	76.88

7.2.5　不同收入水平农户的借贷

与前文中对农户储蓄的分析类似，同样将观察期内浙江十村的样本农户按家庭纯收入水平从低到高分为低、中低、中等、中高和高的五种类别，以此考察不同收入水平农户的借贷情况。

7.2.5.1 借贷水平之比较

从表 7-10 中可以看出，随着家庭纯收入水平的提高，农户年末的借入额和借出额均呈上升趋势，且各收入组的年末借入水平都显著高于借出水平。但就收入两极农户的借贷行为来看，整体上二者借入水平间的差距远大于借出水平。2003—2018 年，高收入组农户的年末平均借入余额为 47 200.82 元/人，低收入组农户为 6 916.41 元/人，前者是后者的 6.82 倍。而从年末借出水平来看，不同收入组农户间的差距并不太大。16 年间，高收入组农户的年末借出余额平均为 9 926.88 元/人，仅是低收入组农户的 1.95 倍。总体上看，低收入户和高收入户的借贷表现为“低借出、高借入”的特征，高收入组农户的借入水平甚至更高，其 16 年间年末借入与借出额之间的关系达到 4.75 倍，而低收入组农户中二者的关系为 1.36 倍。

不过从时间序列上来看，近年来高收入和低收入农户的借贷行为和特征已有了较大变化。在高收入农户中，其年末借入和借出水平变化趋势与总体的变化趋势基本一致，均在纵向上呈下降趋势，但二者的下降幅度显著不同。2003—2018 年，高收入组农户的年末借入余额由 55 238.10 元/人减至 19 466.06元/人，减少了 64.76%。而其年末借入余额则由47 619.05元/人减至 5 733.03 元/人，减少了 87.96%。后者的减少幅度明显大于前者。因此，其借入和借出间的差距在不断加大，从 2003 年的 1.16 倍增至 2018 年的 3.40 倍。可见，16 年间高收入农户的借贷金额水平整体有显著降低，但其“低借出、高借入”的特征在不断加强。而从低收入农户来看，其年末借入水平在波动减少，但其年末借出余额却呈波动增加的趋势，从 2003 年的 2 857.94 元/人至 2018 年的 10 200.00 元/人，增加了 2.57 倍。因此，16 年间低收入农户借入和借出间的差距反而在不断减小，2003 年为 2.54 倍，而 2018 年已降至零，其借贷行为特征已由观察期初的“低借出、高借入”转变为当前的“高借出、低借入”。

收入两极农户借贷行为呈现的特征与其转变一定程度上或许是因为高收入农户的借贷更多为向银行等金融机构借款的正式借贷，而低收入农户由于在正式借贷中受质押条件等的约束相对更大，因此其借贷多为发生在私人间的借贷行为。在储蓄水平不断增加的基础上，低收入农户

表 7-10 不同收入水平农户的借贷变化

单位：元/人

年份	年末借入余额					年末借出余额				
	低	中低	中等	中高	高	低	中低	中等	中高	高
2003	7 247.72	6 524.66	19 646.15	9 857.14	55 238.10	2 857.94	3 017.12	6 856.92	4 904.91	47 619.05
2004	7 539.16	9 883.44	17 133.80	32 795.46	81 818.18	3 101.97	3 803.13	5 366.20	8 545.45	36 136.36
2005	6 473.04	12 410.26	10 436.78	15 789.47	44 827.59	3 224.08	3 430.13	7 683.91	19 884.21	18 034.48
2006	6 231.65	13 033.78	10 762.14	10 267.86	55 142.86	3 575.95	2 726.35	6 663.11	7 500.00	20 000.00
2007	5 139.46	11 634.48	8 262.63	11 153.85	58 947.37	2 914.61	4 262.07	4 702.02	11 000.00	21 052.63
2008	4 830.40	5 992.81	8 654.55	15 211.27	38 020.83	3 425.81	6 798.56	3 563.64	6 197.18	29 687.50
2009	9 397.85	4 963.49	15 037.04	21 038.34	40 568.85	3 308.06	10 250.00	4 377.78	7 117.65	12 622.95
2010	1 759.49	12 380.00	14 615.39	18 108.11	69 242.42	3 531.65	8 760.00	5 713.29	5 405.41	24 969.70
2011	22 642.86	3 360.47	14 398.44	25 126.87	58 787.23	25 017.86	6 220.93	10 078.13	4 785.60	13 634.77
2012	0.00	27 750.69	9 624.06	20 248.12	73 895.16	6 677.14	2 527.40	4 323.31	11 661.65	5 967.74
2013	15 010.20	3 350.68	18 412.37	23 065.69	46 560.28	8 528.57	5 794.52	2 484.54	5 299.27	8 014.18
2014	13 984.38	553.57	12 593.75	17 790.70	62 836.60	15 417.19	5 535.71	8 890.63	5 589.15	1 176.47
2015	704.23	11 857.14	7 968.42	16 836.57	55 470.95	3 549.30	5 285.71	2 421.05	6 082.09	5 702.70
2016	1 666.67	255.32	9 130.95	6 080.00	47 758.79	11 600.00	5 957.45	2 083.33	9 820.67	4 532.97
2017	7 142.86	769.23	1 388.89	9 448.98	27 524.04	8 750.00	3 342.31	2 944.44	3 605.44	8 966.35
2018	0.00	1 020.41	2 432.43	7 065.57	19 466.06	10 200.00	14 285.71	4 364.86	2 278.69	5 733.03
2003—2018	6 916.41	8 822.71	11 508.79	16 027.88	47 200.82	5 094.24	5 364.29	5 242.78	6 799.90	9 926.88

的借入需求在逐步减少，可借出能力在不断增强。另外，高收入农户的借贷可能更多为生产性借贷，因此在资金投入流转的过程中，其借入需求金额整体相对较高，而低收入农户借款可能更多是为满足生活性需要。为了验证这一说明，下文将进一步比较不同收入农户借贷来源和借贷用途的差别。

7.2.5.2 借贷来源之比较

从表 7-11 中可以清楚地看出，整体上随着收入水平的提高，借贷农户中选择向私人借贷的比例在降低，即确实是低收入农户更依赖私人借贷，验证了前文中的推测。2003—2018 年，低收入组有借贷行为的农户中向私人借贷的比例平均为 70.03%，而高收入组只有 45.16%，说明高收入农户相对更容易、因此也更多地向银行等正式金融机构进行借贷。不过值得注意的是，在时间序列上，随着高收入农户借款水平的不断下降，其向私人借贷的比例在不断增加。2015 年起，高收入借贷农户中向私人借贷的农户已超过半数，其占比 2018 年为 66.67%，与 2003 年的 20.00%相比增加了 2.33 倍。这一结果表明，当农户需要借款的金额相对较低时，高收入农户的借贷需求也会主要通过私人借贷来满足。不过与低收入农户选择私人借贷的原因不同，高收入农户的这一行为并不是受到借贷资质和条件限制的无奈之举，而应是其的主动选择和倾向。因为与银行等金融机构的正式借贷相比，私人借贷不需要烦琐的申请手续、审核流程和等待周期，相对更方便、快捷。

此外，从私人借款中的付息情况来看，整体上随着收入水平的提高，农户私人借贷中无息部分的比重也在增加。2003—2018 年，低收入农户私人借款中的无息部分占比平均为 45.92%，而高收入农户则达到 74.23%。这表明即便是在银行等金融机构之外的非正式借贷中，农户借贷的利息支付情况也与其自身经济实力存在一定相关性。高收入农户有其自身经济条件做“隐形”背书和担保，其私人借贷应多发生在朋友、熟人之间，以人情关系为基础，因此多为“人情债”，需要支付利息的情况较少。而低收入农户则有所不同，其在家庭生活或经营发展遇到困境时，由于缺乏相应的有形资产或无形的信誉担保，不仅很难获得正式金融机构的信贷，即便是民间的私人借贷，可能更多也只能从高利贷或其他类似渠道

表 7-11 不同收入水平农户的借贷来源及付息情况变化

单位:%

年份	年内向私人借贷的农户占比					年内私人借入款中的无息部分				
	低	中低	中等	中高	高	低	中低	中等	中高	高
2003	64.47	60.00	66.67	55.56	20.00	48.87	47.17	23.59	59.70	0.00
2004	68.97	55.00	63.64	84.62	33.33	58.73	30.71	31.73	19.25	9.09
2005	65.22	44.44	85.71	60.00	40.00	50.38	50.03	42.37	51.61	60.00
2006	78.57	55.26	56.25	50.00	0.00	63.97	43.69	57.05	98.07	—
2007	79.17	53.85	56.25	75.00	38.46	59.86	74.39	49.69	38.46	44.00
2008	84.21	80.77	58.82	54.55	27.27	66.44	72.00	59.90	53.57	62.96
2009	90.00	76.00	57.89	44.44	41.67	29.37	87.05	26.33	0.00	35.22
2010	83.33	76.47	60.00	50.00	50.00	100.00	45.93	49.37	79.10	70.01
2011	87.50	100.00	80.00	45.45	42.86	31.10	36.58	13.41	43.98	57.65
2012	—	92.86	82.35	52.94	34.78	—	7.59	44.53	61.12	42.64
2013	50.00	85.71	90.00	53.33	36.36	2.84	16.10	87.76	66.00	64.05
2014	66.67	100.00	33.33	63.64	48.00	65.63	100.00	37.50	80.95	81.55
2015	33.33	83.33	75.00	37.50	65.22	100.00	33.70	16.22	100.00	62.93
2016	0.00	66.67	80.00	60.00	68.18	—	3.31	78.57	100.00	99.60
2017	0.00	100.00	100.00	71.43	50.00	—	100.00	100.00	69.56	78.60
2018	—	0.00	100.00	50.00	66.67	—	—	100.00	100.00	100.00
2003—2018	70.03	64.69	68.02	56.22	45.16	45.92	41.50	42.85	58.31	74.23

注:"—"是因为农户当年内没有借入行为。

获得借款，因此付息的情况相对更多，这也是他们的无奈之举。低、中低和中等收入水平农户私人借贷中无息部分的比例在纵向上的变化也从反面说明了这一点。随着低收入农户储蓄水平的不断提高，近年低收入农户私人借贷中的无息部分似乎才有所增加。

综上，一个值得思考的问题是，如何更好地利用好政策性贷款工具来实现助农扶贫。政策性扶持贷款的资金额度通常不高，可是从上文分析中可见，收入较高农户的小额借贷需求更多的也是通过私人借贷来满足，因为这样对他们更方便、快捷。而相对更需要此类扶持资金的、收入较低的农户又往往受限于正式借贷的资质和担保等条件无法顺利申请，或是由于不能及时了解到相关政策信息而未曾申请。可见，小额度的政策扶持性贷款与其本意想要支持、且自身也真正需要的目标群体间会存在一定错配。因此，对此类政策性扶持贷款，有必要思考并设置相对更灵活的申领条件和行为规范机制，使扶持资金更有效地抵达更需要的人手中，从而更好地实现助农扶贫的政策目标。

7.2.5.3 借贷用途之比较

如表 7-12 所示，与从前文结果中推测的一致，不同收入水平农户的借贷用途存在明显差异，低收入农户借款更多是为满足生活性需要，而高收入农户则更多是出于生产性借贷的目的。2003—2018 年，低收入组中生活性借贷的农户比例最高，平均为 50.51%，而高收入组则为 39.52%，前者是后者的 1.28 倍。因此，生产性借贷的情况与此相反，高收入组中的农户比例显著高于低收入组。不过从纵向上来看，高收入农户组中生活性借贷的农户比例呈波动增加趋势，2018 年已达到 60.00%，而在观察期初的 2003 年仅有 20.00%。可见，近年来高收入农户的借款行为也已变为以满足生活性需要为主，或许也正因为如此，其借贷水平也在近年来不断降低。

进一步地，从生产性借款中的资金分布来看，低收入农户用于农业生产的比例也相对更高，16 年间平均为 28.14%，而高收入农户为 23.68%。这一结果一定程度上可以说明高收入农户的借款主要投向非农产业，而低收入农户的生产性借款相对更多地用于传统农业。因此，若从政策导向上考虑，同样如上文所述，政府在通过金融、信贷服务来支持农业发展时，应更多考虑到对收入相对较低农户的专项扶持。

表7-12　不同收入水平农户的借款用途变化

单位：%

年份	生活性借贷的农户比例					生产性借贷中用于农业的金额比例				
	低	中低	中等	中高	高	低	中低	中等	中高	高
2003	39.47	31.43	12.50	22.22	20.00	28.52	40.70	1.51	0.00	0.00
2004	53.45	27.50	13.64	7.69	16.67	45.15	18.38	5.52	7.91	40.00
2005	58.70	30.56	35.71	10.00	20.00	60.11	6.08	1.84	10.91	0.00
2006	64.29	47.37	0.00	14.29	27.27	64.36	25.08	3.31	0.00	22.50
2007	58.33	34.62	43.75	25.00	15.38	58.26	32.40	0.00	16.82	18.63
2008	52.63	73.08	29.41	18.18	27.27	37.43	75.61	8.20	0.00	21.24
2009	60.00	40.00	36.84	22.22	41.67	71.76	28.13	27.54	70.42	42.24
2010	66.67	58.82	32.00	37.50	64.29	34.78	37.82	13.61	12.50	1.61
2011	25.00	77.78	55.00	45.45	42.86	1.57	8.84	2.78	15.05	53.55
2012	—	57.14	52.94	35.29	34.78	—	3.41	7.25	36.74	24.29
2013	25.00	71.43	60.00	53.33	18.18	100.00	0.00	0.47	29.58	9.29
2014	33.33	100.00	33.33	63.64	28.00	71.43	—	56.25	0.00	35.73
2015	33.33	83.33	50.00	37.50	52.17	0.99	0.00	0.00	40.00	65.40
2016	100.00	33.33	100.00	80.00	59.09	—	0.00	—	100.00	2.68
2017	100.00	100.00	75.00	71.43	55.00	—	—	100.00	0.00	0.75
2018	—	100.00	66.67	83.33	60.00	—	—	100.00	0.00	0.00
2003—2018	50.51	45.10	35.14	36.22	39.52	28.14	18.98	9.74	23.25	23.68

注："—"是因为农户当年内没有借入行为。

7.3　投资行为

改革开放以来，中国的金融业逐步从以单 、传统的存贷款功能为主要业务的银行体系发展为适应市场经济发展要求的、包括银行、证券、保险在内的现代化金融服务体系，在中国经济的飞速增长中发挥了重要作用。随着各类金融产品和服务的不断发展和完善，居民在资本市场中投资来进行财富管理、实现家庭资产保值增值的理念和行为变得越来越普遍，传统的银行储蓄已不再是配置节余财产的唯一选择和方式。但相对城市居民而言，农村居民的投资行为，如购买基金、债券等整体上还相对较少（彭小辉等，2017）。本节即以浙江省为例，考察十个观察村样本农户的家庭外投资情况，以对近十几年来中国农户投资行为的变化历程和现状有一个基本的了解和认识。

从图 7－9 来看，2003—2018 年，浙江十村农户整体的家庭外投资水平的均值为 16 223.68 元/户，并在时间序列上有波浪形小幅增加，2018 年为 12 237.90 元/户，与观察期初的 6 649.25 元/户相比增加了 84.05%。若单看有家庭外投资的农户，其投资水平更高、在时间序列上的增长幅度更大。16 年间，投资农户的年末投资余额平均为 295 441.80 元/户，从 2003 年的 123 134.30 元/户至 2018 年的 607 000 元/户，相比增长了 3.93 倍，平均每年增加 11.22%。不过与此同时，投资面的变化却正好相反，在纵向上明显波动下降。2003 年，投资农户在总体中的占比为 5.40%，至 2007 年增长至最高点，达到 8.10%。应是由于全球金融危机的冲击影响，之后开始持续减少，2012 年起才有所缓和，小幅反弹增长至 2016 年后再次大幅下降。2018 年已降至 2.02%，与 2003 年相比减少了一多半。综合来看，可以发现整体上浙江十村农户的投资水平还相对较低，投资面也相对不大，但农户投资行为表现出越来越明显的两极化趋势，即小额投资的农户在减少甚至退出家庭外投资，少数投资农户的投资规模却在不断增加。

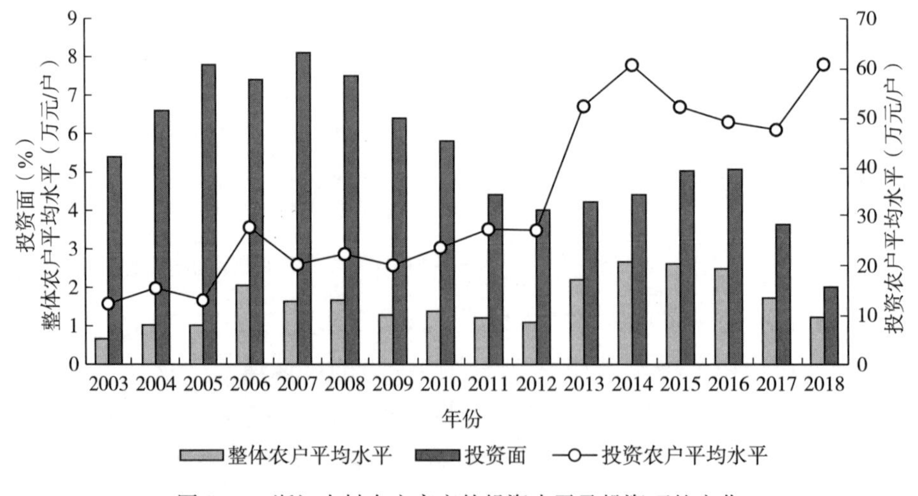

图 7－9　浙江十村农户家庭外投资水平及投资面的变化

从不同收入水平的农户家庭外投资情况来看（图 7-10），随着家庭收入水平的提高，农户的年末投资余额呈指数型上升。16 年间高收入农户的平均投资水平达到 52 907.45 元/户，而低收入农户平均仅为1 729.12元/户，前者是后者的整整 30 余倍。可见不同收入水平农户投资水平的差距之大。从投资面来看，同样如此。2003—2018 年，高收入农户中有家庭外投资的农户占比平均为 11.44%，而低收入农户组的这一比例仅有 2.14%，前者是后者的 5.36 倍。不同收入农户间的这种不平衡性再次印证了农户整体中投资行为的两极化趋势。

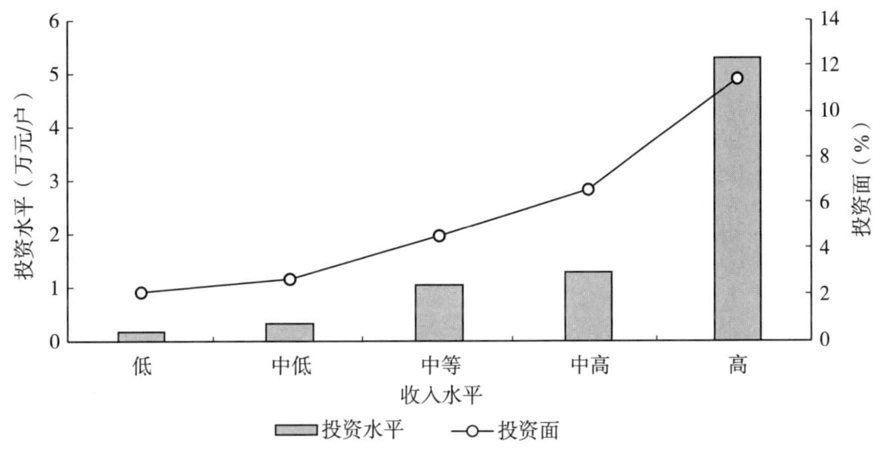

图 7-10　不同收入水平农户的家庭外投资行为变化

7.4　小结

本章中详细梳理和考察了 2003—2018 年浙江十村农户储蓄、借贷及投资的金融行为。研究发现，在家庭收入不断增加和积累的基础上，农户整体的存款金额也呈现出持续增长的趋势，不过其越来越依赖线上服务渠道，网上银行、手机银行等电子服务的使用在增多。不过与此同时，农户的储蓄面却在不断缩小。进一步地，不同收入水平农户的储蓄行为存在较大差异。纵向上，低收入农户储蓄在不断增加，而高收入农户的储蓄在不断减少，不同收入水平农户间人均存款额和储户比例的差距均在不断缩小。主要的原因在于：一方面，高收入农户依赖传统存款储蓄手段赚取利息收入的投资动机减弱，更多的只是将其作为预防性的流动现金储备，以备不时之需；另一方面，高收入农户在传统储蓄外，相对有更多的收益更高的金融资产管理工具可选择，如黄金、证券、房产投资等。此外，不同文化水平、不同家庭负担程度农户的储蓄行为间也存在较大差异。随着家庭主要劳动力受教育时长的增加，农户储蓄水平整体上呈“N”形增长趋势。储蓄面的变化则与整体保持一致，各文化水平农户组中有存款的农户占比均在纵向上呈下降趋势。而随着家庭负担的增加，农户的储蓄水平在不断降低，储户的占比则在不断增加，家庭负担最重的农户群体的储蓄行为呈现出高普及和低水平的特点。因为负担愈重的家庭，其生活必需的开支越大，可剩余积累的财产越少。也正因为如此，他们会相对更注重储蓄行为，以应对未来的不确定风险。所以，在当前制定激发居民消费的相关政策时，为了更有效地找准着力点，有必要考虑到高负担下农户储蓄行为的这一特征。因为随着老龄化的不断加重，可预计中国农村家庭的负担程度将进一步加大。

从农户的借贷情况来看，整体上，随着收入水平的不断增长，近些年来浙江农户的借款行为和金额变得越来越少，农户的借贷需求在逐步下降。从借款来源来看，私人借贷在浙江十村农户中相对更普遍，但其资金规模相对偏小。而向正式机构借贷的农户规模虽然相对较小，但农户从其借出的资金规模相对较大。不过农户在还款时普遍会优先偿还正式金融机构，因为相比之下，私人借贷的偿还期限的弹性空间会相对更大。近年来，浙江农户借贷的主要用途已从满足生产性需要转变为满足生活性需要。

进一步从不同收入农户的借贷情况来看，随着家庭纯收入水平的提高，农户年末的借入额和借出额均呈上升趋势，且各收入组的年末借入水平都显著高于借出水平。从纵向上来看，2003—2018 年高收入农户的借贷金额水平整体有显著降低，但其“低借出、高借入”的特征在不断加强，而低收入农户的借贷行为特征则由观察期初的“低借出、高借入”转变为观察期末的“高借出、低借入”。从借贷来源的比较来看，整体上低收入农户中私人借贷的程度相对更高。不过时间序列上，随着高收入农户借款水平的不断下降，其私人借贷的比例在不断增加，私人借贷目前已成为其主要借款来源。不过与低收入农户不同，高收入农户选择私人借贷并不是受正式金融机构借贷条件约束的无奈之举，而应是其基于方便性考量后的主动选择。从借贷用途来看，低收入农户更多是为满足生活性需要，而高收入农户则更多是生产性借贷，不过低收入农户的生产性借款会更多用于传统农业。因此，从政策导向上考虑，有必要进一步研究开发申领条件和行为规范机制相对更灵活的政策性小额信贷扶持产品，以减少贷款实际申请发放中与更需要的、低收入目标群体间的错配，从而更有效地实现助农扶贫的政策目标。

从农户的投资行为来看，整体上浙江十村的农户投资水平和投资普及程度还比较低，但农户投资行为两极化趋势和不平衡性在不断加剧，即小额投资的农户在减少甚至退出家庭外投资，少数投资农户的投资规模却在不断扩大。具体地，不同收入水平农户的投资行为存在较大差异，低收入家庭的投资水平很低、投资面也很小。

参考文献

彭小辉，王玉琴，史清华，2017. 山西农家行为变迁：1986—2012［M］. 北京：中国农业出版社.

朱信凯，刘刚，2009. 二元金融体制与农户消费信贷选择——对合会的解释与分析［J］. 经济研究，44（2）：43-55.

史清华，卓建伟，2003. 农户家庭储蓄借贷行为的实证分析——以山西农村203个农户的调查为例［J］. 当代经济研究（8）：52-58，73.

万广华，史清华，汤树梅，2003. 转型经济中农户储蓄行为：中国农村的实证研究［J］. 经济研究（5）：3-12，91.

第 8 章　家计粮食平衡

"仓廪实、天下安"，对国家而言，粮食安全一直以来都是治国理政的头等大事，是关系国家安全稳定、长治久安的"压舱石"。而对于微观个体来说，"手中有粮，心中不慌"。能够年年粮满仓、吃饱饭，不用寅吃卯粮、为温饱担忧，实现家庭粮食生产和消费的自我平衡也是几千年传统农业社会中农民们最朴素的生活愿望。因此，家家存米、户户储粮几乎是长期以来农民们普遍的行为习惯。即便是新中国成立以后，在 20 世纪 80 年代中期以前，粮食的自由交易也是被严格禁止的，农户仍是通过自我储备来保障家庭的粮食安全（柯炳生，1997）。而如前文中所述，随着经济的快速发展，浙江十村农户的生产方式已发生巨大变化，非农化经营的趋势不断加强，其生活方式也随之发生相应转变。因此，本章从最基础、最重要的粮食入手，考察新时期农户家庭粮食的收支平衡是如何实现的、传统的储粮行为发生了怎样的变化，从而对当前微观层面粮食安全的自我保障程度形成必要的认识和了解。

8.1　农户家庭粮食收支平衡

从粮食的收支情况来看（表 8－1、图 8－1），自 2003 年以来，浙江十村农户粮食的年内收入量和支出量均呈持续减少趋势，分别从户均 590.54 千克和 698.37 千克降至 2018 年的 443.20 千克和 442.99 千克，各自减少了 24.95％和 36.57％。与此同时，二者间的差额也在不断缩小。在观察期初的 2003 年，农户粮食的年内净支出为 107.83 千克，到 2018 年则变为－0.21 千克。可见，随着时间的推移，浙江十村农户家庭的粮食收支结构在 16 年间已发生较大变化，由当年的粮食支出部分尚需要依靠上一年的粮食储备转变为在当年内即可实现粮食收支平衡。这一变化从侧面表明浙江十村农户的储粮行为已发生显著变化，其家庭粮食储备量（或自备量）不断下降，到目前已几乎不再进行粮食自储。从农户家庭年末粮食结存量的变化中可以更直观、清楚地看到这一点。2003年，浙江十村农户粮食的年末结存量为户均321.59千克，之后便不断减少，到2018年已仅剩27.91千克，与观察期初相比下降了91.32%。从农户家庭粮食收入来源的结构来看，虽然整体上浙江十村农户的粮食在观察期初便已主要来自购入，但16年间其占比还在不断增加。2003年时，农户粮食来源中购入的比例约为2/3，而到2018年则提高至95.97%，增加了30.03个百分点。与此相对应地，自产的份额则从2003年的30.44%持续减少，到2018年已仅剩4.03%。

表8-1　浙江十村农户家庭粮食收支及结存

单位：千克

年份	年初结存	年内收入	收入来源占比（%）		年内支出	支出用途占比（%）				年末结存
			自产	购入		口粮	出售	留种	饲料	
2003	429.42	590.54	30.44	65.95	698.37	92.07	2.91	0.17	2.31	321.59
2004	305.13	643.76	29.63	67.28	647.91	92.50	2.88	0.18	1.77	300.98
2005	297.69	598.37	26.59	71.24	652.09	92.79	3.41	0.19	1.80	243.97
2006	239.18	592.45	22.88	76.71	607.03	93.90	2.80	0.10	1.38	224.60
2007	227.82	530.71	20.68	78.57	565.69	94.73	1.69	0.10	1.77	185.47
2008	193.11	574.36	17.84	81.38	577.24	96.23	1.70	0.06	0.87	181.56
2009	175.22	543.58	15.43	84.30	589.05	96.91	2.01	0.03	0.55	129.76
2010	124.22	548.55	14.99	84.74	554.45	96.88	2.01	0.03	0.65	118.32
2011	120.52	563.36	15.41	84.39	575.27	95.84	2.84	0.03	0.94	108.62
2012	100.92	526.73	13.17	86.57	562.33	96.70	2.55	0.01	0.61	65.32
2013	64.70	582.78	9.80	89.91	581.67	96.44	2.42	0.01	0.78	65.81
2014	62.26	507.16	7.42	91.55	517.72	95.86	2.23	0.00	0.16	47.88
2015	44.46	543.01	5.79	93.76	552.90	95.81	1.98	0.00	1.20	38.50
2016	38.26	522.99	3.38	96.62	524.88	98.44	0.98	0.01	0.29	36.36
2017	36.38	504.04	3.11	96.59	509.37	97.24	1.21	0.01	1.45	31.05
2018	27.69	443.20	4.03	95.97	442.99	98.85	0.81	0.00	0.00	27.91
2003—2018	155.75	551.09	15.07	84.07	572.62	95.67	2.16	0.06	1.04	133.23

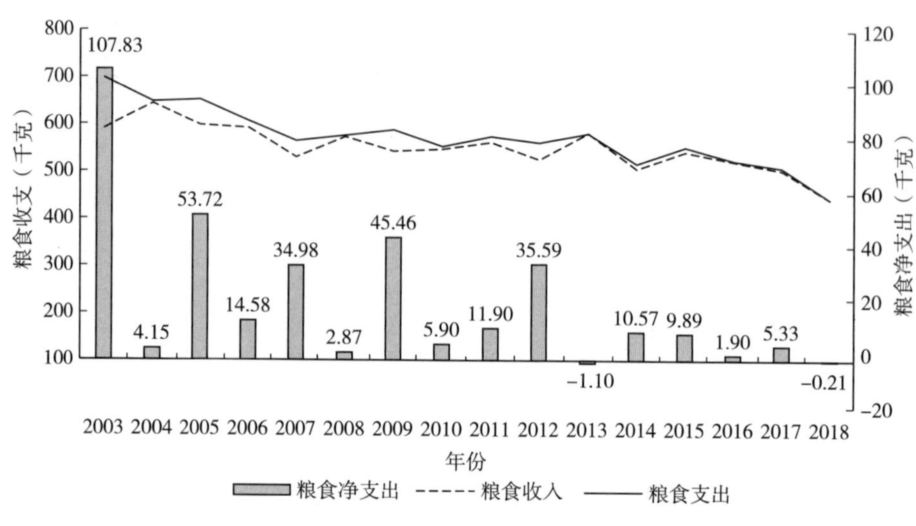

图 8-1　浙江十村农户家庭年内粮食收支水平及净收入变化

从前文的分析中可知，在粮食种植的比较收益越来越低的现实情况下，2003—2018 年浙江省粮食的播种面积和种植频次均在不断减少。一方面，不少粮食作物被经济作物替代；另一方面，随着城镇化的发展和推进，不少农户也已不再进行传统农业生产，变为以外出务工或家庭非农经营为主。因此，浙江农户粮食收入中的自产比例便不断下降，家庭粮食保障到目前已基本变为与城镇居民一样，完全依赖市场采购。如表 8-2 所示，各村庄农户家庭粮食收入中购入的占比变化更清楚地展示了农户粮食需求对市场依赖程度不断加深的历程。对于早在 2003 年大多数农户即已基本不从事家庭农业生产的西蜀阜村、庙堰村和金后村，其家庭年内粮食收入便基本来自购入，占比分别为 82.93%、95.74%和 83.97%。到 2018 年均不再有从事家庭农业生产的人口后，三村粮食来源也变成基本完全依赖市场购买。对于在 2003—2018 年劳动力人口不断从务农转向务工的永丰村、河边村和余北村，伴随其城镇化进程的推进，其农户家庭粮食收入中购入的比例同步呈现不断增加的趋势。观察期初，永丰村、河边村和余北村购入粮食占比分别为 22.25%、43.98%和 60.04%。到 2018 年，永丰村增加了 67.23 个百分点，达到 89.48%，河边村和余北村则均已实现粮食百分之百从市场购买。除了上述劳动力就业逐步或早已非农化的村庄外，即便是石板堰这样始终以务农为主的村庄，其农户家庭粮食收入对市场的依赖程度也在大幅增加。2003 年该村农户粮食中购入的比例仅有 35.04%，2015 年便达到百分之百并一直持续至 2018 年。

进一步地，从农户家庭粮食的支出结构来看，同样与浙江十村农户传统农业生产经营越来越少、粮食收入主要依赖外购的现实相对应，农户的粮食支出在 2003 年便主要为用于家庭的口粮消费，占比为 92.07%，之后进一步不断增加，到 2018 年达到 98.85%。与此同时，观察期初少量用于出售、留种和饲料的粮食份额则随着农户非农化程度的加深而减少。其中，用于出售的粮食比例从 2003 年的 2.91%降至 2018 年的 0.81%，用于饲料的粮食份额则在 2018 年已降为零，而用作种子的部分，更是从 2014 年起便基本不再有了。

综上所述，目前浙江十村农户的家庭粮食已基本来源于市场采购，很少量的自我生产的粮食产出也主要是用于家庭的口粮消费，而非商品化销售或农业再生产的留种和饲料。这一特征再次表明，浙江农户的生产生活方式已不再是传统自给自足的小农模式，而是和城镇居民一样，基本高度依赖市场，家庭的粮食安全已不再主要靠自我生产和储备来保障。因此，从粮食收支的这一特征出发，也可以讲，浙江农户已基本实现了城镇化。

表 8-2　各村农户家庭年内粮食收入中的购入占比

单位:%

年份	龙上	永丰	余北	西蜀阜	庙堰	新民	金后	鹁鸪门	河边	石板堰
2003	60.35	22.25	60.04	82.93	95.74	82.47	83.97	100.00	43.98	35.04
2004	61.14	16.75	63.26	86.53	92.00	73.67	82.00	100.00	53.41	42.84
2005	71.21	15.92	66.96	92.00	97.96	62.03	80.00	100.00	58.02	65.96
2006	78.57	25.12	70.98	97.93	96.39	65.55	81.63	90.79	63.19	93.75
2007	79.83	31.12	73.70	99.93	96.55	62.41	85.71	100.00	62.23	89.42
2008	88.25	39.50	76.08	99.93	96.00	58.91	91.84	100.00	65.05	95.69
2009	90.52	48.11	76.27	100.00	95.92	62.10	100.00	100.00	71.04	95.92
2010	90.53	53.48	76.68	100.00	100.00	57.06	96.00	100.00	72.70	98.00
2011	90.85	52.37	68.71	100.00	96.00	58.52	98.00	100.00	79.61	97.96
2012	90.73	60.21	86.99	98.00	93.75	57.80	100.00	97.96	80.57	97.38

（续）

年份	龙上	永丰	余北	西蜀阜	庙堰	新民	金后	鸦鹄门	河边	石板堰
2013	92.59	82.84	77.68	100.00	100.00	65.11	99.66	100.00	80.81	98.00
2014	98.04	85.94	86.52	100.00	91.67	71.25	96.57	100.00	85.11	98.00
2015	92.88	83.98	88.89	100.00	99.65	74.64	99.18	100.00	94.48	100.00
2016	96.29	94.03	96.21	100.00	100.00	80.06	100.00	100.00	98.64	100.00
2017	95.03	94.33	100.00	100.00	95.92	82.95	100.00	100.00	97.44	100.00
2018	92.57	89.48	100.00	100.00	97.87	84.94	98.00	100.00	100.00	100.00
2003—2018	85.49	55.98	77.82	97.50	96.59	68.69	93.32	99.31	75.50	87.97

8.2 家庭粮食安全储备程度

上文主要考察了各年浙江十村农户家庭粮食收支结构的变化情况，发现整体上农户的粮食供给已基本依赖市场采购，而不再是传统的以自产为主。本节中，我们进一步更具体地分析农户家庭粮食储备行为和储备程度的变化情况，以此考察微观层面粮食安全的自我保障程度。

8.2.1 储粮农户比例

从图 8-2 来看，整体上，浙江十村中年末有储粮的农户比例在持续减少。在观察期初的 2003 年，85.80%的样本农户在年末有粮食结存。而到了 2018 年，这一比例已下降到 56.05%，减少了近 30 个百分点。进一步从口粮的储备来看，相关农户占比相对更小，减少幅度也更大。2003 年，口粮储备农户在整体样本中的占比为 80.20%，2018 年则下降至 34.88%，减少幅度达 45.32 个百分点。进一步分村庄来看（表 8-3），纵向上基本与整体趋势一致，大多数村庄中储粮农户的比重同样表现为逐步减少。但横向上，各村储粮农户的占比水平存在较大差异。如龙上村、永丰村，在观察期初，其农户普遍在年底还有一定储粮，但到 2018 年便已基本不再有。而西蜀阜、金后、鸦鹄门等村庄的农户一直以来在年底均有一定的粮食结存，且 2018 年依然如此。不同村庄农户储粮行为习惯的差异可能与曾经的饥荒经历、收入水平、市场经济发展历程等多种因素相关，具体需要通过进一步的针对性调研来研究。

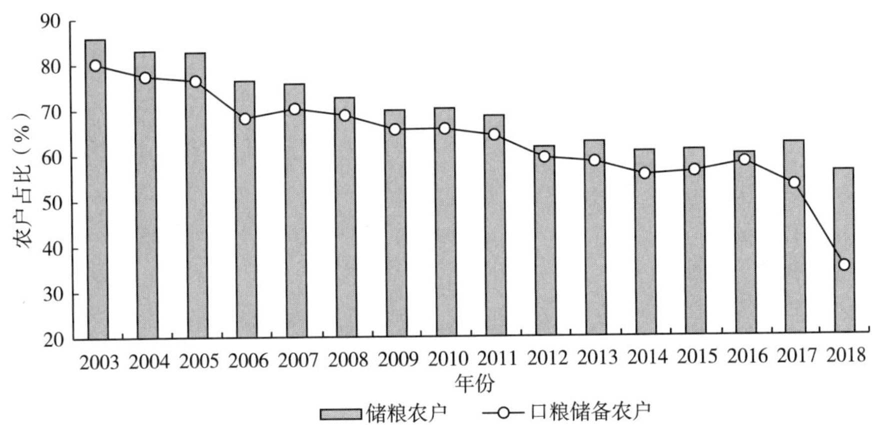

图 8-2　浙江十村年末储粮农户和口粮储备农户占比变化

表 8-3　各村年末储粮农户占比

单位：%

年份	龙上	永丰	余北	西蜀阜	庙堰	新民	金后	鹁鸪门	河边	石板堰
2003	62.00	100.00	78.00	66.00	98.00	98.00	100.00	100.00	68.00	88.00
2004	56.00	100.00	78.00	62.00	100.00	92.00	98.00	100.00	66.00	78.00
2005	48.00	100.00	74.00	100.00	98.00	88.00	96.08	100.00	66.00	56.00
2006	34.00	90.00	74.00	100.00	100.00	90.00	92.00	74.00	52.00	58.00
2007	18.00	86.00	78.26	100.00	100.00	81.63	98.00	100.00	46.00	48.98
2008	0.00	70.00	71.74	100.00	100.00	86.00	97.96	100.00	50.00	48.98
2009	2.00	56.00	64.00	100.00	98.00	88.00	98.00	100.00	42.00	50.00
2010	0.00	50.00	73.47	100.00	96.00	88.00	98.00	98.00	46.00	52.00
2011	2.00	52.00	60.42	100.00	100.00	80.00	98.00	100.00	42.00	50.00
2012	2.00	2.00	0.00	96.00	96.00	77.55	98.00	98.00	36.00	50.00
2013	0.00	6.00	60.42	100.00	98.00	78.00	98.00	100.00	38.00	50.00
2014	0.00	2.00	56.25	100.00	92.00	78.00	96.00	100.00	32.00	50.00
2015	0.00	0.00	59.57	100.00	98.00	76.00	100.00	100.00	26.00	50.00
2016	0.00	0.00	64.44	98.00	94.00	72.00	100.00	100.00	20.41	50.00
2017	0.00	0.00	65.22	100.00	96.00	78.00	100.00	100.00	24.49	58.00
2018	0.00	0.00	23.91	100.00	88.00	88.00	100.00	100.00	10.20	48.00
2003—2018	14.05	44.63	65.36	95.12	97.00	83.71	98.00	98.13	41.66	55.39

8.2.2 储粮可用时长

我们首先用农户家庭年末粮食结存量与当年粮食消费量的比值来衡量农户粮食的储备程度。整体上看，虽然如前文中所述，2003—2018年浙江十村农户家庭粮食消费量在持续减少，但与此同时，农户家庭年末全部粮食存量的可用时长也在持续、快速地减少（表8-4）。2003年，农户年末的全部储粮可供消费6.39个月，而到2018年，其年末储粮已仅够用0.60个月。这一时长与观察期初相比减少了90.61%，平均每年的减少幅度达14.59%。可见，农户储粮可用时长的大幅缩短主要还是因为储粮行为习惯的改变，而不是粮食消费习惯的改变，即农户粮食储备量比消费量的减少幅度更大。若只看口粮，浙江十村农户年末储粮可用时长的减少幅度相对更大。2003年，农户年末的口粮结存约为当年5.87个月的消费量。而到2018年，年末口粮结存量已仅够家庭消费0.32个月，即10天左右，与2003年相比减少了94.55%，平均每年减少17.63%。

进一步地，若只考察有储粮行为的农户，其全部储粮和口粮结存的可用时长均高于整体水平。2003—2018年，有储粮农户年末全部储粮和口粮的可用时长平均为3.94个月和3.69个月，比总体样本中的平均时长分别高1.18个月和1.34个月。但从纵向上来看，仍呈现为大幅、持续减少的变化趋势，分别从2003年的7.45个月和7.32个月减少至2018年的1.07个月和0.92个月，减少幅度为85.65%和87.38%，平均每年减少12.14%和12.89%。可见，时间序列上有储粮农户储粮可用时长的减少幅度略低于整体，一定程度上表明农户的储粮行为有一定的惯性特征。

分村庄来看（表8-5），各村农户储粮的可用时长间同样存在一定差异，但在时间序列上基本均表现为持续减少趋势。在观察期初，新民村、永丰村农户年末的粮食储备程度相对较高，可用时长分别为22.37个月和13.74个月。储粮最少的为鹁鸪门村，可用时长仅为0.42个月，不过除此个例外，其他村都有可供消费2个月以上的粮食存量。到2018年，各村农户储粮的可用时长基本均有大幅减少，年末存粮程度最高的变为新民村和西蜀阜村，不过也只够消费一个多月。在其余仍有存粮的观察村中，平均可用时长最短的为河边村，其农户年末全部存粮仅为当年家庭粮食消费一周的数量。而龙上村和永丰村则分别从2013年和2015年起就不再有存粮。

表8-4　浙江十村农户年末储粮可用时长（a）

单位：月

年份	总体		有储粮农户	
	全部存粮	口粮结存	全部存粮	口粮结存
2003	6.39	5.87	7.45	7.32
2004	6.06	5.42	7.31	7.01
2005	4.78	4.20	5.76	5.50
2006	4.17	3.66	5.42	5.32
2007	3.68	2.92	4.82	4.13
2008	3.71	3.35	5.02	4.78
2009	2.46	2.14	3.45	3.19
2010	3.89	2.11	3.57	3.17
2011	3.75	1.91	3.78	2.95
2012	2.46	1.26	2.63	2.13
2013	2.04	1.26	2.46	2.15
2014	2.45	0.99	1.97	1.76
2015	1.34	0.79	1.59	1.40
2016	1.17	0.71	1.38	1.20
2017	0.78	0.59	1.26	1.12
2018	0.60	0.32	1.07	0.92
2003—2018	2.76	2.35	3.94	3.69

注：表中各储粮可用时长的计算以农户家庭当年粮食消费量为基准，如全部存粮可用时长＝家庭年末粮食结存量/当年家庭粮食（原粮）消费量×12。

表8-5　各村农户年末储粮可用时长

单位：月

年份	龙上	永丰	余北	西蜀阜	庙堰	新民	金后	鹁鸪门	河边	石板堰
2003	5.79	13.74	4.01	4.19	2.34	22.37	2.36	0.42	5.46	3.23
2004	4.75	16.19	4.46	2.28	2.26	20.04	1.86	0.28	6.72	1.86
2005	3.96	16.45	4.57	1.16	1.65	10.30	2.62	0.29	5.85	0.98

（续）

年份	龙上	永丰	余北	西蜀阜	庙堰	新民	金后	鹁鸪门	河边	石板堰
2006	2.13	15.89	3.16	1.02	1.27	11.23	2.37	0.48	4.59	0.29
2007	2.37	12.54	3.23	1.02	1.41	8.21	1.51	0.29	5.35	1.27
2008	0.00	10.80	5.55	1.28	1.49	11.22	0.85	0.29	5.22	0.64
2009	0.28	4.76	4.22	1.25	0.84	7.93	0.75	0.30	3.90	0.57
2010	0.00	7.79	3.66	1.47	0.78	7.55	0.45	0.38	3.07	0.54
2011	0.21	7.96	2.35	0.80	0.84	8.96	0.42	0.50	3.42	0.54
2012	0.02	0.15	1.19	0.54	0.94	9.68	0.49	0.58	2.56	0.53
2013	0.00	0.34	1.16	0.44	1.10	9.09	0.44	0.43	2.19	0.53
2014	0.00	0.20	1.12	0.75	0.93	6.16	0.39	0.40	1.70	0.52
2015	0.00	0.00	1.31	0.68	0.99	5.15	0.42	0.31	0.70	0.50
2016	0.00	0.00	2.00	0.76	1.02	3.44	0.34	0.32	0.26	0.51
2017	0.00	0.00	1.29	1.30	0.96	2.39	0.39	0.34	0.60	0.65
2018	0.00	0.00	0.54	1.30	0.95	1.81	0.36	0.40	0.24	0.45
2003—2018	1.25	6.68	2.74	1.27	1.24	9.16	1.00	0.38	3.24	0.85

上述分析中，主要采用家庭粮食消费量来考量农户年末粮食结存的可用时长。但如前文所述，随着经济的不断发展、食物选择的不断丰富，农户家庭的粮食消费的绝对数量在持续减少，肉、蛋、奶等其他食品的消费不断增加。故单纯以粮食消费量来考量农户粮食的储备情况，一定程度上讲是高估了家庭层面粮食安全的自我保障程度。因此，我们进一步将家庭当年肉、蛋、奶等其他主要食品的消费数量折算为原粮量，与粮食消费量相加，计算农户家庭年末粮食结存量可用时长的极限值，以此考察极端情况下农户储粮水平的保障程度。

对其他非粮食物消费量的折算，参考已有研究（梁书民、孙庆珍，2006；钟甫宁、向晶，2012）根据《农业技术经济手册》等确定的各类食物的粮食折算系数（表 8－6），最终计算出的农户储粮的可用时长如表 8－7 所示，可以看出明显低于表 8－4 的数据结果，但整体上仍呈持续、快速下降的趋势。到 2018 年，浙江十村农户年末全部存粮的可用时长将仅有 0.22 个月（即约为一周），与观察期初相比减少了 92.08%，平均每年减少

15.56%。若只考虑年末口粮结存，2018 年其可用时长则只有 0.10 个月（3 天左右），与观察期初相比减少幅度高达 96.24%，平均每年减少 19.65%。可见，在综合考虑除粮食外的肉、蛋、奶等其他主要食物消费的情况下，2003—2018 年农户储粮可用时长的减少幅度相对更大。

表 8-6 各类食物消费量的粮食折算系数

品种	原粮	豆制品	食用植物油	食用动物油、猪肉	牛羊肉、鲜蛋	鲜奶	家禽	水产品
折算系数	1.00	0.70	6.50	4.60	3.60	0.20	3.20	2.00

表 8-7 浙江十村农户年末储粮可用时长（b）

单位：月

年份	总体		有储粮农户	
	全部存粮	口粮结存	全部存粮	口粮结存
2003	2.81	2.55	3.27	3.18
2004	2.66	2.37	3.20	3.07
2005	2.44	1.83	2.50	2.40
2006	1.79	1.53	2.33	2.23
2007	1.59	1.23	2.08	1.74
2008	1.49	1.32	2.01	1.88
2009	1.10	0.96	1.55	1.43
2010	1.25	0.81	1.65	1.22
2011	1.10	0.84	1.59	1.30
2012	0.66	0.50	1.07	0.84
2013	0.64	0.51	1.01	0.87
2014	0.44	0.36	0.72	0.64
2015	0.34	0.29	0.56	0.52
2016	0.29	0.25	0.48	0.43
2017	0.27	0.19	0.44	0.35
2018	0.22	0.10	0.40	0.27
2003—2018	1.17	0.98	1.67	1.54

注：表中各储粮可用时长的计算以农户家庭当年粮食及豆制品、肉、蛋、奶等其他主要食物（详见表 8-6）消费量为基准，如全部存粮可用时长=家庭年末粮食结存量/[当年家庭粮食（原粮）消费量+其他各项食物消费的折算量]×12。

横向来看，农户家庭年末储粮可用时长与其家庭粮食收入中自产比例显著正相关（表8-8），即随着自产比例的提高，农户年末存粮的可用时间加长。具体地，2003—2018年，当年粮食收入中的自产比例在80%以上的农户的储粮可用时间平均可达13.44个月，自产比例在60%～80%的农户储粮可用时间便降至8.95个月，自产比例40%～60%和20%～40%的农户储粮可用时间分别为5.61个月和1.14个月，而自产比例低于20%的农户的年末存粮便只够用0.75个月。不过从纵向上来看，不同自产比例农户储粮的可用时长在时间序列上也基本均呈下降趋势，且自产比例越高的农户下降幅度相对越大。到2018年，即便是自产比例为80%以上的农户，其年末存粮的可用时长也只剩1.35个月，与2003年相比减少了91.10%，每年减少幅度达14.90%。自产比例较低（60%以下）的农户储粮可用时长则相对更短，均已不够一个月。可见，随着非粮化种植，甚至非农经营趋势的不断加强，浙江农户不仅粮食来源对市场的依赖程度在不断加深，储粮意愿等传统农业时期的生活习惯也随着市场经济的发展发生了改变。一般情况下，日常已基本不再会基于家庭粮食安全考虑进行“未雨绸缪”式的刻意储粮①。

表8-8　浙江十村不同粮食自产比例农户的年末粮食结存可用时长

单位：月

年份	粮食收入中的自产比例				
	≤20%	20%～40%	40%～60%	60%～80%	>80%
2003	1.88	1.72	7.50	10.05	15.15
2004	1.52	3.37	4.88	10.37	16.42
2005	1.12	2.26	5.62	8.91	14.81
2006	0.88	1.49	5.52	6.94	15.42
2007	0.87	0.51	4.45	10.65	14.03
2008	0.88	1.20	2.99	7.66	17.99

① 虽然上述结果表明农户已基本不会再进行较大量、长期的粮食储备，但实际生活中，农户的储粮行为可能会在市场价格的波动调节作用下有一定适应性、暂时性的短期调整。如在粮食售价相对较低的时候，暂时增加储存、延缓售卖，在粮价行情较好时减少存粮等。对此，需要进一步对农户一年中各时期粮食销售、结存量的详细调研来进行更细致的研究。

（续）

年份	粮食收入中的自产比例				
	≤20%	20%～40%	40%～60%	60%～80%	>80%
2009	0.77	0.00	7.11	9.94	10.87
2010	0.66	1.63	10.98	7.92	12.91
2011	0.59	2.30	8.73	10.55	13.37
2012	0.52	0.27	0.00	0.32	10.59
2013	0.48	0.00	1.79	6.61	13.27
2014	0.47	0.26	8.00	14.22	9.63
2015	0.49	0.37	0.14	23.08	7.67
2016	0.49	0.00	0.75	9.18	8.80
2017	0.60	1.54	9.47	0.00	6.95
2018	0.54	0.00	0.31	1.50	1.35
2003—2018	0.75	1.14	5.61	8.95	13.44

8.3　小结

综上所述，伴随着经济发展、农户生产方式的转变，浙江十村农户实现家庭粮食收支平衡的行为方式已发生巨大变化。家庭粮食已基本来源于市场采购，而不再是自给自足的传统小农模式。与此同时，农户也已几乎不再进行粮食储备，不仅有储粮行为的农户比例在降低，其年末粮食结存的可用时长也大幅缩短。可以说，正常情况下，当前农户家庭粮食消费已基本上是现买现吃，不会刻意进行较大量、长期的预留储备。因此，基于粮食收支的这一特征也可以讲，浙江农户已基本实现了城镇化。

总之，浙江农户已变为主要利用和依赖市场资源配置来实现自家粮食收支平衡，即和城镇居民一样，家庭粮食安全已基本从自我保障转变为市场保障。因此，政府应对此国情变化有必要的认识和了解，充分意识到当前农产品市场流通渠道和流通网络的重要性，从而进一步加强对其的构建、完善和保障。此外，特别是在发生突发性重大公共安全事件时，更要充分考虑这一现实情况的变化，提早做好城乡区域对粮食等基础生存物资的流通、调运计划，以实现及时配给，减少不必要的恐慌，确保社会秩序稳定有序。

参考文献

柯炳生，1997. 中国农户粮食储备及其对市场的影响［J］. 中国软科学（5）：22-26.

梁书民，孙庆珍，2006. 中国食物消费与供给中长期预测［J］. 中国食物与营养（2）：37-40.

牛若峰，刘天福，1984. 农业技术经济手册［M］. 北京：农业出版社.

钟甫宁，向晶，2012. 城镇化对粮食需求的影响——基于热量消费视角的分析［J］. 农业技术经济（1）：4-10.

第 9 章　名义消费

消费行为是经济学研究中的一个重要问题。进入 21 世纪以来，中国政府一直致力于扩大内需，但中国居民消费偏好始终较低，尽管 2018 年中国最终消费支出对经济增长的贡献率已达到 65.90%（《中国统计年鉴》），但与发达国家相比仍然较低，农村居民消费占总体居民消费的比例也在不断下降（刘雯，2018）。中国是一个农业人口占比较大的国家，农村居民消费既是农村经济持续增长的动力，又是改善民生的方法之一，在新冠肺炎疫情全球肆虐、全球经济保护主义抬头的背景下，启动国内大循环、扩大内需对于拉动中国经济持续健康发展具有重要意义。本章基于浙江 2003—2018 年农村固定观察点农户跟踪观察数据，主要通过描述性统计分析，以农户及其家庭成员的消费行为为重点，探讨浙江农户家庭消费水平、消费结构以及消费行为变迁的过程，为进一步完善促进消费的体制机制、扩大内需提供政策建议。

对于消费的研究，一般地，可以从名义消费和实物消费两个层面展开，这两个层面常常互补，相互映衬。对于农户消费行为的研究，我们分名义消费和实物消费两章进行，本章针对农户名义消费进行研究。

9.1　消费水平及变动趋势

9.1.1　消费水平及变动趋势

从表 9-1 和图 9-1 中可以看出，在整个观察期内（2003—2018 年），浙江农户家庭人均消费水平呈稳步上升趋势，从 2003 年的 8 659.89 元上升至 2018 年的 19 208.01 元，增长了 1.22 倍，年均增长 5.45%，低于人均纯收入年增速 4.58 个百分点。从时间变化看，人均消费增速与国家农业支持政策紧密相关。2004 年的中央 1 号文件时隔 18 年[①]再次聚焦“三农”问题，开始全面实施农业税改革，到 2006 年全面取消农业税，农户收入快速增长，人均消费由 2003 年的 8 659.89 元升至 2006 年的 9 111.38 元；经过 2 年，到 2008 年随即突破万元大关，达到了 10 407.95 元；之后受到次贷危机影响，人均消费暂时出现徘徊，到 2011 年连续突破 1.2 万元和 1.3 万元大关，达到 13 261.69 元，之后几乎每年突破一个整数关口，到 2018 年接近 2 万元大关，达到了 19 208.01 元。相比人均收入增长，人均消费增长波动幅度更小，尤其是在次贷危机期间，农户收入增长波动明显，但消费表现出了明显的平稳性。随着农户收入的快速增长，尤其是 2008 年和 2009 年两个中央 1 号文件都不同程度地聚焦农户增收问题后[②]，农户收入增长步入快车道，与人均消费增速的差距日益拉大，导致消费占收入的比例出现持续下降（图 9－1）。经济学理论告诉我们，收入是制约消费的主要因素，但通常不是唯一因素，随着收入的快速增长，农户家庭人均消费增速显著慢于收入增速，因此需要找到制约农户消费增长的体制机制方面的因素，才能促进国内大循环，扩大内需。

表 9－1　浙江农户家庭人均消费水平及消费结构变化

年份	人均消费水平（元）	现金比重（%）	生活品消费占比（%）	生活品消费构成（%）					服务性消费占比（%）	人均纯收入（元）
				食品	衣着	住房	燃料	用品		
2003	8 659.89	88.75	88.96	62.07	9.79	12.01	2.18	13.95	11.04	13 494.59
2004	8 222.94	85.58	88.31	60.24	10.02	14.06	2.36	13.31	11.69	15 313.51
2005	8 891.25	88.90	91.76	57.12	9.86	15.52	1.86	15.63	8.24	16 060.53
2006	9 111.38	85.10	88.25	56.94	10.85	15.82	2.34	14.05	11.75	19 350.04
2007	9 706.73	88.23	87.33	59.34	11.35	12.12	2.61	14.58	12.67	20 329.21
2008	10 407.95	83.84	88.73	59.99	11.28	14.41	2.73	11.58	11.27	22 368.80

① 在 20 世纪 80 年代改革开放初期，中央政府连续 5 年针对“三农”问题出台过 5 个中央 1 号文件（1982—1986 年），为中国农村改革，中国经济增长启动起到决定性的作用。

② 2008 年中央 1 号文件为《中共中央　国务院关于切实加强农业基础建设进一步促进农业发展农民增收的若干意见》，2009 年中央 1 号文件为《中共中央　国务院关于 2009 年促进农业稳定发展农民持续增收的若干意见》。

（续）

年份	人均消费水平（元）	现金比重（%）	生活品消费占比（%）	生活品消费构成（%）					服务性消费占比（%）	人均纯收入（元）
				食品	衣着	住房	燃料	用品		
2009	11 778.93	82.84	86.86	58.97	13.20	13.30	2.49	12.04	13.14	20 950.63
2010	11 749.70	83.65	85.40	58.91	13.62	11.99	2.37	13.11	14.60	24 111.26
2011	13 261.69	87.96	87.28	60.96	13.44	11.39	2.59	11.62	12.72	31 498.16
2012	15 786.01	87.89	87.83	63.20	12.87	10.98	2.67	10.28	12.17	35 158.66
2013	16 033.13	84.80	87.72	63.37	12.58	10.24	2.42	11.39	12.28	35 060.58
2014	17 270.46	85.04	85.32	65.20	12.45	9.54	2.57	10.23	14.68	39 984.80
2015	17 309.51	81.65	84.22	65.38	12.94	8.96	2.15	10.57	15.78	38 184.93
2016	18 895.36	77.67	83.86	65.01	13.05	10.51	1.95	9.48	16.14	43 606.96
2017	19 137.15	71.49	82.00	63.15	12.32	11.85	2.00	10.68	18.00	51 132.34
2018	19 208.01	66.56	82.15	66.01	11.73	12.25	1.78	8.22	17.85	56 600.06

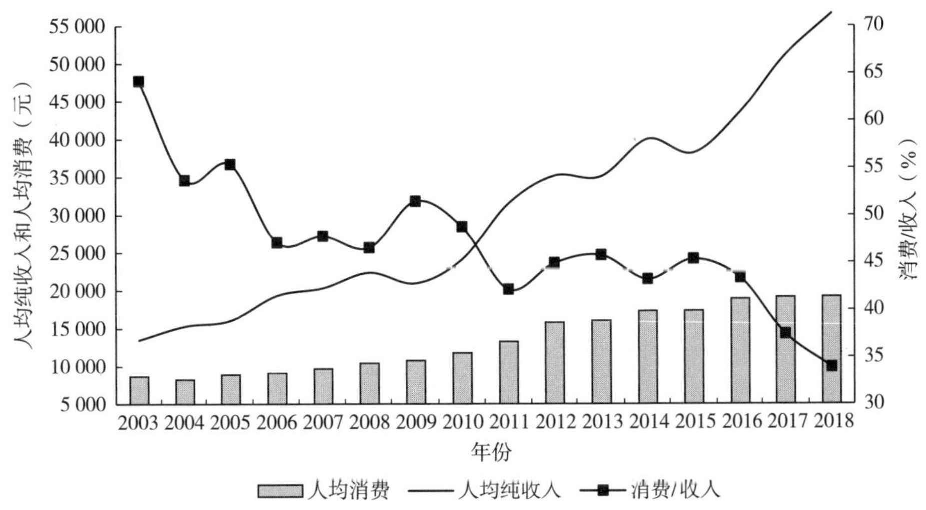

图 9－1　浙江十村农户家庭人均消费水平及结构变化

9.1.2　消费结构变动趋势

从图 9－2 和表 9－1 中可以看出，在整个观察期内，浙江农户家庭生活消费结构变动趋势主要表现为生活品消费份额呈波动下降趋势，取而代之的是服务性消费，其份额呈波动上升趋势，生活消费货币化程度大幅下降。从农户家庭消费结构变化看，虽然生活品消费份额从2003年的88.96%逐年下降到2018年的82.15%，降了6.81个百分点，但仍是农户家庭消费的绝对主体。服务性消费在家庭生活消费支出中的份额从2003年的11.04%上升至2018年的17.85%，上升了6.81个百分点。由图9-2可知，进入21世纪以来，浙江农户家庭生活消费支出正在发生结构性变化，呈现从生活品消费向服务性消费演变的趋势。有意思的是，生活消费中现金性消费份额在2012年前保持稳定，基本维持在85%～88%（个别年份受到次贷危机影响略有下降），但2012年后随着互联网、智能手机与扫码支付（微信、支付宝等）等移动支付方式的推广和普及，生活消费货币程度呈"断崖式下降"，2018年降至66.56%，相比观察初期的2003年和2012年分别下降了22.19个百分点和21.33个百分点。可以预期的是，随着扫码等移动支付方式的普及，尤其是伴随5G商用技术的推广，现金性消费份额未来还将进一步大幅下降，未来迈入"无现金化"社会可期。

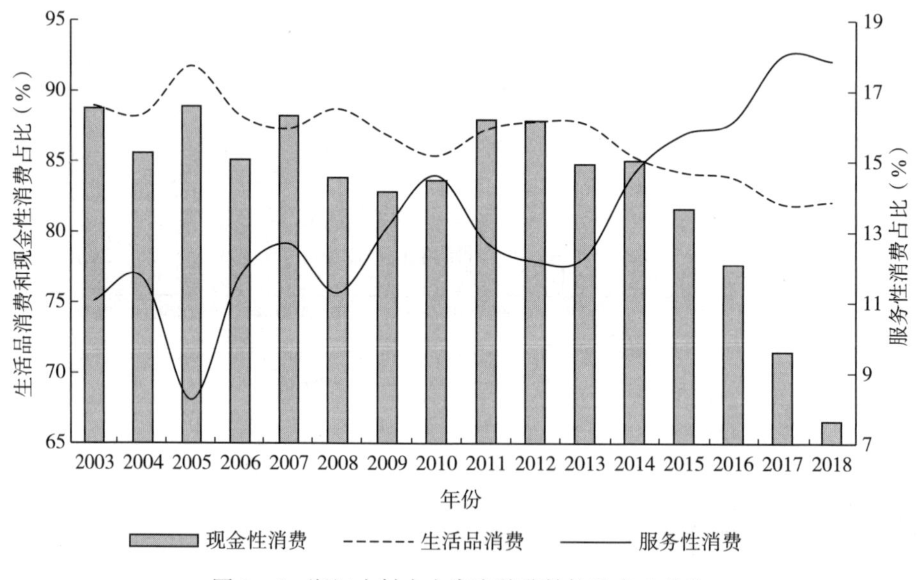

图9-2 浙江十村农户家庭消费结构及变动趋势

从农户家庭生活品消费的结构变化看（图 9－3），食品消费依然是农户生活品消费中的主体，排在第二位的是住房，第三是衣着，用品和燃料消费分别排在第四和第五位。从时间变化趋势看，食品消费在农户生活消费中的份额变化呈“U”形上升趋势，在观察初经历了下降，到 2006 年降至 56.94％后开始波动上升，中途受次贷危机影响有所下降，之后波动上升，到 2018 年增加到 66.01％，相比观察期的最低点（2006 年）上升了近 10 个百分点。住房消费份额呈“N”形下降走势，从 2003 年的 12.01％上升到 2006 年 15.82％，之后经历长期波动式下降，到 2015 年降至观察期内的最低点（8.96％），之后反弹到 2018 年的 12.25％。随着中国城镇化进程的加速与农村青壮年劳动力的外流，农户家庭住房支出上升空间有限，但人均住房面积可能会不断扩大，关于这一点下一章还将继续分析。衣着消费份额呈“∩”形变化趋势，从观察期初 2003 年的 9.79％上升到 2010 年的 13.62％，之后多年维持在 12％～13％，到 2018 年降至 11.73％。生活用品消费份额呈波动下降趋势，从观察初期 2003 年的 13.95％下降到 2018 年的 8.22％。燃料消费无论从份额上还是时间变化上都体现了其“微不足道”的位置，在整个观察期内燃料消费份额平均为

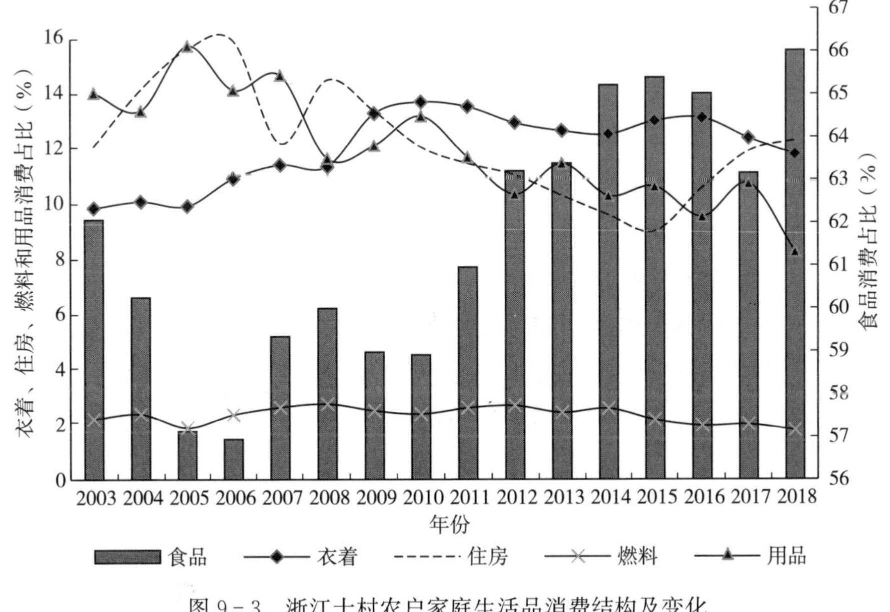

图 9－3　浙江十村农户家庭生活品消费结构及变化

2.32%；进入21世纪以来，尽管中央政府为了扩大内需，出台了“汽车下乡”等政策，但农户家庭燃料消费份额并没有出现明显增加。

总之，进入21世纪以来，随着浙江农户家庭收入水平的不断提高，其家庭生活水平亦有了显著提高，衣食消费份额的上升可能预示着农户开始从追求数量到追求质量转变，发生了从“吃饱穿暖”到“吃好穿好”的质的变化，预示着农村消费升级的方向和趋势。

9.1.3 消费水平与家庭收入层次

从表9-2和图9-4中可以看出，浙江农户消费支出水平与其家庭收入层次紧密相关，并表现为典型的正相关关系。换言之，随着农户家庭收入层次的提高，其消费水平也呈快速上升趋势。从2003—2018年的观察看，随着时间的推移，收入两极农户（高收入户和低收入户）的消费绝对数差距在扩大，两级农户人均消费差从2003年的14 667.65元扩大到2018年的17 256.25元。但相对差距呈先扩大后缩小趋势，由2003年高收入户收入为低收入户的5.03倍上升到2006年的6.38倍，之后随时间推移波动下降，到2018年相对倍数缩小到2.42倍。由此可见，虽然农户消费水平中两极水平的绝对值差距在扩大，但二者间相对水平差距正在缩小，即农户家庭消费的不平衡性问题正在缓和。为了进一步探讨浙江农户家庭消费水平的平衡性问题，我们计算了农户家庭人均消费的基尼系数来进一步说明。从图9-5中可以看出，浙江农户家庭人均消费的基尼系数随时间推移呈“阶段式”下降走势，在次贷危机之前基尼系数维持相对稳定，次贷危机之后快速下降，然后进入“蓄势”稳定期，2016年之后再次大幅下降。在整个观察期内，农户人均消费支出的基尼系数从观察期初的0.48下降到2018年的0.35，累计下降了0.13个单位。根据联合国对基尼系数的划分，浙江农户人均消费支出的平衡性已从“差距较大”缩小到“相对合理”的范围①，这进一步印证了浙江农户家庭消费不平衡性问题正在好转的观点，也表明浙江农户家庭人均消费支出较平衡。

① 根据联合国开发计划署的划分标准：基尼系数低于0.2表示“高度平均”，0.2～0.29表示“比较平均”，0.3～0.39表示“相对合理”，0.4～0.59表示“差距较大”，0.6以上表示“差距悬殊”。

表 9-2　浙江农户年人均消费水平与家庭收入层次

单位：元

年份	农户家庭收入层次				
	低收户	中低户	中等户	中高户	高收户
2003	3 641.38	4 948.52	6 969.26	9 431.23	18 309.03
2004	3 546.20	4 788.53	6 537.17	10 496.47	16 665.53
2005	3 451.02	5 223.40	7 480.26	10 519.69	17 870.78
2006	3 064.57	5 230.15	7 233.89	10 728.20	19 545.21
2007	3 463.37	6 199.87	8 023.78	10 682.51	20 210.06
2008	4 726.15	6 245.91	8 947.78	11 949.72	20 091.62
2009	5 282.18	7 222.31	9 558.39	11 472.85	20 479.29
2010	5 893.55	8 780.29	10 620.95	13 464.78	20 179.45
2011	7 131.72	9 082.32	12 449.52	12 067.20	25 702.08
2012	7 946.01	10 999.18	13 774.55	16 461.73	29 848.12
2013	9 012.02	11 444.56	13 543.86	17 840.84	28 438.69
2014	10 065.81	12 491.66	16 801.28	17 696.47	28 181.22
2015	9 636.81	12 630.21	15 426.25	18 604.24	27 385.49
2016	10 255.55	13 745.73	17 982.29	21 642.16	30 973.07
2017	12 213.55	14 009.39	17 410.93	20 573.97	31 565.27
2018	12 169.41	14 009.39	17 541.98	20 835.89	29 425.66

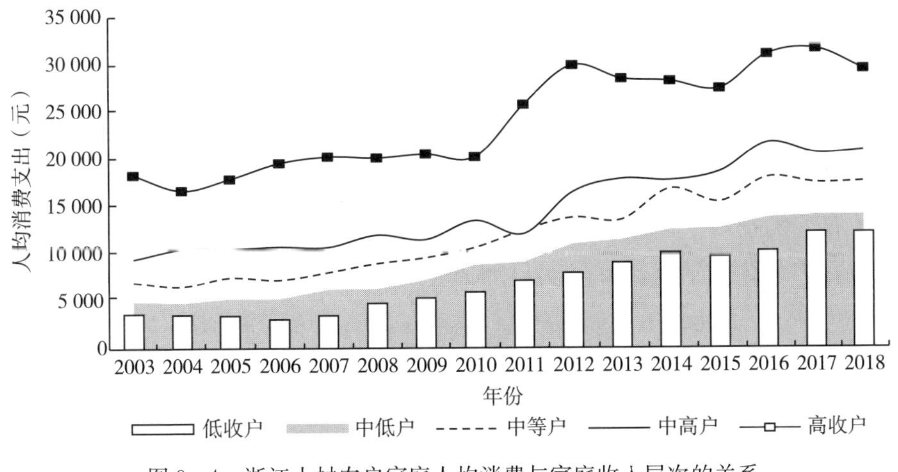

图 9-4　浙江十村农户家庭人均消费与家庭收入层次的关系

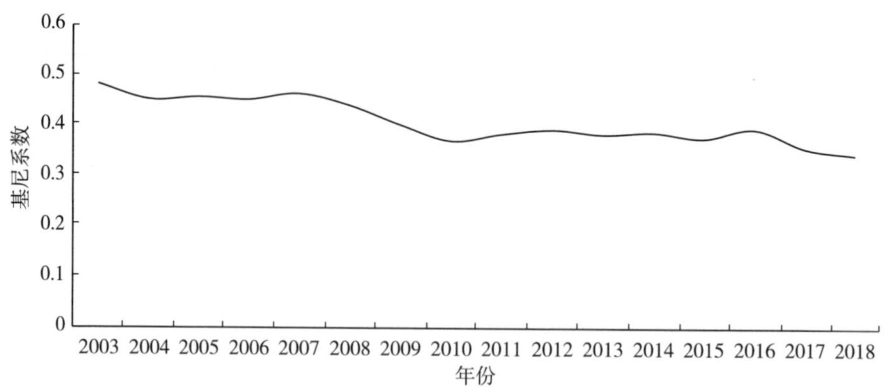

图 9－5　浙江十村农户家庭人均消费支出的基尼系数及变化

9.1.4　不同消费水平的农户分布变化

从表 9－3 和图 9－6 中可以看出，在整个 16 年的跟踪观察中，浙江农户家庭的消费水平已发生了质的变化，低水平消费户明显减少，而中高水平消费户显著增多。在观察初的 2003 年，人均生活消费水平在 1 万元以下的农户占比高达 75.20%，到 2018 年这一比例已降至 22.54%，降幅高达 52.66 个百分点。与此相对应，人均消费 2 万元以上农户占比从 2003 年的仅有 8.20%上升至 2018 年的 33.60%，大幅增加了 25.40 个百分点。人均消费处于 1 万～2 万元的农户占比也呈阶段性上升趋势，其中人均消费处于 1 万～1.5 万元的农户占比从 2003 年的 10.40%上升到 2018 年的 25.15%，增长了近 15 个百分点；人均消费 1.5 万～2 万元的农户占比从 2003 年的 6.20%上升到 2018 年的 18.71%，增长了 12.51 个百分点。从不同消费水平的农户分布看，随着农村经济的发展与农户收入的不断增长，农户消费水平向高水平转移，尤其是 2010 年统筹城乡发展以来，家庭消费水平从低到高转移呈明显加速趋势（图 9－6）。

表 9－3　浙江十村不同人均消费水平的农户分布及变化

单位：%

年份	1 万元以下	1 万～1.5 万元	1.5 万～2 万元	2 万元以上
2003	75.20	10.40	6.20	8.20

（续）

年份	1万元以下	1万～1.5万元	1.5万～2万元	2万元以上
2004	75.80	13.20	6.00	5.00
2005	73.05	13.57	5.39	7.98
2006	69.20	15.40	6.00	9.40
2007	68.02	15.59	8.70	7.69
2008	64.10	15.62	7.71	12.58
2009	60.60	21.60	6.80	11.00
2010	54.71	22.44	10.02	12.83
2011	49.10	24.65	11.42	14.83
2012	40.16	24.70	13.25	21.89
2013	41.05	20.93	12.88	25.15
2014	33.53	20.88	18.27	27.31
2015	33.20	22.13	16.70	27.97
2016	28.23	24.40	17.14	30.24
2017	23.34	25.96	19.32	31.39
2018	22.54	25.15	18.71	33.60

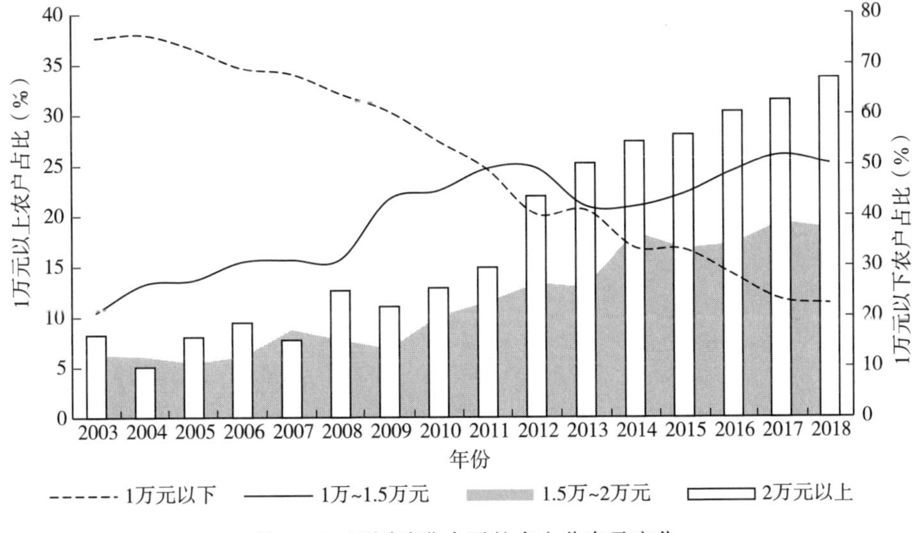

图9－6　不同消费水平的农户分布及变化

9.2 主要生活品消费及市场化进程

9.2.1 食品消费水平及构成

随着农村经济的发展，浙江农户家庭食品消费支出大幅增加，从表9-4和图9-7中可以看出，人均食品消费支出从观察初期2003年的3 345.12元大幅增加到2018年的5 218.96元（2010年不变价），增长了56.02%。从时间变化趋势看，在整个观察期内，食品消费支出变化表现为一种由缓转快的“∩”形上升趋势，以次贷危机为界，危机之前增速较缓，危机之后增速较快，到2016年达到了观察期的最高点，之后有所回落。

表9-4 浙江十村农户家庭人均食品消费及结构变化

年份	人均食品消费水平（元）		食品现金消费占比（%）	食品消费结构（%）		
	现价	2010年不变价		主食	副食	在外饮食
2003	2 794.85	3 345.12	90.42	9.61	64.56	25.82
2004	2 912.94	3 333.26	89.00	11.50	65.64	22.86
2005	3 006.95	3 399.99	88.18	11.51	68.58	19.90
2006	3 430.84	3 840.64	89.34	10.43	66.74	22.83
2007	3 548.08	3 804.50	92.25	10.83	68.55	20.62
2008	4 023.33	4 097.08	90.45	9.60	71.91	18.49
2009	3 939.41	4 085.25	92.77	10.78	71.26	17.96
2010	4 277.70	4 277.70	88.91	11.30	69.38	19.32
2011	5 007.07	4 741.54	90.90	11.08	68.66	20.25
2012	5 558.63	5 145.45	91.67	12.05	68.37	19.58
2013	6 003.59	5 427.22	86.70	12.73	65.87	21.40
2014	6 327.09	5 547.65	93.70	14.57	61.96	23.47
2015	6 366.55	5 604.85	84.08	14.93	63.54	21.53
2016	6 514.20	5 689.26	81.88	14.76	65.21	20.03
2017	6 448.76	5 358.78	80.50	15.81	65.84	18.35
2018	6 519.53	5 218.96	76.81	—	—	—

注：2018年农户调查表修改了调查指标，删除了主食和副食等消费调查指标。

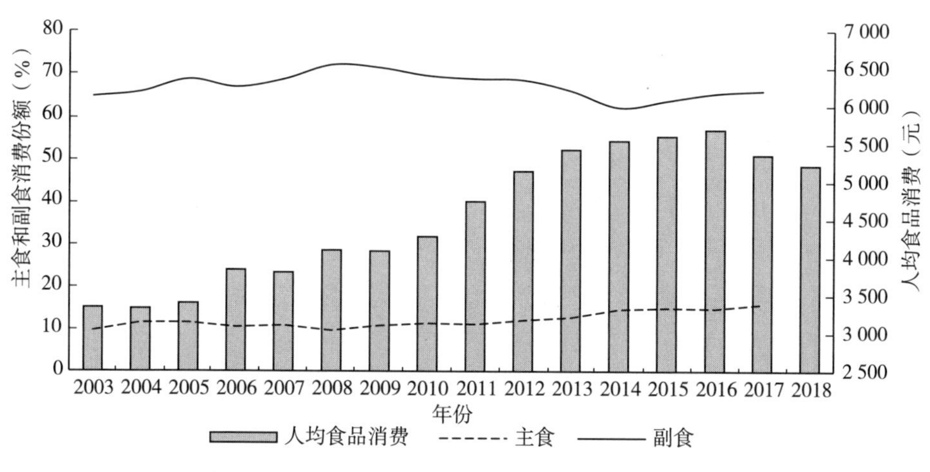

图9-7　浙江十村农户家庭食品消费支出及结构变化

进一步从食品消费结构看，副食消费在食品消费中处于绝对主体地位，其次为在外饮食消费，第三为主食消费，主食消费在农家食品消费中地位已经“名不符实”了。从时间变化趋势看，副食消费份额呈现先升后降的走势，由2003年的64.56%上升到2008年的71.91%，5年提高了近7个百分点，之后下降到2014年的61.96%，相比2008年下降了近10个百分点，随后反弹到2017年的65.84%。相比副食，主食消费份额呈缓升走势，从2003年的9.61%上升到2017年的15.81%，在整个观察期内增长了6.20个百分点。在外饮食消费份额呈先降后升再降的走势，从2003年的25.82%下降到2009年的17.96%，之后反弹到2014年的23.47%，随后再次转入下降通道，到2017年降至18.35%。

由表9-4可知，在浙江农户家庭的食品消费中，传统农户自给自足的消费观念已明显淡化，食品消费的货币化程度非常高，在整个观察期内，现金性食品消费支出份额平均在87.97%。从趋势变化上看，在2014年之前，现金性食品消费支出份额维持相对稳定，但2014年之后开始出现明显下降趋势，到2018年降至76.81%，较2003年和2014年分别下降了13.61个和16.89个百分点。尽管随着农村经济发展和消费观念的转变，农户家庭食品消费的市场化和货币化程度得到大幅提升，对市场的依赖程度上升，但近年来现金性食品消费支出份额出现了明显下滑，这可能与近10年来移动支付技术的普及有关。随着互联网技术的快速普及以及移动支付技术的发展，日常交易“非现金化”趋势明显。

综合2003—2018年的观察发现，随着消费水平的提高，浙江农户家庭食品消费已发生了结构性变化，表现在：第一，农户家庭食品消费的商品化和货币化程度已非常高，尽管近年来商品性消费有所下降，但并不意味着农村食品商品化和货币化消费出现了“倒退”，而是移动支付技术发展的结果。第二，随着农户生活水平的提高，食品消费模式以副食为主，在外饮食次之，主食已“名不符实”。

9.2.2 住房支出及其变化

在农户居住方面，总体上浙江农户家庭住房支出水平变化呈波动上升趋势，但增幅较小（图9-8）。在观察初的2003年，农户家庭人均住房支出为1 206.79元，2018年上升至1 451.34元（2010年不变价），增幅20.26%。从时间变化趋势看，人均住房支出呈明显的阶段性特征。在2003—2006年，随着农村税费改革的深入推进和全面取消农业税，农户收入增长，农户住房支出快速增长，由2003年的1 206.79元增长到2006年的2 456.92元，短短的4年翻了一倍还多。之后进入了一段长达5年的下降周期，当然，这其中有次贷危机的冲击，到2011年降至1 134.42元，随后反

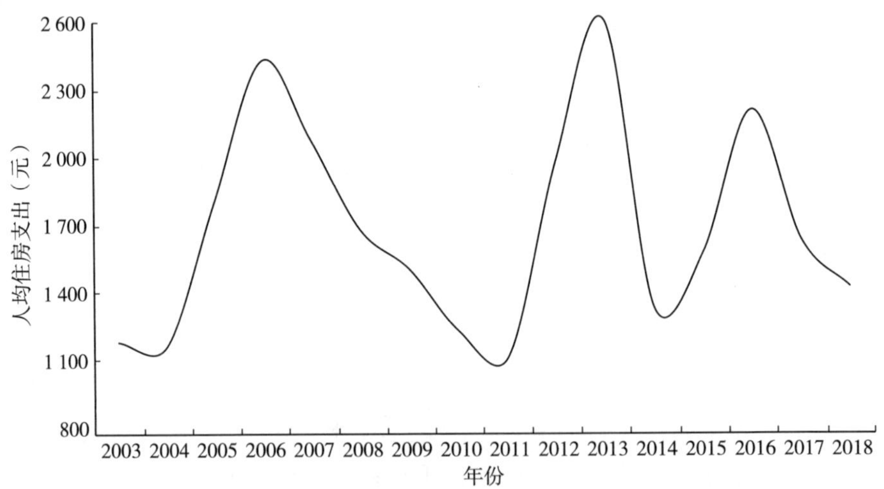

图9-8 浙江十村农户家庭人均住房支出变化

弹到观察以来的最高点2 634.97元（2013年），近年来，随着建筑材料和人工成本的大幅上涨，农户家庭人均住房支出有所回落，到2018年降至1 451.34元，相比观察期内的最高点（2013年）降幅高达44.92%。

9.2.3 用品消费水平及构成

在用品方面，从整个观察期看，浙江农户的家庭生活用品消费总体呈现一种波动式上升趋势，人均用品消费从2003年的1 089.54元上升到2018年的3 201.55元（2010年不变价），增加了1.94倍，年均增幅7.45%。从时间变化趋势看（图9-9），随着农村税费改革的稳步推进，农户家庭税费负担下降，收入增长，用品消费水平波动上升，但真正快速增长是在次贷危机之后。受到危机影响后，为了扩大内需、刺激经济增长，中央政府出台了大量刺激消费的政策，如“家电下乡”和小排量汽车购置税减免（家庭汽车排量1.6升及以下）等财政政策，农户家庭用品消费水平迈上了一个新台阶。从农户家庭人均用品消费水平的变化趋势看，旨在为农户减负、增收以及减税等刺激消费的政策确实促进了农户的消费，对于扩大内需有重要意义。

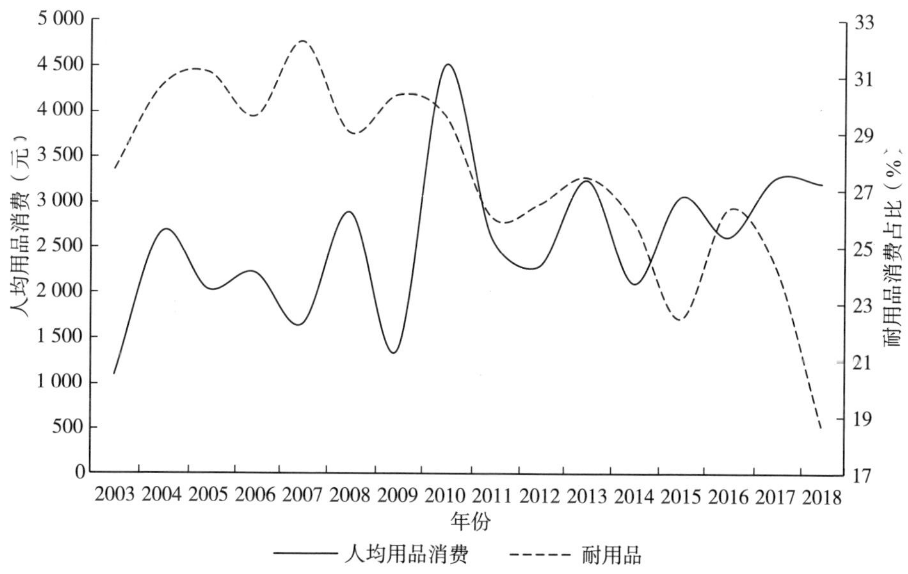

图9-9 浙江十村农户家庭用品消费水平及结构变化

从用品消费构成看，在整个16年的连续跟踪观察期内，浙江农户耐用品消费占比呈波动式下降趋势，从2003年的27.73%降至2018年的18.69%。从时间变化趋势看，有三次较为明显和相对大幅度的下降（图9-9）：第一次发生在2010—2011年，第二次为2014—2015年，第三次为2017—2018年。这与中国经济发展甚至世界经济发展紧密相关，2011—2012年外部环境恶化，欧债危机，中国经济受到冲击；2014—2015年中国经济本身面临增速换挡、结构调整阵痛和前期刺激政策消化期的“三期叠加”，经济增速下降明显；2018年中美发生贸易摩擦，以出口和投资为主的经济增长方式面临前所未有的挑战，对于外向型经济体的浙江，面临的压力更大。有研究表明，当经济受到冲击或危机时，耐用品行业受到的冲击更大（Romer，1990；Boone and Wilse-Samson，2021），浙江农户家庭耐用品消费份额的变化印证了上述观点。

9.2.4 农户消费的市场化进程

从浙江农户家庭16年跟踪调查情况看（图9-10），总体来说，农户家庭生活消费的货币化程度呈波动下降趋势，生活品中现金消费份额从2003年的88.75%下降到2018年的66.56%，整个观察期下降了22.19个百分点；相比生活品现金消费份额变化，食品中现金性消费份额下降幅度要小些，从2003年的90.42%下降到2018年的76.81%，下降了13.61个百分点。从时间变化趋势看，农户消费的货币化程度变化呈明显的阶段性特征，生活品中现金消费份额在2012年之前保持相对稳定，除了受次贷危机影响的年份外，基本维持在85%～88%，但2012年后出现明显下降走势，这可能与移动支付工具的推广有关。支付宝、微信等移动支付方式的普及，彻底改变了人们传统的现金交易习惯，居民使用现金交易的需求大幅减少。食品中现金消费份额变化也表现出类似的阶段性特征。表面上看，农户生活品和食品中现金消费份额在下降，但并不意味着农户家庭生活消费的市场化和商品化程度在下降，而是因为科技进步导致支付方式彻底变革，人们的现金交易需求大幅下降。

从农户生活消费货币化程度的分布看（图9-11），货币化程度分化较严重。货币化程度在70%以下的农户分布呈现波动上升趋势，从2003

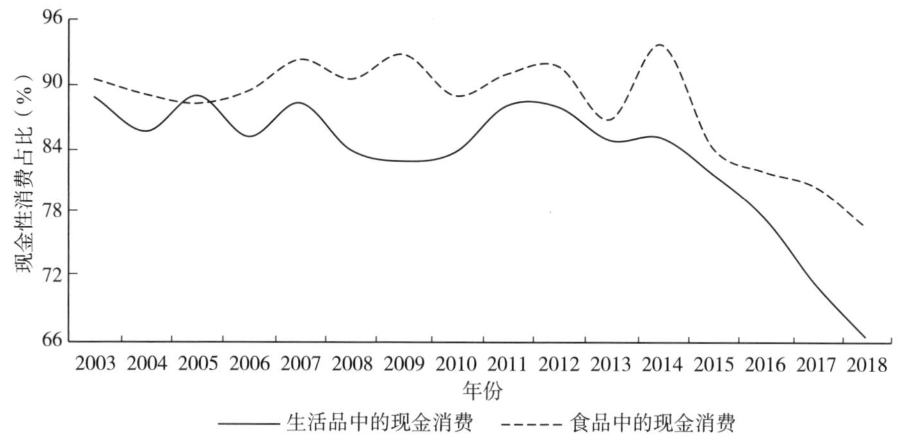

图 9-10　浙江十村农户家庭生活消费货币化程度及变化趋势

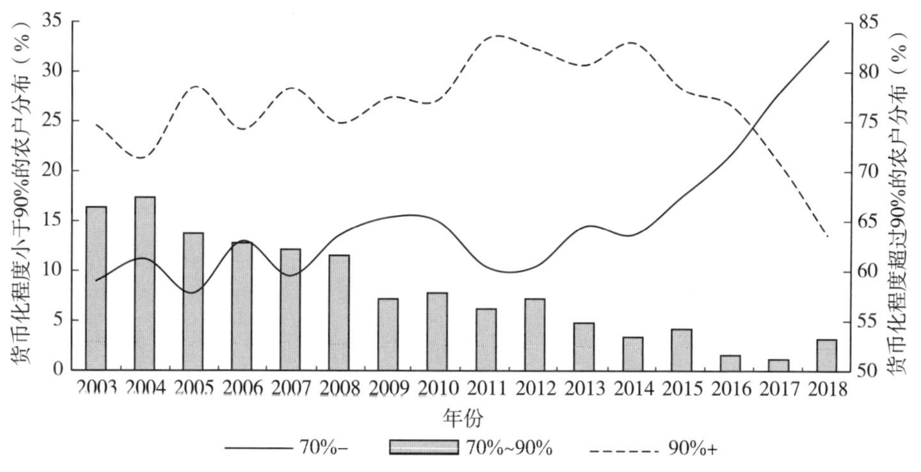

图 9-11　浙江十村农户家庭生活消费货币化程度分布及变化

年的仅占 9.00%缓慢波动上升到 2012 年的 10.44%，之后呈加速上升趋势，到 2018 年这一比例上升到 33.20%；货币化程度处于 70%~90%的农户分布在整个观察期内持续下降，从 2003 年的 16.40%下降到 2018 年的 3.22%；货币化程度超过 90%的农户分布呈现先缓升后急降的走势，从 2003 年的 74.60%上升到 2011 年的 83.37%，之后开始出现下降，尤其是 2014 年之后呈加速下降趋势，到 2018 年降至 63.58%，相比 2011 年下降了近 20 个百分点。从不同货币化程度的农户分布走势看，浙江农户家庭中生活消费的货币化程度较低的农户人数在增加，而货币化程度较高的农户人数在减少，中等货币化程度的农户人数在持续萎缩，这表明浙江农户家庭生活消费的货币化和市场化程度出现了明显分化，最主要的影响因素还是2010年后移动支付的推广和普及。

9.3 主要服务性消费

曹力群等（2000）将服务性消费分为生活服务消费和文化服务消费两类；根据王中军等（2007）的论述又可以将服务性消费分为发展服务消费和精神生活服务消费。综合上述两种分类方法，本书将服务性消费细分为发展类服务消费和生活类服务消费两大类。其中发展类服务消费是指人在发展过程中支付成本的消费过程，主要包括为人类健康、全面发展而支付的医疗健康、保险和教育等方面的消费。生活类服务消费主要包括农户用于提高生活品质的交通通信和娱乐等方面的生活服务消费（史清华、徐翠萍，2008）。

9.3.1 服务消费水平及分布

从图9-12中可以看出，在整个16年的跟踪观察期内，浙江农户家庭生活消费构成变化表现为：生活品消费份额呈持续下降趋势，取而代之的是服务类消费，其份额呈快速上升趋势。从消费构成看，家庭生活品消费是农户家庭消费的主体，2018年生活品和服务类消费在家庭生活消费支出中所占比例分别为82.15%和17.85%，较观察初期2003年的88.96%和11.04%分别下降和上升了6.81个百分点。从图9-12中可以看出，2013年以来服务类消费份额加速上升趋势，而与此相反，生活品消费份额加速下降。尽管生活品消费仍然是农户家庭消费的主项，但从增长趋势看，启动国内大循环、扩大内需的主要着力点应该转向服务类消费领域。

考虑到价格变动对服务消费的影响，我们运用浙江农村居民消费价格指数对观察农户的服务消费水平进行了折算，具体结果如表9-5所示。从表中可以看出，随着时间的推移，浙江农户家庭的服务消费水平呈稳步

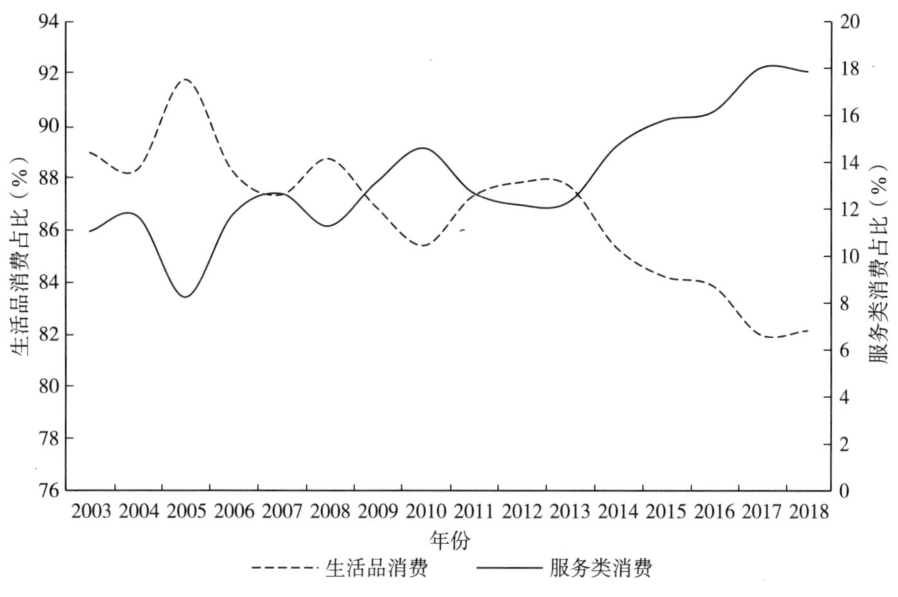

图 9－12　浙江十村农户家庭生活消费构成及变化

上升趋势。具体看，在观察初期的 2003 年，农户家庭人均服务消费支出为 659.25 元（2010 年不变价），在农村税费改革以及种粮直补等系列强农惠农富农政策的支持下，到 2007 年农户家庭人均服务消费支出突破千元大关，达到了 1 022.32 元。随后受次贷危机影响回落到 2008 年的 856.70 元，到 2009 年受政府大力刺激消费的政策刺激，再次反弹到突破1 200元大关，达到了 1 232.32 元，之后明显徘徊不前，经过长达 4 年的蓄势，到 2014 年上升到 1 672.94 元，接下来更是直接突破了多个整数关口，到 2015 年达到了 2 144.78 元，之后保持在 2 000 元以上的高位运行。

表 9－5　浙江十村农户家庭人均服务性消费水平及其分布变化

年份	人均服务性消费水平（元）		不同人均服务性消费水平农户分布（%）				
	现价	2010 年不变价	300 元－	300～500 元	500～1 000 元	1 000～2 000 元	2 000 元＋
2003	550.81	659.25	58.60	11.80	14.00	9.60	6.00
2004	657.58	752.44	64.00	31.94	13.00	8.60	5.40
2005	465.08	525.86	65.67	7.39	13.37	8.98	4.59

（续）

年份	人均服务性消费水平（元）		不同人均服务性消费水平农户分布（%）				
	现价	2010 年不变价	300 元—	300～500 元	500～1 000 元	1 000～2 000 元	2 000 元+
2006	791.08	885.60	60.60	8.00	14.40	7.80	9.20
2007	953.38	1 022.32	57.49	10.12	13.16	10.53	8.70
2008	841.27	856.70	52.33	13.18	13.59	12.17	8.72
2009	1 188.35	1 232.32	46.80	14.40	15.00	11.60	12.20
2010	1 292.18	1 292.18	42.48	11.62	18.04	15.63	12.22
2011	1 366.19	1 293.74	37.07	13.03	18.64	16.23	15.03
2012	1 421.23	1 315.60	33.94	14.66	21.29	12.25	17.87
2013	1 486.06	1 343.38	38.03	12.88	20.52	13.28	15.29
2014	1 908.00	1 672.94	32.73	10.84	19.28	18.07	19.08
2015	2 436.35	2 144.78	34.00	10.87	17.91	16.10	21.13
2016	2 338.39	2 042.20	29.44	9.48	17.94	17.34	25.81
2017	3 018.85	2 508.54	28.37	7.44	18.31	18.11	27.77
2018	2 938.51	2 352.29	23.14	10.26	20.52	15.49	30.58

从不同家庭生活服务性消费水平的农户分布看，16 年间也发生了巨大变化，低服务消费水平的农户占比呈明显下降走势，而与此相反，高服务消费水平的农户占比呈上升趋势（表 9－5 和图 9－13）。在观察期初的 2003 年，人均服务消费支出不足 1 000 元的农户占比为 84.40%，1 000 元以上的农户占比为 15.60%，而到了 2018 年，人均服务消费支出不足 1 000元的农户占比下降到 53.92%，1 000 元以上的农户占比上升至 46.08%，相比 2003 年分别下降和上升了 30.48 个百分点。从时间变化看，2003—2006 年低服务消费水平的农户占比呈明显上升趋势，而中高服务消费水平的农户占比基本呈下降走势，这与农村税费改革紧密相关，2006 年全面取消农业税后，加上种粮直补等支持政策，低服务消费水平的农户占比开始明显下降，而中高服务消费水平的农户占比开始逐年攀升。可见，2003 年中央 1 号文件聚焦“三农”问题，以及之后的连续十几个中央 1 号文件确实为农民增收提供了强劲的动力，促进了农户服务消费需求的快速增长。在整个观察期中，农户家庭的服务消费水平发生了显

著变化，即呈明显的两极化趋势。在观察期初的2003年，低服务消费水平集中度最高，但到2018年高服务消费的集中度位列第一，分布量占比近1/3，而低服务消费水平农户分布量位列第二位，占比接近1/4。

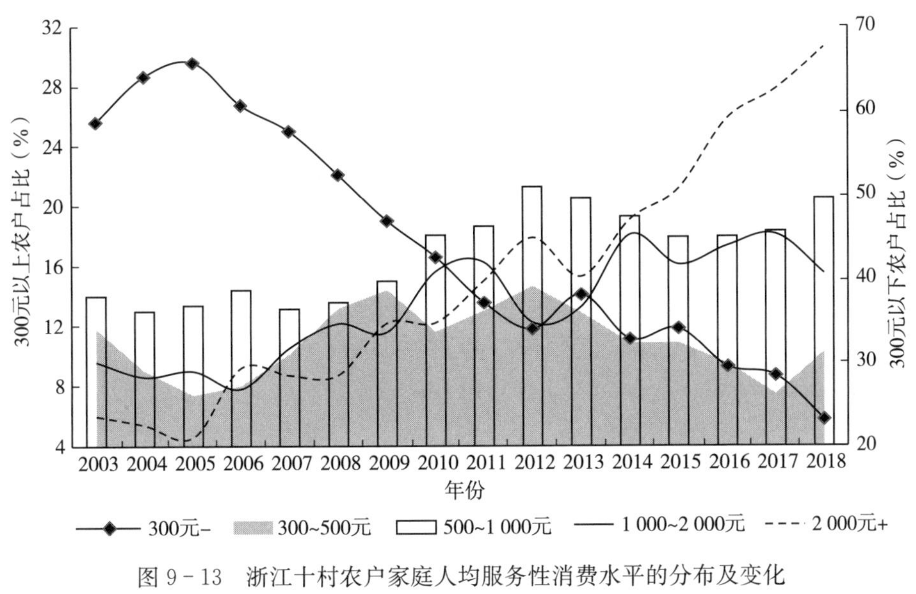

图9-13　浙江十村农户家庭人均服务性消费水平的分布及变化

9.3.2　生活类服务消费水平及分布

9.3.2.1　旅游消费及普及程度

随着社会经济的发展与人们生活水平的提高，原本只有城里人热衷的旅游也开始走进农家，但旅游消费毕竟不是必需消费，消费水平还较低。从整个观察期看，浙江农户家庭人均旅游支出总体呈一种上升趋势，已由2003年的人均65.46元升至2018年的457.91元（均为2010年不变价），16年间整整增长了6倍。与此同时，随着旅游支出的增加，旅游的普及程度也呈上升趋势，已由2003年的7.60%升至2018年的31.19%，在整个观察期内上升了23.59个百分点。尽管浙江农户人均旅游消费水平和旅游普及程度在观察期内呈现大幅增长，但相比城镇居民，农村居民旅游消费支出占农户家庭消费总额的比例仍然较低，从2003年的0.58%上升到2018年2.68%（表9-6）。

表 9-6 浙江十村农户家庭人均生活类消费水平及分布

年份	人均旅游消费（元）		旅游消费/总消费（%）	普及程度（%）	人均交通通信消费（元）		交通通信消费/总消费（%）	普及率（%）
	现价	2010 年不变价			现价	2010 年不变价		
2003	54.69	65.46	0.58	7.60	449.63	538.16	4.76	92.40
2004	54.50	62.36	0.63	8.60	545.07	623.72	6.27	95.00
2005	61.90	69.99	0.56	8.98	589.00	665.99	5.33	94.61
2006	107.17	119.97	0.99	8.20	627.68	702.65	5.79	94.20
2007	112.65	120.79	1.05	10.32	813.72	872.53	7.57	95.55
2008	107.47	109.44	0.85	9.74	775.53	789.75	6.17	94.52
2009	173.39	179.81	1.26	13.00	689.24	714.76	5.01	94.60
2010	170.87	170.87	1.16	15.63	976.94	976.94	6.63	94.59
2011	248.67	235.48	1.61	13.43	947.25	897.02	6.15	97.60
2012	277.52	256.89	1.49	15.06	997.75	923.59	5.35	96.99
2013	240.14	217.09	1.34	13.68	1 190.57	1 076.27	6.62	96.78
2014	385.83	338.30	2.10	14.66	1 316.04	1 153.91	7.16	96.59
2015	375.55	330.62	1.72	16.50	1 349.53	1 188.07	6.18	98.19
2016	459.15	401.00	2.03	17.74	1 425.37	1 244.86	6.31	95.56
2017	575.92	478.58	2.64	30.38	1 592.66	1 323.47	7.30	96.98
2018	572.02	457.91	2.68	31.19	1 289.89	1 032.57	6.05	97.99

9.3.2.2 交通通信及普及程度

随着时代的变迁与科技的进步，交通通信技术越来越发达，人们的交通通信范围也日益扩大，交通通信消费支出也越来越高（表 9-6）。在整个观察期内，浙江农户家庭人均交通通信支出已由 2003 年的 538.16 元上升至 2018 年的 1 032.57 元（均为 2010 年不变价），增长了 91.87%。交通通信支出在农户家庭消费总额中所占比例也由 2003 年的 4.76%提高到 2018 年的 6.05%。与此同时，交通通信的普及率也由 2003 年的 92.40%升至 2018 年的 97.99%，上升了 5.59 个百分点。

9.3.3 发展类服务消费水平及分布

9.3.3.1 医疗服务消费水平及分布

在农户服务类消费中，保障健康的医疗服务消费是一个主要支出项。

从 16 年的跟踪观察来看（表 9－7），该项消费支出呈显著上升趋势，人均医疗消费支出由观察初期 2003 年的 404.02 元上升至 2018 年的 2 472.79 元（均为 2010 年不变价），增长了 5 倍还多。从时间变化趋势看，在次贷危机之前，医疗消费支出增长较为缓慢，相比观察初期，到 2008 年人均医疗消费支出仅增长了 25%左右，但次贷危机之后，人均医疗服务支出呈大幅上升趋势，到 2009 年直接突破千元大关，达到了 1 018.43 元，经过长达 5 年的缓慢增长后，增速再次进入快车道，2015 年上升到1 808.11元，间隔 1 年后又突破 2 000 元大关，达到了 2 162.93 元，到 2018 年则进一步上升至 2 472.79 元，相比 2008 年和 2003 年分别增加了近 4 倍和 5 倍多。从医疗消费支出的增长变化看，其与农村医疗保险的改革历程基本吻合，2009 年中国确立将新农合作为农村基本医疗保险制度，结果当年人均医疗服务支出突破千元大关；2015 年国家卫计委、财政部将新农合的人均补贴标准在 2014 年的基础上提高 60 元，达到了 380 元，结果导致当年人均医疗服务支出大幅攀升。仔细思考，这或许与城市医保导致的过度医疗现象相似。当然，关于这一点还需要更多证据支撑。

表 9－7　浙江十村农户家庭人均医疗消费水平及分布

年份	人均医疗消费（元）		不同人均医疗消费水平农户分布（%）					医疗消费/总消费（%）
	现价	2010 年不变价	100 元－	100～300 元	300～500 元	500～1 000 元	1 000 元＋	
2003	337.56	404.02	60.40	18.40	4.20	7.20	9.80	3.57
2004	448.82	513.56	68.20	10.60	4.40	7.60	9.20	5.16
2005	242.58	274.28	73.65	9.78	3.59	5.79	7.19	2.20
2006	495.52	554.73	70.20	10.20	2.20	6.40	11.00	4.57
2007	580.23	622.19	67.00	9.92	5.26	7.09	10.73	5.40
2008	491.34	500.35	66.73	12.78	4.06	5.07	11.36	3.91
2009	982.09	1 018.43	50.00	16.00	8.40	9.00	16.60	7.14
2010	1 173.16	1 173.16	45.09	17.64	4.41	13.83	19.04	7.96
2011	1 053.34	997.48	46.69	11.82	7.62	10.42	23.45	6.83
2012	1 067.77	988.41	45.58	12.45	7.03	12.45	22.49	5.72
2013	1 219.68	1 102.57	44.47	14.49	9.66	11.27	20.12	6.78
2014	1 477.88	1 295.81	41.97	13.86	7.43	12.85	23.90	8.04

（续）

年份	人均医疗消费（元）		不同人均医疗消费水平农户分布（%）					医疗消费/总消费（%）
	现价	2010 年不变价	100 元−	100～300 元	300～500 元	500～1 000 元	1 000 元+	
2015	2 053.92	1 808.11	45.07	10.66	6.64	10.87	26.76	9.41
2016	2 121.82	1 853.06	38.31	13.31	5.85	11.09	31.45	9.39
2017	3 519.73	2 162.93	35.21	13.48	7.04	11.67	32.60	16.14
2018	3 088.92	2 472.79	35.41	9.05	9.26	11.07	35.21	14.50

从农户家庭人均医疗消费水平的分布情况看（表 9－7），全年人均医疗服务费支出在 100 元以下的农户比例呈大幅下降走势，由 2003 年的 60.40%下降至 2018 年的 35.41%，降幅高达 25 个百分点；而与此同时，全年人均医疗服务费支出在 500 元以上的农户占比呈大幅上升趋势，其中 500～1 000 元档农户的占比从 2003 年的 7.20%上升至 2018 年的 11.07%，1 000 元以上档农户的占比从 2003 年的 9.80%上升至 2018 年的 35.21%，大幅增加了 25.41 个百分点。从医疗消费支出占农户总消费的比例看，其在整个观察期内呈不断上升趋势，由 2003 年的 3.57%上升到 2018 年的 14.50%，16 年间上升了近 11 个百分点。无论是与农户家庭消费水平增长相比，还是与纯收入增长相比，医疗消费支出增速都显著更快。由此，医疗负担问题成为新时期政府关注的焦点也就是很自然的事。

9.3.3.2 教育服务消费水平及分布

从整个 16 年的跟踪观察看（表 9－8），浙江农户在教育服务上的支出呈现出“N”形变化趋势。以 2010 年的不变价来说，由观察期初 2003 年的人均 711.78 元上升到 2005 年的人均 867.48 元后保持相对平稳的小幅波动。2008 年开始有较大幅度的减少，人均教育消费降至 599.25 元，之后进一步持续减少至 2014 年的 452.04 元，与 2003 年相比减少了 36.49%，若与 2005 年相比则减少了 47.89%。之后再次开始上升，2018 年人均教育消费增至 795.63 元。中间下降趋势的出现可能与 2007 年东部、中部农村义务教育阶段开始免除学杂费有关。但随着校外教育支出增加、高校扩招以及高等教育产业化改革，农户家庭教育支出再次呈大幅上升趋势。免费九年义务教育虽然可以减少农户家庭校内教育的支出，但因之前计划生育政策在农村地区的推行，农民的子女生育数量也明显减少（史清华、徐翠萍，2008），加之时代和观念的变迁，农民望子成龙的心情越发强烈，近年来农户家庭教育支出的大幅上升也是需要引起高度关注和重视的事。

表 9－8　浙江十村农户家庭人均教育消费水平及分布

年份	人均教育消费（元）		不同人均教育消费水平农户分布（%）					
	现值	2010 年不变价	零支出	100 元一	100～300 元	300～500 元	500～1 000 元	1 000 元＋
2003	594.69	711.78	34.20	25.40	17.60	5.20	7.00	10.60
2004	661.32	756.71	53.00	14.40	11.20	4.00	7.80	9.60
2005	767.22	867.48	59.48	13.57	9.58	4.19	5.39	7.78
2006	723.20	809.61	59.80	10.40	10.00	2.20	6.00	11.60
2007	744.58	798.42	56.07	10.93	9.51	5.67	6.88	10.93
2008	588.46	599.25	59.43	7.30	12.78	4.06	5.07	11.36
2009	607.30	629.77	37.60	12.40	16.00	8.40	8.80	16.80
2010	560.93	560.93	34.67	10.42	15.43	4.01	9.82	16.43
2011	579.46	548.74	35.47	13.23	11.02	10.02	10.62	19.64
2012	552.72	511.64	38.35	10.64	11.24	9.04	10.64	20.08
2013	556.83	503.36	35.81	11.67	14.89	10.26	11.27	16.10
2014	515.55	452.04	33.94	10.04	16.27	7.03	11.65	21.08
2015	560.59	493.50	37.02	9.05	11.67	8.45	9.46	24.35
2016	765.56	668.59	30.65	9.27	13.71	8.27	9.88	28.23
2017	783.03	650.67	27.97	9.46	15.29	8.65	10.06	28.57
2018	993.87	795.63	33.60	2.62	12.27	9.66	12.27	29.58

从教育消费水平分布情况看（表 9－8），农户家庭教育支出为零的农户占比呈现先增后降趋势，从 2003 年的 34.20%上升至 2006 年 59.80%，随后尽管实施了农村免费义务教育，但消费为零的农户占比仍然呈下降走势，到 2018 年这一比例降至 33.60%。与此同时，在有教育支出的农户家庭中，消费支出在 0～100 元/年的农户占比呈明显的大幅下降趋势，由 2003 年的 25.40%下降至 2018 年的 2.62%；与之相应的是教育支出超过 1 000 元/年的农户占比呈大幅上升趋势，由观察期初 2003 年的 10.60%增加到 2018 年的 29.58%，16 年上升了近 19 个百分点。低教育消费支出

农户占比的大幅下降和高教育消费支出农户占比的大幅增加充分表明，教育支出已成为农户家庭的一项重要支出，尤其是近年来教育消费支出增幅明显加大，必然增加农户家庭的经济负担，“上学难”和“教育贵”正在成为农户家庭进行人力资本投资的“拦路虎”。

教育服务支出之所以出现如此大幅度的上升，依笔者看有三个方面的原因：第一，这是国家高等教育产业化改革的结果，高等教育学费在不断上升；第二，农民对教育投资在其经济发展中的作用的认识提高了，增加了对教育的投入；第三，九年义务教育免费尽管管住了校内学费的增长，但没有管住校外培训费的大幅上升，义务教育阶段中的校外教育支出是当下家庭教育支出中的重要支出项。

9.3.3.3 保险支出及普及程度

随着家庭联产承包责任制的推行，农村集体组织“式微”，农户家庭成为市场经济中的主要参与者，在市场和自然双重风险下，其对风险的认知和防范意识也逐渐增强。这一增强可以从家庭人均保险支出变化中得到证明，如表 9-9 所示。自 2003 年以来，浙江农户家庭人均保险支出呈逐年上升趋势，由 2003 年的 467.13 元上升至 2018 年的 1 136.23 元（均为 2010 年不变价），16 年增加了 1.43 倍，年均增幅 6.10%。从时间变化看，农户家庭人均保险支出呈两阶段上升趋势，第一阶段为 2003—2008 年，这一阶段增幅较小，年均增幅 2.21%；第二阶段为 2009 年之后（2009 年国家正式确立将新农合作为农村基本医疗保障制度），人均保险支出增长较快，年均增幅 7.02%。随着市场经济的发展，农户运用市场经济手段抵御风险的意识显著提高，保险支出已成为浙江农户消费的新亮点。

就保险支出在农户家庭消费支出中的占比看（表 9-9 和图 9-14），在整个观察期内，其总体上呈一种缓慢上升趋势，由 2003 年的 4.13%上升到 2018 年的 6.66%，16 年上升了 2.53 个百分点。就保险构成来看，养老保险是浙江农户保险选择中的最主要险种，在整个观察期内，养老保险占保险支出的比例平均为 67.81%，并且随着时间的推移其主体地位呈强化趋势；其次是医疗保险，平均占比 27.50%，在整个观察期内保持波动式稳定；最后为农业生产保险，平均占比仅 5.00%，且随时间推移呈明显下降走势。

表9-9　浙江十村农户家庭人均保险支出及构成

年份	人均保险支出（元）		保险消费/总消费（%）	保险支出构成（%）		
	现值	2010年不变价		农业生产保险	养老保险	医疗保险
2003	390.29	467.13	4.13	11.45	58.56	30.00
2004	356.46	407.88	4.10	10.20	65.81	23.99
2005	372.63	421.32	3.38	13.32	57.20	29.48
2006	419.69	469.84	3.87	7.88	60.31	31.81
2007	459.90	493.15	4.28	8.04	67.27	24.70
2008	511.79	521.17	4.07	5.74	66.55	27.71
2009	595.03	617.05	4.33	0.72	72.68	26.60
2010	664.05	655.62	4.50	1.07	70.58	28.34
2011	733.06	694.19	4.76	1.70	78.98	19.33
2012	917.17	849.01	4.92	5.60	67.15	27.26
2013	958.11	866.12	5.33	1.81	59.81	38.38
2014	1 109.70	972.99	6.04	2.12	76.73	21.15
2015	1 295.54	1 140.50	5.93	0.96	68.74	30.30
2016	1 441.80	1 259.18	6.38	2.53	75.74	21.73
2017	1 400.23	1 163.53	6.42	1.93	66.67	31.40
2018	1 419.34	1 136.23	6.66	—	72.11	27.89

注：2018年农户调查表调查指标调整，不再对农业生产保险进行调查，因此缺失2018年农业生产保险的调查数据。

在保险消费分析中，我们不仅考察了农户保险的平均消费水平，还分析了它的普及程度。从表9-10中可以看出，浙江农户家庭保险普及程度呈逐年上升趋势，由2003年的56.40%上升到2018年的82.49%，16年增加了26.09个百分点。在有记录的3个保险品种中，浙江农户家庭医疗保险的普及程度最高，其次为养老保险，最后为农业生产保险。从浙江农户家庭保险构成和普及程度看，尽管政府一直鼓励和支持农业生产保险，但对于农民而言，他们更关心的可能是养老和医疗问题。医疗保险的普及程度最高，但养老保险支出更多。这表明，随着农村经济的发展，过去“养儿防老”的观念正在发生显著变化，通过养老保险方式解决养老问题正在被农村居民普遍接受。随着医疗费用的大幅上升，“看病贵”问题仍然困扰着广大农村居民，医疗保险普及程度最高也反映了农民开始意识到医疗保险的重要性。

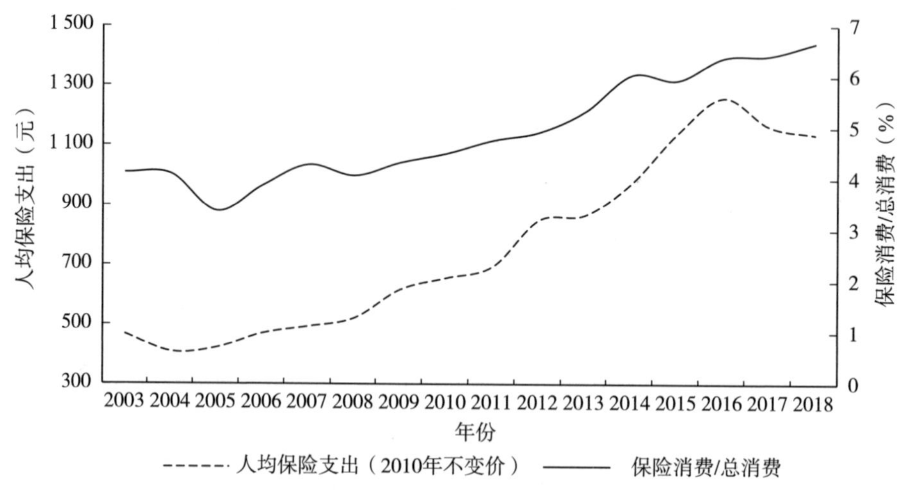

图 9－14　浙江十村农户家庭人均保险支出及变化

表 9－10　浙江十村农户家庭保险普及程度及变化

年份	保险普及程度（%）	分类保险普及程度（%）		
		农业生产保险	养老保险	医疗保险
2003	56.40	9.40	22.00	26.40
2004	68.80	6.20	19.60	32.40
2005	64.07	6.19	19.56	28.74
2006	65.20	6.60	20.60	26.00
2007	67.21	7.29	19.84	24.09
2008	66.53	7.10	19.88	33.47
2009	81.40	2.00	26.20	67.00
2010	87.78	2.00	43.09	74.55
2011	90.38	4.61	43.49	77.35
2012	91.77	3.01	51.61	77.31
2013	86.32	3.82	40.44	74.85
2014	84.54	4.02	44.18	74.90
2015	84.31	1.41	46.08	75.25
2016	86.49	3.83	45.77	82.86
2017	85.71	1.81	40.64	76.46
2018	82.49	—	45.47	75.65

从农户家庭选择保险的种类和保险普及率变化看，给我们的启示是，农村保险的推广应该先满足农民最基本的生命保险需求，然后在此基础上推广教育、生产、财产等保险，一手好牌，如果出牌顺序错，则推广效果会大打折扣。农业生产保险是典型的帮助农户抵抗风险的好工具，但在中国农村，长期以来医疗、养老等最基本的保险的缺位，是农户对财产、生产保险始终缺乏兴趣的主要原因。可见，农民对保险的需求也符合从低到高的“马斯洛需求理论”。

9.4 农户家庭消费倾向

消费倾向是反映消费支出与可支配收入关系的一个重要指标，可分为平均消费倾向和边际消费倾向（彭小辉等，2018）。平均消费倾向是指消费支出占可支配收入的比例；边际消费倾向是指增加的消费与增加的收入之比，也就是增加的1单位收入中用于增加消费的部分。由于中国农民是典型的集生产、消费于一体的组织，所生产的产品首先是用于满足自身需求，然后再考虑向市场供给。因此，在计算农户消费倾向时，农户的可支配收入不仅包括现金性收入，还包括相当比例的自给自足的实物商品，这部分商品需要折算成现金性收入。由此，计算农户消费倾向时所需要的两个指标为纯收入和生活消费支出，虽然这两个指标与可支配收入和消费支出有所不同，但却更能反映中国农户的消费倾向。

9.4.1 平均消费倾向及变动

从表9-11中可以看出，在整个观察期内，浙江十村农户家庭平均消费倾向总体呈下降趋势，由观察初期2003年的75.12%降至2018年的51.69%，整个观察期内下降了23.43个百分点。就各项消费类型的消费倾向变化看，食品、衣着、住房、燃料、用品以及教育等的平均消费倾向均呈下降走势，只有生活服务和医疗的平均消费倾向呈波动上升趋势，生活服务和医疗的平均消费倾向分别从2003年的7.59%和1.35%上升到2018年的8.73%和1.70%。可见，随着农户家庭经济的发展，农户家庭消费倾向正由生活用品向生活服务转移，生活服务和医疗消费已成为农户消费的新增亮点，这为启动国内大循环、扩大内需指明了方向。

表 9-11 浙江十村农户家庭平均消费倾向及变化

单位：%

年份	生活消费	食品	衣着	住房	燃料	用品	生活服务	医疗	教育
2003	75.12	43.20	4.91	9.51	1.84	10.72	7.59	1.35	6.59
2004	76.35	29.81	3.94	7.32	1.35	3.10	6.59	0.83	6.51
2005	87.95	31.64	4.61	24.75	1.52	8.71	4.8	0.79	8.98
2006	71.17	27.31	3.89	14.85	1.41	6.28	12.76	0.62	5.34
2007	69.99	27.78	4.69	13.01	1.38	6.58	9.79	0.79	6.47
2008	76.21	30.00	4.25	8.63	1.57	5.45	9.93	0.65	4.30
2009	65.10	26.11	4.45	6.85	1.16	4.88	7.59	0.70	4.56
2010	69.74	26.03	4.38	6.09	1.35	4.82	11.98	0.87	3.33
2011	75.35	31.16	5.82	4.41	1.00	5.59	8.93	0.90	3.17
2012	54.87	21.34	3.83	6.91	1.00	3.71	6.45	1.23	1.19
2013	58.55	23.94	4.03	9.16	1.00	4.69	6.18	1.68	2.24
2014	58.59	23.02	3.83	5.00	0.98	3.81	7.70	1.55	2.07
2015	55.98	34.97	5.75	6.05	1.10	4.43	10.56	2.89	3.66
2016	53.37	19.78	3.44	6.49	0.73	3.29	6.93	1.62	2.40
2017	52.17	18.46	3.27	4.10	0.68	3.81	7.86	1.45	2.26
2018	51.69	18.94	3.18	3.61	0.69	2.9	8.73	1.70	2.60

9.4.2 平均消费倾向与家庭收入的关系

从表 9-12 中可以看出，随着浙江农户家庭收入水平的提高，其平均消费倾向呈下降趋势。在整个 16 年中，低收户家庭的平均消费倾向高达 72.22%，中低户为 68.13%，中等户为 61.52%，中高户为 53.99%，高收户为 42.42%，两级农户相差 29.80 个百分点。就各收入层次的平均消费倾向变化看，各收入档次的农户的平均消费倾向均呈下降趋势，其中低收户下降幅度最小，从 2003 年的 82.87%降至 2018 年的 72.55%，16 年下降了 10.32 个百分点，而中等户和中高户下降幅度较大，分别从 2003 年的 80.54%和 75.35%下降到 2018 年的 49.34%和 39.60%，16 年分别下降了 31.20 和 35.75 个百分点。从各收入档次农户平均消费倾向的变化趋势看，收入处于中间层次的农户平均消费倾向下降的幅度最大，而处于两极的农户下降的幅度较小，这表明启动国内大循环，需要更多关注农村“中产者”的消费升级。

表 9-12　浙江十村农户家庭的平均消费倾向

年份	各收入水平农户的平均消费倾向（%）				
	低收户	中低户	中等户	中高户	高收户
2003	82.87	81.80	80.54	75.35	54.06
2004	77.99	84.63	71.80	73.08	47.37
2005	82.03	91.40	81.64	70.69	49.00
2006	74.26	74.80	64.98	59.78	47.15
2007	66.19	85.50	70.52	60.17	45.94
2008	79.30	76.75	64.67	55.84	38.70
2009	75.01	66.72	62.19	52.87	44.00
2010	73.29	71.75	59.92	55.24	44.80
2011	73.52	61.44	59.56	42.21	43.02
2012	58.35	61.22	55.76	47.67	42.81
2013	70.19	62.14	51.24	48.94	40.64
2014	67.51	57.05	59.21	46.86	38.24
2015	68.94	54.67	52.46	46.27	36.91
2016	63.85	51.45	52.31	47.80	37.92
2017	69.68	60.19	48.13	41.40	33.32
2018	72.55	60.19	49.34	39.60	34.77

9.4.3　不同平均消费倾向的农户分布变化

从图 9-15 中可以看出，浙江农户家庭平均消费倾向低的农户占比随时间推移呈上升趋势，而消费倾向高的农户占比呈显著下降趋势。具体而言，平均消费倾向低于 30%的农户占比呈明显上升趋势，由 2003 年的 8.60%上升至 2018 年的 32.19%，16 年上升了 23.59 个百分点；处于 30%～50%的农户占比呈波动上升趋势，由 2003 年的 18.40%上升至 2018 年的 25.55%，16 年上升了 7.15 个百分点；处于 50%～70%的农户占比保持相对稳定，整个观察期内在 22%上下波动；处于 70%～90%的农户占比呈微降走势，由 2003 年的 18.20%下降到 2018 年的 12.27%，16 年只下降了 5.93 个百分点；与此同时，高平均消费倾向的农户占比呈大幅下降趋势，平均消费倾向大于 90%的农户占比从 2003 年的 32.20%下降至 2018 年的 12.27%，整个观察期内下降了 19.93 个百分点。不同平均消费倾向的农户的分布变化表明，进入 21 世纪以来，随着浙江农户经济的发展与农户收入的增长，农户消费需求在下降，这不利于农村消费市场启动和内需扩大。

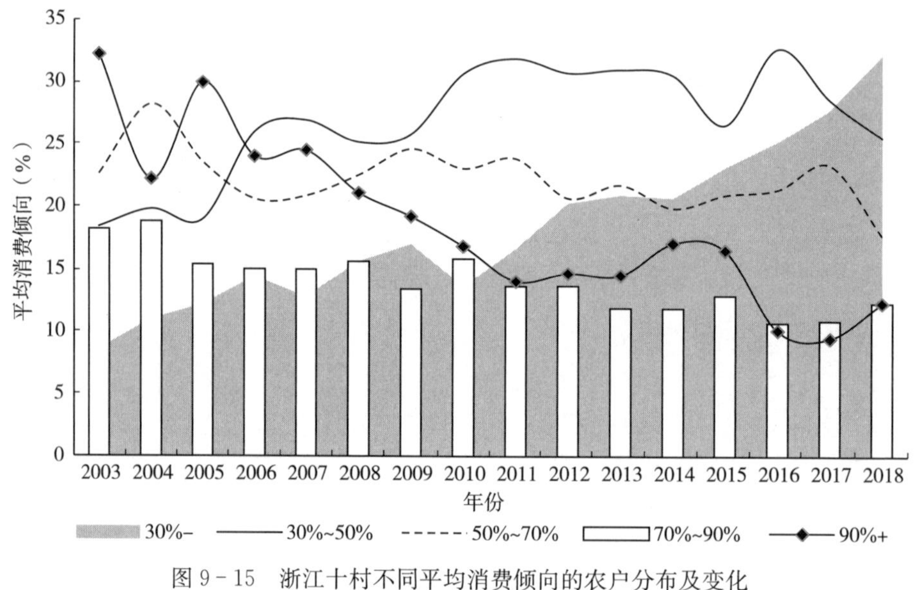

图 9－15　浙江十村不同平均消费倾向的农户分布及变化

9.4.4　边际消费倾向和消费的收入弹性变动趋势

对于农户家庭的边际消费倾向和消费的收入弹性，我们通过建立消费函数，用计量回归的方法得到相应的系数，我们这里用简单的最小二乘回归法得到估计系数。从图 9－16 中可以看出，自 2003 年以来，浙江十村农户家庭边际消费倾向呈波动下降趋势，由观察初期的 0.35 下降至 2018 年的 0.24，16 年下降了 0.11，降幅高达 31.43%。从阶段变化看，农户家庭的边际消费倾向在 2003—2006 年呈大幅下降趋势，这段时间也是进入 21 世纪以来农村税费改革的推广期，农户收入增长较快；随后受次贷危机的显著影响，农户收入增长放缓，边际消费倾向反弹后维持相对稳定，2011 年之后边际消费倾向波动幅度明显加大。

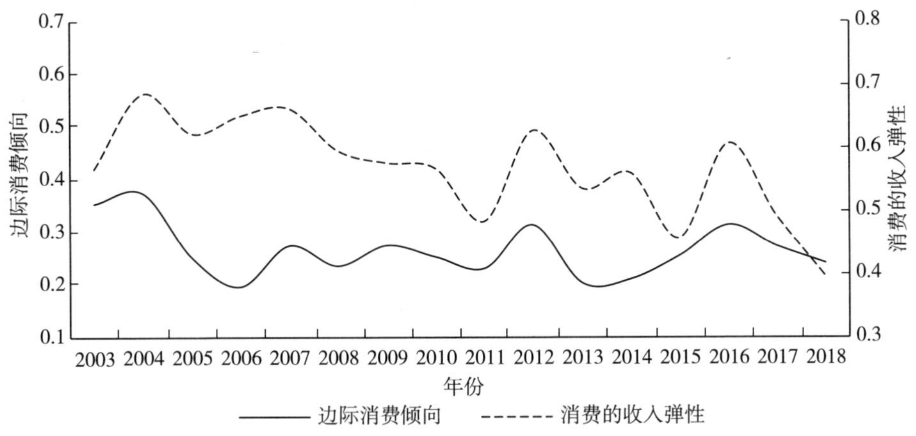

图 9-16 浙江十村农户家庭边际消费倾向、消费的收入弹性及变化

从消费的收入弹性看，自观察以来，浙江农户家庭消费的弹性呈波动下降趋势，由 2003 年的 0.57（即收入变动 1%，消费变动 0.57%）下降至 2018 年的 0.40，降幅高达 29.82%。农户家庭的边际消费倾向和消费的收入弹性随时间下降表明，在当下中国经济下行压力持续不减的情况下，启动国内大循环的根本出路还在于千方百计提高农户收入，只有收入提高了，扩大内需才能落到实处。

9.5 小结

消费是农户最基本的经济行为之一，通过 16 年的跟踪调查数据对浙江农户家庭消费水平及其变化的全面分析，有助于我们把握农户家庭消费的发展趋势以及结构变迁，这对于启动国内大循环、扩大内需有重要参考价值，特别是在当下全球新冠肺炎疫情肆虐、贸易保护主义抬头的情况下，更突显了其现实意义。总结本章实证分析，所得结论如下：

(1) 16 年来，浙江农户家庭的消费水平变化总体呈上升趋势，且与农户收入增长紧密相关，但也受中央政府支农政策以及外部环境如次贷危机的显著影响。

（2）经过16年的发展，浙江农户家庭生活水平有了显著提高，食品消费、衣着消费份额呈上升趋势，而住房、生活用品份额呈下降趋势，燃料消费始终处于微不足道的地位。家庭消费水平从低到高转移呈明显加速趋势，随着农村经济的发展，农户家庭消费不平衡性问题正在好转。

（3）随着农户经济的发展，家庭生活消费不仅在数量上发生了较大变化，在结构上也发生了很大变化。具体表现：在食品消费上：生活品消费份额持续下降，服务性消费份额快速上升；消费的市场化和货币化程度呈下降趋势，但这并不能说明农户家庭消费的市场化和货币化程度在倒退，而是因为扫码等移动支付技术的发展，导致了“无现金”交易的大幅增多。在住房消费上：住房支出水平波动式上升，这不仅跟农户收入、建筑成本有关，还受政策和宏观经济周期的影响。在服务消费上：支出增长非常明显，已成为浙江农户消费增长的一个新亮点。在整个16年观察过程中，农户家庭的服务消费水平有了显著变化，呈现明显的两极化趋势。农户家庭医疗服务消费支出的增长明显快于家庭收入增长和服务性支出增长，由此，医疗负担便成为新时期农户家庭的主要负担之一，也自然成为政府关注的焦点。随着农民生活水平的提高，其对风险的防范程度也相应增强，保险消费在浙江农村已成为一个新的消费亮点。养老保险和医疗保险是农民选择的最主要的险种，只有当农户的最基本保障需求得到满足，才可以考虑推广其他的保险，也只有最基本的生命养老保险得到满足，启动国内大循环、扩大内需才有市场。与此同时，旅游、交通、通信消费也正在农家生活消费支出中由一个不起眼的位置转向显著位置。

（4）随着时代的变迁，16年来浙江农户家庭平均消费倾向总体呈下降趋势，但出现了结构性分化，这种分化总体表现为由以生活品消费为主体向以服务性消费为主体转换，生活品消费倾向下降，而服务性消费倾向提高，尤其是医疗消费倾向呈稳步提高趋势，服务性消费已成为浙江农户消费的新增亮点。从各收入水平农户平均消费倾向的变化趋势看，收入处于中间层次的农户平均消费倾向下降幅度最大，而处于两极的农户下降的幅度较小，这表明启动农村消费市场、扩大内需，需要更多关注农村“中产者”的消费升级。

（5）从浙江农户家庭的边际消费倾向与消费的收入弹性计算结果中可

以清楚地看到，收入增长对农户消费增长具有重要的影响，但农户家庭的边际消费倾向和消费的收入弹性随时间推移下降，说明在当下中国经济下行压力持续不减的情况下，刺激消费扩大内需的根本出路还在于千方百计提高农户收入，只有收入提高了，启动国内大循环、扩大内需才能落到实处。

参考文献

曹力群，庞丽华，2000. 改革以来农户生活消费的变动特征及近期的发展趋势［J］. 中国农村经济（11）：12－19.

刘雯，2018. 收入差距、社会资本与农户消费［J］. 中国农村经济（6）：84－100.

彭小辉，王玉琴，史清华，2017. 山西农家行为变迁：1986—2012［M］. 北京：中国农业出版社.

史清华，徐翠萍，2008. 长三角农户服务消费行为的变迁：1986—2005［J］. 农业经济问题（3）：64－72.

王中军，张国兵，高礼彦，2007. 农村消费方式转变的思考［J］. 现代农业（6）：30－31.

Boone C，Wilse Samson L，2021. Structural Change and Internal Labor Migration：Evidence from the Great Depression［J］. The Review of Economics Statistics（10）：1－54.

Romer，Christina D，1990. The Great Crash and the Onset of the Great Depression［J］. The Quarterly Journal of Economics，105（3）：597－624.

第 10 章　实物消费

改革开放 40 多年来，尤其是家庭联产承包责任制实施后，人民的温饱问题已从根本上得到解决。从全面建设小康社会到向共同富裕目标迈进，浙江作为中国东部沿海省份，在推进经济增长与民众生活质量提升上一直起着表率作用。本章继续研究农户家庭的消费行为，考虑物价波动的影响，我们将视角从名义消费转向实物消费，重点对农户家庭的食物消费、耐用品消费以及生活居住条件等三大主题进行分析。

10.1　食物消费

10.1.1　粮食消费

随着浙江农村经济的发展，农民生活水平有了显著提高，在粮食消费上主要表现为主粮消费量较为稳定而副食消费量则明显上升的趋势。从浙江 16 年的农户跟踪调查情况看，农户家庭人均粮食（原粮）消费量由 2003 年的 200.40 千克波动下降至 2018 年的 167.40 千克，降幅 16.47%（表 10－1 和图 10－1）。从时间变化趋势看，人均原粮消费呈先大幅下降后在波动中保持稳定的态势。具体而言，2003—2011 年人均粮食消费持续走低，从 200.40 千克持续下降到 163.46 千克，8 年下降了 18.43%；2011 年之后虽有波动，但基本维持在 160 千克至 175 千克的一个相对窄的空间内波动。浙江农户家庭人均原粮消费量下降，原因无非有三：第一，粮食的替代品增多，尤其是副食消费日益丰富，肉、蛋、牛奶、鱼虾等高品质食品消费替代了部分粮食消费（关于这一点后文还将详细分析）；第二，外出就业机会增多，特别是饭量较大的年轻力壮的农村劳动力居家消费时间减少；第三，农业机械化程度不断提高，逐渐取代重体力劳动，导致粮食消费需求减少。

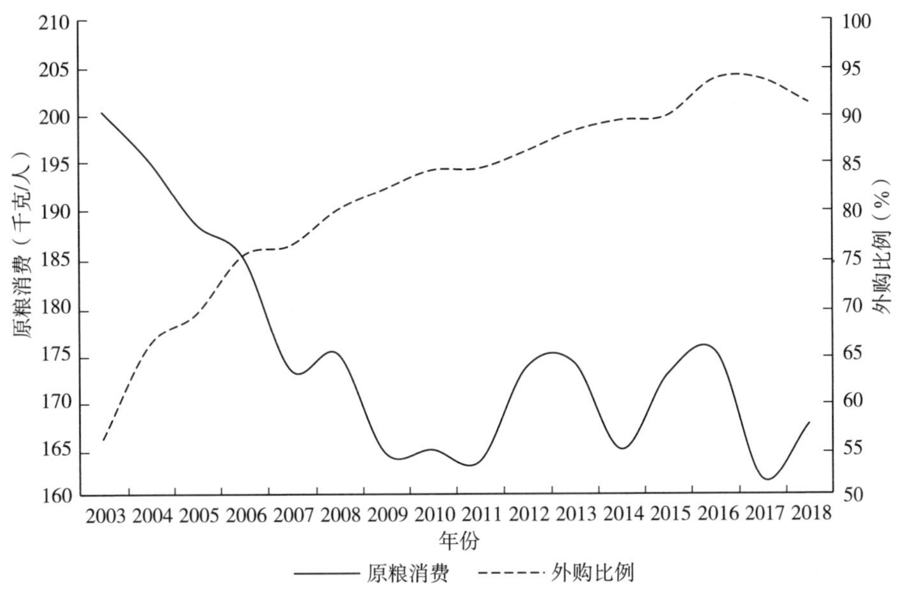

图10－1 浙江十村农户家庭粮食消费、外购比例及变化

10.1.1.1 粮食消费来源构成及变化

在原粮消费中，传统的以自给自足为主的结构已发生重大变迁，粮食外购比例显著上升（表10－1和图10－1），由观察初期2003年的55.90%大幅上升至2018年的91.33%，提高了35.43个百分点。浙江地处中国经济发达的沿海地区，是中国面积较小的省份之一，“七山一水两分田”的地理环境限制了其粮食种植生产，因此在21世纪初就有一半以上的农户通过市场解决家庭粮食消费问题。随着城市化和工业化的推进，浙江用于粮食种植的耕地越来越少，加上农户家庭经营的非农化倾向，越来越多的农户家庭通过市场解决粮食问题。当然，通过市场解决自家粮食消费问题也是市场分工和专业化发展的必然趋势，然而，我们在欣喜于浙江农村经济取得的巨大发展的同时，也有一丝担忧，尤其是在加速推进城镇化和工业化的进程中，大量耕地被占，粮食生产和安全问题是一个绕不开的难题。如果说过去只有城市居民粮食需求主要依靠各省区调剂的话，那么今天粮食调剂还需要解决大量农村人口的粮食消费需求问题，未来随着城市化的继续推进，如何确保“中国人的饭碗任何时候都要牢牢端在自己的手

上”值得决策层和学术界深思，尤其是在新冠肺炎疫情全球大肆虐的情况下，贸易保护主义抬头，粮食或将成为世界性危机。

10.1.1.2 不同原粮消费外购比例的农户分布

随着浙江农户经济的快速发展，农户非农化进程加快，农户家庭农地经营出现了明显的淡化趋势。与此同时，经营农地的农户也由以粮为主向非粮和非农转移，家庭粮食消费市场化和商品化趋势明显。从16年的跟踪调查结果看（表10-1），随着原粮消费外购比例的上升，农户分布变化呈现一个旋转180度的“L”形趋势。粮食消费完全依赖自给的农户分布量从2003年的24.40%大幅下降到2018年的5.07%，整个观察期内下降了近20个百分点；外购比例在0～50%的农户占比从2003年的19.80%降到2018年的1.01%，下降了18.79个百分点；外购比例在50%～70%的农户占比从2003年的5.00%降至2018年的1.01%，16年下降了约4个百分点；外购比例处于70%～90%的农户占比除2018年以外，保持在1%与5%之间波动；外购比例处于90%～100%的农户占比则呈大幅上升趋势，由2003年的47.40%上升至2018年的81.14%，整个观察期内上升了33.74个百分点；其中完全依赖市场（外购比例100%）解决家庭粮食问题的农户在整个观察期内平均超过一半以上，且其占比呈大幅上升趋势，已由2003年的44.00%上升至2018年的66.33%，16年上升了22.33个百分点。可见，当下的浙江农村，绝大多数农户家庭粮食消费问题依赖市场解决。这一结果表明，浙江农村市场经济的发展给传统农户带来了更多的非农就业机会，尤其是随着电子商务的发展，各种各样的“淘宝村”诞生，2/3的农户彻底从粮食自给自足的模式中解放出来了，这是浙江农村经济结构调整的重要动力。

表10-1 浙江十村农户家庭粮食消费、外购比例及农户分布情况

年份	原粮消费（千克/人）	外购比例（%）	不同外购比例农户分布（%）					
			0	0～50%	50%～70%	70%～90%	90%～100%	#100%
2003	200.40	55.90	24.40	19.80	5.00	3.40	47.40	44.00
2004	195.26	65.79	20.16	14.72	2.82	5.65	56.65	53.02
2005	188.56	69.07	18.91	13.08	2.01	4.23	61.77	57.75

（续）

年份	原粮消费（千克/人）	外购比例（%）	不同外购比例农户分布（%）					
			0	0～50%	50%～70%	70%～90%	90%～100%	♯100%
2006	185.05	75.25	16.90	7.94	2.44	1.63	71.08	68.02
2007	173.09	76.29	16.02	7.60	2.05	3.08	71.25	68.58
2008	174.81	80.04	14.79	5.00	1.88	2.92	75.42	71.88
2009	164.37	82.21	13.64	4.55	1.03	1.03	79.75	75.62
2010	164.71	84.23	11.86	3.89	0.61	2.25	81.39	79.35
2011	163.46	84.40	11.56	3.65	1.42	2.84	80.53	72.01
2012	173.39	86.21	10.39	2.85	0.41	4.28	82.08	71.08
2013	173.91	88.33	9.57	1.22	0.20	2.85	86.15	67.41
2014	164.73	89.48	8.57	0.82	0.41	1.84	88.37	68.57
2015	172.66	89.92	7.54	1.43	0.41	1.83	88.80	65.17
2016	175.00	93.82	3.92	1.24	0.62	2.68	91.55	68.66
2017	161.57	93.83	4.29	1.02	0.61	3.88	90.20	74.08
2018	167.40	91.33	5.07	1.01	1.01	11.76	81.14	66.33

10.1.2　果蔬消费

从浙江农户家庭果蔬消费来看（表 10－2 和图 10－2），农户家庭的人均蔬菜消费量在波动中下降，由 2003 年的 100.18 千克微降至 2018 年的 96.58 千克，降幅 3.59%。具体看，2003—2006 年全面实施农村税费改革，农户经济负担下降，收入增长，蔬菜消费呈下降走势；之后受次贷危机影响，农户收入下降，蔬菜消费大幅上升；次贷危机后蔬菜消费再次下降，到 2010 年降到观察期内最低水平（90.22 千克/人）；随后出现一波长达 6 年的快速增长，到 2016 年人均蔬菜消费量超过了 110 千克，达到了 111.84 千克；2017 年回落到 100 千克以下，2018 年进一步降至 96.58 千克，比 2003 年的 100.18 千克还低 3.60 千克。蔬菜消费量的波动变化可能与蔬菜的市场价格的季节性波动、循环性波动和不规则波动以及农户收入增长紧密相关。

表 10-2　浙江十村农户家庭果蔬、食用油、肉类等消费水平及变化

单位：千克/人

年份	蔬菜	食用油	肉类	水果	禽肉	禽蛋	奶类	鱼虾	食糖
2003	100.18	11.45	20.76	41.76	7.19	6.65	2.78	23.77	3.78
2004	100.77	11.61	19.87	41.93	7.24	6.42	2.74	23.37	3.77
2005	98.67	11.99	22.17	43.72	7.08	6.55	3.59	25.41	3.41
2006	97.39	11.94	22.49	40.19	7.24	6.83	3.27	25.44	3.74
2007	106.28	13.33	20.76	45.17	7.49	6.95	4.46	26.83	3.58
2008	108.19	12.42	22.18	42.71	7.48	6.66	4.27	26.52	3.24
2009	97.36	12.24	21.40	40.28	8.41	7.05	5.39	25.28	3.00
2010	90.22	12.07	21.38	36.65	8.41	7.05	6.57	24.20	2.81
2011	94.62	12.00	22.28	39.91	9.12	7.90	6.73	24.54	2.62
2012	101.89	12.58	26.42	40.39	10.07	8.11	6.67	27.49	3.04
2013	101.02	12.61	25.31	41.10	9.30	8.42	5.93	28.55	2.46
2014	103.39	12.70	26.07	37.24	9.76	8.79	7.32	28.54	2.60
2015	110.95	12.30	25.77	38.44	9.66	8.08	6.20	26.85	2.70
2016	111.84	12.00	25.98	37.44	10.08	8.15	7.24	27.31	2.26
2017	95.65	12.15	25.66	36.57	10.53	8.68	7.06	28.19	2.42
2018	96.58	13.60	28.67	38.26	10.08	8.70	7.78	27.81	2.50

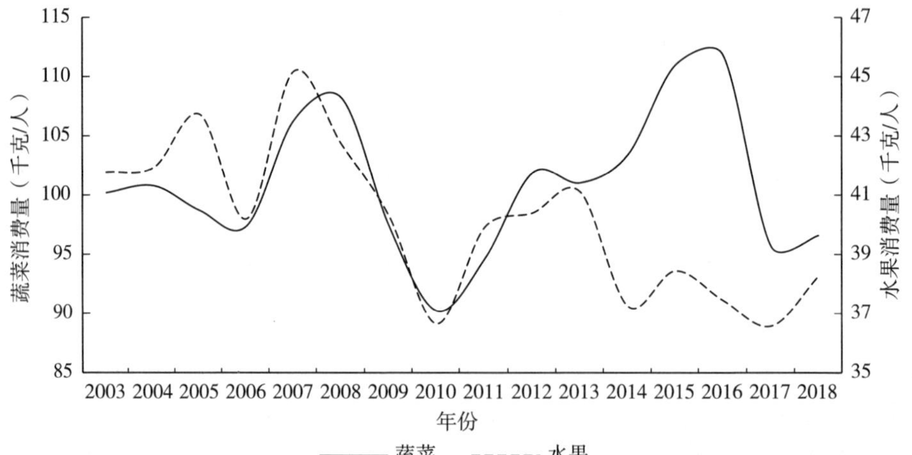

图 10-2　浙江十村农户家庭果蔬消费水平及变化

从农户家庭水果消费来看（表 10-2 和图 10-2），在整个 16 年的跟踪观察中，农户家庭水果消费量也呈波动式下降，人均水果消费由观察初期 2003 年的 41.76 千克降至 2018 年的 38.26 千克，降幅 8.38%。

浙江农户家庭果蔬消费量的下降可能与进入 21 世纪以来中国果蔬产品价格不断上涨有关。有学者对 2002—2012 年果蔬价格变化研究发现，果蔬产品价格不仅呈现明显上涨的特征，而且上涨速度还明显变快（李崇光、宋长鸣，2016），因此果蔬价格的不断上涨可能是导致农户家庭果蔬消费量下降的原因之一。另外，随着生活水平的提高，肉类、鱼虾和奶类等高品质食品消费水平的提高可能挤出了部分果蔬消费（这一点下面还将进一步分析）。

10.1.3　食用油消费

从表 10-2 和图 10-3 中可以看出，在整个观察期内，随着人们生活水平的提高，浙江农户家庭食用油消费水平呈“N”形波动上升趋势，人均食用油消费量由 2003 年的 11.45 千克上升至 2018 年的 13.60 千克，16 年上升幅度达到了 18.78%。具体而言，农户家庭人均食用油消费量从

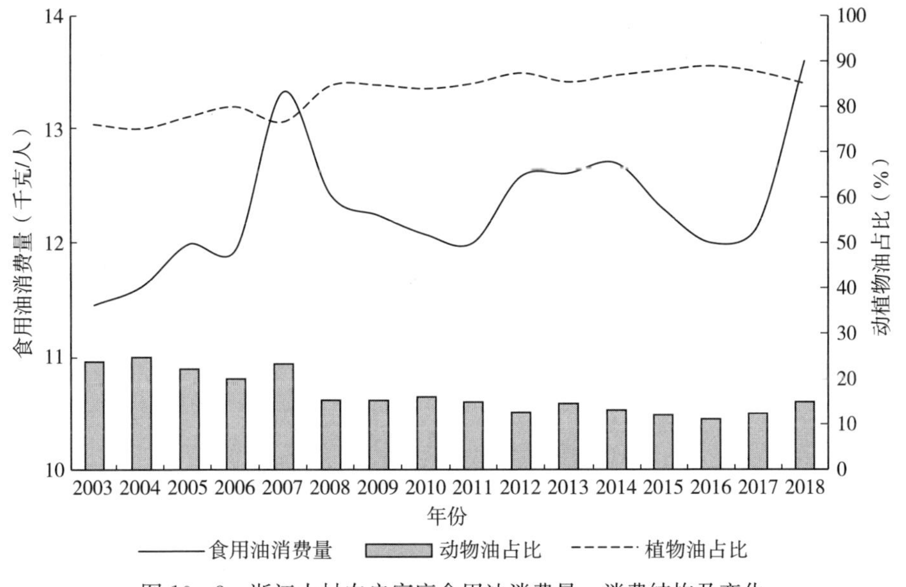

图 10-3　浙江十村农户家庭食用油消费量、消费结构及变化

2003 年的 11.45 千克一路上升至 2007 年的 13.33 千克，之后开始回落，到 2016 年为 12.00 千克，2017 年再次回升，到 2018 年上升至 13.60 千克，为观察以来的最高点。

就食用油构成看，植物油是浙江农户家庭食用油消费的主体，且其主体地位随时间推移呈强化趋势。从时间变化趋势上看，植物油份额已由 2003 年的 76.16%上升至 2018 年的 85.07%，16 年上升了近 10 个百分点。与此相对应，动物油消费份额呈下降走势，已由 2003 年的 23.84%下降到 2018 年的 14.93%，在整个观察期内下降了近 10 个百分点。食用油结构的变化表明，随着农户收入水平的提高，农民对食用油的饮食健康问题越来越关注，农户家庭正在逐渐减少或放弃动物油消费，并增加植物油消费，未来随着人们愈发重视饮食健康问题，动物油的消费还将继续下降。

10.1.4 肉类消费

从表 10－2 中可以看出，进入 21 世纪后，随着浙江农村经济的发展，人均肉类消费量呈增加趋势，由 2003 年的 20.76 千克增加到 2018 年的 28.67 千克，16 年增加了 38.10%。从农户家庭肉类消费结构看（图 10－4），猪肉是浙江农户家庭肉类消费的绝对主体，农户家庭猪肉消费份额一直保持在 84%以上，份额最高的年份甚至达到了 88.68%（2003 年）。但就趋势看，猪肉消费份额总体呈缓慢下降趋势，由观察初期 2003 年的 88.68%波动下降至 2018 年的 84.79%，为观察以来的最低值。牛肉消费份额呈上升趋势，由 2003 年的 7.08%上升至 2018 年的 10.60%，16 年上升了 49.75%。羊肉消费份额较低，并在波动中保持平稳，观察期内基本维持在 4%与 5%之间。尽管羊肉的营养价值较高，但在整个观察期内羊肉消费份额保持稳定，原因有三：第一，浙江地处江南，并不是羊肉产区；第二，南方人普遍对羊肉的“膻味”接受度较低；第三，羊肉的偏热特性决定了它在南方的市场份额不会太高。

显然，随着浙江农户收入的增加和生活质量的提高，尤其是近年来农户家庭肉类消费的增加，部分挤出其他食品如果蔬的消费。在肉类消费结构中，牛肉的营养价值较高，但价格也较高，故随着人们生活水平的提高，牛肉消费份额在不断上升，部分替代了猪肉消费。

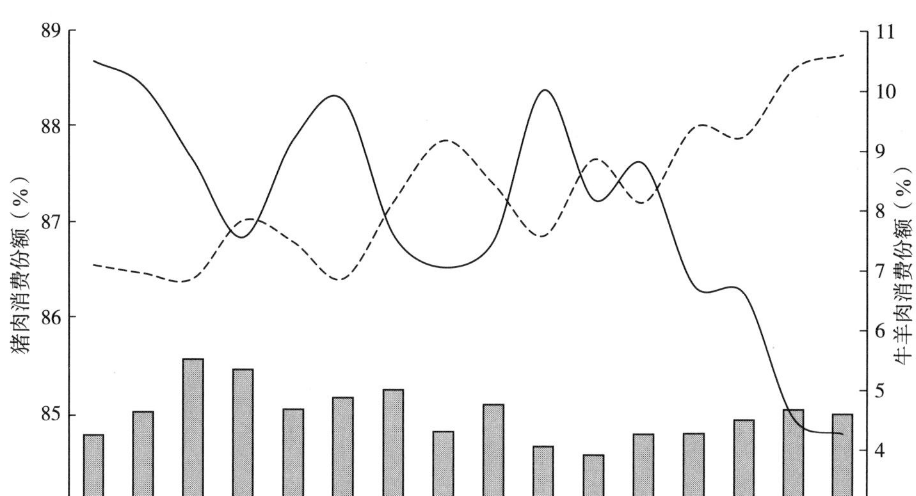

图 10-4　浙江十村农户家庭肉类消费份额及变化

10.1.5　禽肉禽蛋消费

从表 10-2 和图 10-5 中可以看出，在整个 16 年观察期中，随着时间的推移，农户家庭禽肉和禽蛋消费均呈现稳步上升趋势，人均禽肉和禽蛋消费量分别由 2003 年的 7.19 千克和 6.65 千克上升至 2018 年的 10.08 千克和 8.70 千克，16 年间升幅分别达到了 40.19%和 30.83%，禽肉消费增长超过禽蛋消费增长。从禽肉消费的时间变化看，人均消费量在 2008 年之前都维持在 7 千克多，2009 年突破 8 千克，经过 2 年到 2011 年突破 9 千克，经过长达 4 年的徘徊，到 2016 年突破 10 千克，之后维持在 10 千克以上的高位运行。与此同时，禽蛋消费量走势与禽肉消费相似，在 2008 年之前都处于 6 千克级别，到 2009 年才突破 7 千克，3 年后，到 2012 年突破 8 千克，之后维持在 8 千克以上的高位运行。禽肉和禽蛋的消费量随时间不断上升说明浙江农户经济发展取得了明显进步，人们生活水平和质量得到了显著提升。另外，禽肉和禽蛋的消费量快速增长，还有可能与进入 21 世纪后，时不时发生“猪瘟”疫情有关，诸如非洲猪瘟。鸡猪替代可能是农家肉蛋副食消费中的一个正常现象。当然，机械化的禽肉和禽蛋生产使得其价格相对猪肉来说偏低也可能是农户舍弃猪肉选择禽肉与禽蛋的一个重要原因。

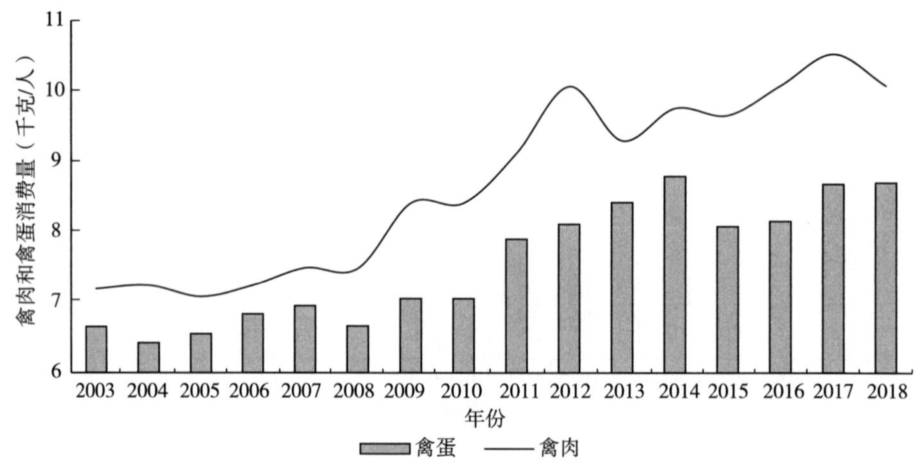

图 10-5　浙江十村农户家庭禽肉、禽蛋消费量及变化

10.1.6　奶类、鱼虾和食糖消费

从图 10-6 和表 10-2 中可以看出，浙江农户家庭奶类消费呈大幅增长态势，人均奶类消费由 2003 年的 2.78 千克上升到 2018 年的 7.78 千克。尽管人均消费量还较低，尤其是相对于城镇居民来说，但增速不容忽视，在整个观察期内人均奶类消费增长了 1.80 倍，年均增长 7.10%。农户家庭人均奶类消费出现如此大幅增长，除了跟农户收入水平提高以及对奶类营养价值认知的提升有关，可能还与政府支持奶业产业化的发展战略有关。制约传统奶业发展的障碍主要是奶类的保存和运输困难问题，随着保鲜技术和交通技术的发展，奶类产品的流通瓶颈得到解决，不仅城市人能喝到鲜奶，农村人也实现了喝鲜奶的梦。随着农村生活质量的提高，农村居民对奶类的消费需求会越来越旺盛，农村奶类需求市场空间巨大。

鱼虾是人类获取优质蛋白的重要来源，曾经是城镇居民的高端食材，但随着农村经济的发展，农村居民对鱼虾的需求也呈大幅增长趋势，尤其

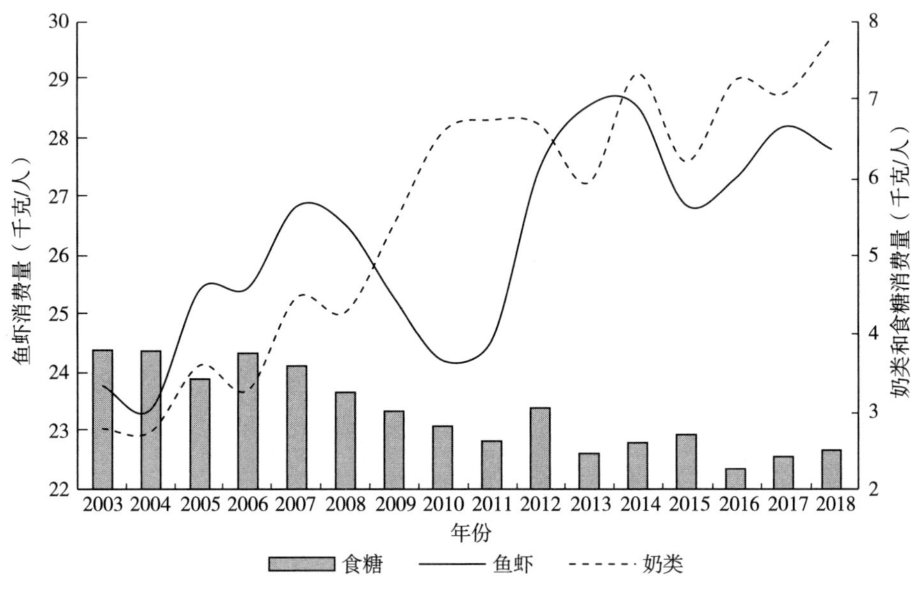

图 10-6　浙江十村农户家庭鱼虾、奶类和食糖的消费量及变化

是素有“鱼米之乡”美誉的浙江更是如此。从图 10-6 中可以看出，浙江农户家庭人均鱼虾消费已由 2003 年的 23.77 千克上升至 2018 年的 27.81 千克，16 年上升了 17.00%，几乎每年上升 1 个百分点。与之相对应，农户家庭食糖消费量在整个观察期内处于微不足道的地位，糖作为“甜美”的代名词曾经是农村重要的调味料，但随着各种调味品的丰富，食糖的消费量呈大幅下降趋势，人均食糖消费量已由 2003 年的 3.78 千克降至 2018 年的 2.50 千克，降幅为 33.86%。相比奶类和鱼虾，食糖消费量的大幅下降表明农村居民健康意识和生活水平的大幅提高。

总之，进入 21 世纪以来，浙江农户家庭食品消费方面的变化是非常大的，主要表现在：主粮消费量（原粮消费量）呈下降趋势，但来源构成已发生结构性变化，农户家庭原粮消费的市场化程度越来越高，绝大多数农户家庭粮食消费问题依赖市场解决，完全依赖外购的农户占比高达 2/3。随着农户经济的发展以及生活质量的提高，肉类、奶类、鱼虾等高品质的食物消费量不断提高，部分替代了传统的果蔬消费。进入 21 世纪后，随着各种调味品的丰富，食糖消费量呈下降趋势。从浙江农户家庭食品消费的变化看，农户的基本生存需求得到了极大的满足，开始向健康、美好的生活迈进。

10.2 耐用品消费

在耐用品消费上，大体可以分成以下五类：第一类是传统消费品（简称“传统型”），诸如自行车、缝纫机以及大型家具；第二类是改革开放后兴起的消费品（简称“开放型”），诸如电视机、电冰箱、洗衣机、电风扇；第三类是21世纪以来兴起的消费品（简称“世纪型”），诸如空调、电饭锅、微波炉和热水器；第四类是奢侈型的消费品（简称“奢侈型”），诸如计算机、小汽车、摩托车等；第五类是联动消费型的消费品（简称“联动型”），诸如固定电话、移动电话、照相机、录像机等。

对于农户生活用品中的耐用品消费，我们主要从平均拥有量和普及率两个方面加以考察，其中平均拥有量反映农户家庭耐用品的消费水平，普及率反映农村生活耐用品消费的市场普及程度；同时，对一些传统耐用品消费还做进一步的分布考察。

10.2.1 “传统型”耐用品消费

从表10-3中可以看出，在浙江农村，“传统型”耐用品诸如自行车、缝纫机和大型家具的拥有水平与普及情况在观察期内发生了很大变化。就传统上解决交通问题的自行车而言，其拥有量在整个跟踪观察期内呈持续下降走势，百户拥有量观察初期2003年为179.40辆，经过16年的持续下降，到2018年降至61.97辆，为观察期内最低点，相比2003年降幅高达65.46%。与此同时，伴随拥有量的不断下降，自行车的普及率也呈大幅下降趋势，由观察初期2003年的87.20%大幅降至2018年的44.87%，几乎下降了一半。从时间变化趋势看，2003—2006年自行车普及程度降幅较小，普及程度仍维持在80%以上，但次贷危机后，随着2008年国家出台“家电下乡”、2009年出台“汽车下乡”（2009年《汽车产业调整和振兴规划》）等惠农政策，以及“村村通工程”的实施，自行车拥有量和普及率呈快速下降趋势。从这一结果中可以看出，随着生活水平的提高，在新的代步工具如摩托车、电动自行车和三轮车以及小汽车等机动化代步工具的替代下，农村过去出行基本靠自行车的局面已经成为历史。

表 10－3　浙江十村农户家庭“传统型”耐用品百户拥有量与普及率

年份	百户拥有量			普及率（%）		
	自行车（辆）	缝纫机（台）	大型家具（件）	自行车	缝纫机	大型家具
2003	179.40	85.00	716.00	87.20	76.40	93.60
2004	170.20	83.00	691.60	84.20	75.20	91.80
2005	160.28	81.24	718.36	83.83	73.85	92.02
2006	152.40	81.80	704.00	82.00	74.40	92.20
2007	145.95	80.77	699.39	78.95	73.28	91.09
2008	132.86	79.11	700.00	75.46	72.21	90.06
2009	120.80	78.00	686.80	72.20	70.40	89.40
2010	110.02	76.95	710.82	70.14	70.74	92.18
2011	100.80	74.15	699.40	66.13	68.34	90.58
2012	89.56	69.28	710.64	60.44	64.66	92.97
2013	84.71	69.62	677.46	57.75	63.98	90.95
2014	75.50	58.03	654.22	51.20	54.82	90.56
2015	72.84	65.79	648.69	50.10	59.36	90.54
2016	69.39	62.63	635.76	48.48	57.37	90.10
2017	65.93	61.29	631.45	45.36	57.26	90.32
2018	61.97	55.33	650.91	44.87	51.91	90.74

就缝纫机看，在整个跟踪观察期内，农户家庭百户拥有量呈持续下降走势，由 2003 年的 85.00 台持续下降到 2018 年的 55.33 台，为观察以来最低点，降幅 34.91%。伴随缝纫机拥有量的不断下降，其普及程度也呈逐年下降趋势，由 2003 年的 76.40%降至 2018 年的 51.91%，下降了 24.49 个百分点。缝纫机曾经是农村家庭解决衣着问题的重要工具，是农户婚嫁必备品①，但随着纺织和服装产业的发展，农户家庭使用缝纫机做

① 20 世纪 70 年代，人们婚娶的必备品是自行车、缝纫机、手表、收音机“老四件”，自行车是一个家庭基本的出行工具，缝纫机是解决一个家庭穿衣保暖问题的基本工具，手表是生产生活必备的工具之一，收音机是了解国内新闻、政策的主要工具，同时也是农民的主要娱乐工具。随着改革开放的到来，工业产品不再那么短缺，“老四件”被“三电一响”（电视机、电冰箱、洗衣机和音响）的“新四件”所取代，“新四件”一度成为八九十年代婚娶的标配。到了 21 世纪，随着工业品的日益丰富、人们生活水平的提高，百姓婚娶的标志内容明显更为丰富，在传统家电一应俱全的基础上，摩托车、彩电、空调等产品开始走进寻常百姓家。

衣服的需求逐渐消失，无论是城市居民还是农村居民都完全可以轻而易举地通过市场解决着装问题，因此主要解决农民着装问题的缝纫机也像自行车一样慢慢退出历史舞台。

就大型家具看，农户家庭百户拥有量呈波动下降趋势，由 2003 年的 716.00 件下降到 2018 年的 650.91 件，降幅 9.09%。从时间变化看，在 2003—2012 年的 10 年中农户家庭百户拥有量基本在波动中维持稳定，百户拥有量在 700 件上下波动；2012 年之后百户拥有量大幅下降，由 2012 年的 710.64 件降至 2017 年的 631.45 件，降幅 11.14%，之后有所反弹，到 2018 年反弹至 650.91 件。从普及程度看，农户家庭家具普及程度呈先降后升走势。具体而言，从 2003 年的 93.60%下降到 2009 年的 89.40%，随后波动式上升至 2012 年的 92.97%，为观察期以来的次高点，之后回落并保持在 90%左右。需要说明的是，百户大型家具拥有量和普及程度的下降并不意味着农户生活水平的下降，而是农民日常生活方式日益“精细化”以及家具和住房结构的优化导致其大型家具需求下降。

10.2.2 “开放型”耐用品消费

“开放型”耐用品的消费是伴随着改革开放的进程，逐渐走进平常百姓家的，它曾经也是衡量百姓生活水平高低的显著性标志。自 20 世纪 80 年代以来，中国老百姓的生活就发生了翻天覆地的变化，在这一变化中，生活用品的电器化就是一个重要标志。这一变化来得如此之快，尤其是浙江作为沿海发达地区，不仅老百姓，就连决策层可能也没有想到变化如此快。从表 10 - 4 中可以看出，在整个观察期内，浙江农户家庭的电器化进程相当快。从电视机拥有量上看，在观察初期的 2003 年，百户家庭拥有电视机仅为 162.20 台，户均超过了 1 台半，其中彩色电视机 123.00 台，户均也超过 1 台，经过 15 年的发展，到 2018 年已实现百户拥有量 239.44 台，户均超过 2 台，其中彩色电视机百户拥有量也达到了 231.59 台，户均也超过 2 台。

随着电视机拥有水平的提高，电视在浙江农户家庭中的普及程度也呈上升趋势，由观察初期 2003 年的 96.60%上升至 2018 年的 98.59%，几乎快全面普及了；而彩电的普及程度上升速度更快，在观察初期只有

83.60%的农户拥有，经过 3 年的发展，到 2007 年突破 90%的大关，之后继续上升，到 2018 年达到了 95.37%，与同期电视机的普及程度的差距大幅缩小，由观察初期 2003 年的 13 个百分点缩小到 2018 年的 3.22 个百分点。电视机和彩色电视机的拥有量和普及程度的差距不断缩小，表明电视机的消费已从“黑白时代”全面升级到“彩色时代”，彩色电视机对黑白电视机的替代已几乎完成，接下来应该是彩色电视机的升级换代。

表 10－4　浙江十村农户家庭“开放型”耐用品百户拥有量与普及率

年份	百户拥有量（台）				普及率（%）			
	电视	♯彩电	洗衣机	电冰箱	电视	♯彩电	洗衣机	电冰箱
2003	162.20	123.00	51.60	67.00	96.60	83.60	46.40	56.20
2004	165.40	131.20	51.80	67.20	96.80	86.40	46.20	58.80
2005	171.46	141.12	53.69	70.46	97.60	88.22	49.30	63.07
2006	176.60	150.40	56.60	78.00	97.40	89.60	51.80	67.40
2007	187.65	167.21	62.75	90.08	98.38	92.51	55.87	74.70
2008	191.48	176.06	64.50	88.03	96.35	92.29	58.01	76.27
2009	195.60	185.80	70.40	93.00	95.20	92.40	62.60	78.00
2010	207.01	195.79	75.55	97.80	97.60	93.79	65.93	82.77
2011	216.23	205.61	74.35	102.40	98.20	94.79	65.73	84.77
2012	218.67	207.83	79.12	106.83	97.99	93.78	68.88	87.55
2013	224.35	214.49	81.69	109.86	97.59	94.37	69.82	88.93
2014	224.90	218.67	85.14	110.44	96.39	94.18	73.29	90.56
2015	229.58	221.73	87.93	117.51	96.98	94.77	75.05	91.95
2016	236.16	225.66	89.90	120.61	96.97	93.13	75.56	92.12
2017	245.36	235.89	93.95	127.02	98.39	95.97	77.82	93.35
2018	239.44	231.59	95.57	125.75	98.59	95.37	81.69	95.57

洗衣机和电冰箱曾经是城市居民的主要耐用消费品，但随着浙江农户经济的发展，它们也开始迅速进入农家，从低档到高档一应俱全，改变着农家的生活方式。在观察伊始，洗衣机和电冰箱等的拥有水平和普及程度还不高，百户拥有水平分别为 51.60 台和 67.00 台，但到 2018 年分别上升至 95.57 台和 125.75 台，分别提高了 85.21%和 87.69%。尤其是电冰

箱，随着农户家庭食品消费的市场化和商品化程度的不断提高，户均电冰箱拥有量早在2011年就超过了1台，这可能进一步促进农户家庭食品消费的市场化和商品化程度提高。从普及程度上看，洗衣机的普及程度呈大幅上升趋势，由2003年的46.40%上升至2018年的81.69%，大幅提高了35.29个百分点，但相比电视机来说还有较大上升空间，这对于进一步解放农村妇女的劳动力有重要作用。电冰箱的普及程度由2003年的56.20%上升至2018年的95.57%，已达到了饱和程度。当然，伴随家电技术的不断更新，洗衣机和电冰箱等耐用品也会像电视机一样升级换代，如洗衣机由半自动走向全自动，由“直筒”变“滚筒”，电冰箱由含氟走向无氟，由单开门走向双开门，白色家电产品的日益丰富使得农村老百姓生活越来越丰富多彩、越来越现代化，日益与城市化生活方式趋同。

就白色家电在浙江农户中各拥有水平的分布看，观察户家庭经历了从无到有、从少到多、从低档到高档的变迁过程。就彩色电视机拥有量的分布看（图10-7），在2003年，有16.40%的农户没有彩电，但到2018年这一比例下降到个位数，仅为4.63%。在2003年拥有1台彩电的农户占比55.20%，到2018年则下降到23.74%，几乎下降了一半；与之相对应的是拥有2台彩电的农户占比大幅增加，由2003年的20.20%上升至2018年的37.83%；拥有3台及以上彩电的农户家庭占比更是呈现了爆发式增长，由2003年仅占8.20%上升至2018年的33.80%。彩色电视机拥有量的户级分布变化情况表明，进入21世纪以来，浙江农户家庭的彩电普及程度已有大幅提升，个性化的电视消费正走进农家（家庭成员不需要为偏好的节目不同而“争频道”）。

其他家电，诸如电冰箱和洗衣机等，由于消费偏好的一致性较高，所以其拥有水平和普及程度提高的一致性也非常高（表10-4）。但由于白色家电升级换代周期较短，拥有多台的农户比例也明显呈上升趋势。就洗衣机而言（图10-8），在2003年没有洗衣机的农户占一半以上，比例高达53.60%，拥有1台的农户仅为41.60%，拥有2台及以上的农户仅有4.80%。经过4年的发展，到2007年，没有洗衣机的农户比例大幅降至一半以下，为44.13%，较2003年下降了近10个百分点；拥有1台的农户超过一半，达到了50.20%，拥有2台及以上的农户占比也出现了小幅

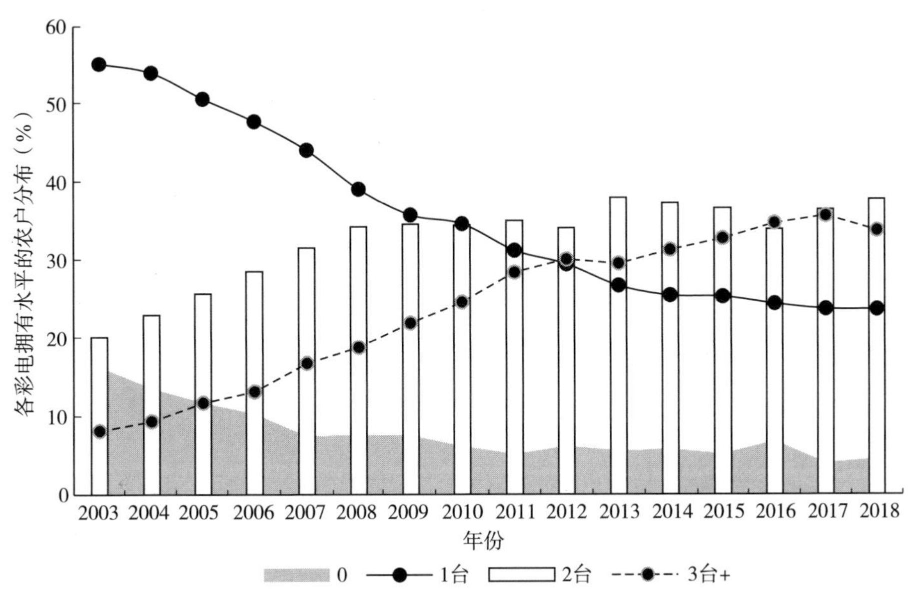

图 10-7　浙江十村农户家庭各彩电拥有水平的农户分布及变化

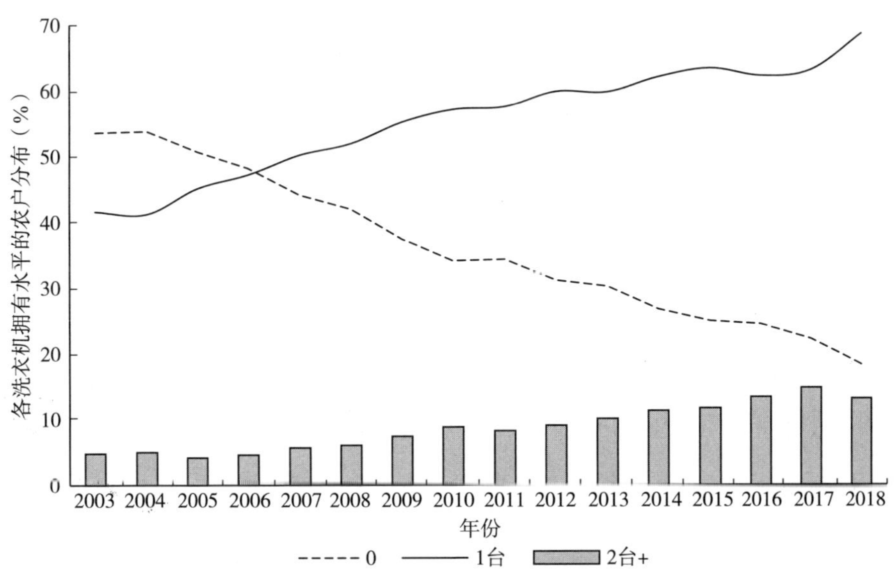

图 10-8　浙江十村农户家庭各洗衣机拥有水平的农户分布及变化

增加，上升至 5.67%。再经过 11 年的发展，洗衣机的拥有水平得到了快速提升，到 2018 年，没有洗衣机的农户占比大幅降至 18.31%，较 2007

年下降了 25.82 个百分点；拥有 1 台的农户占比大幅上升，达到了 68.61%，较 2007 年上升了 18.41 个百分点；拥有 2 台及以上的农户占比升到了 13.08%，较 2007 年增加了 7.41 个百分点。

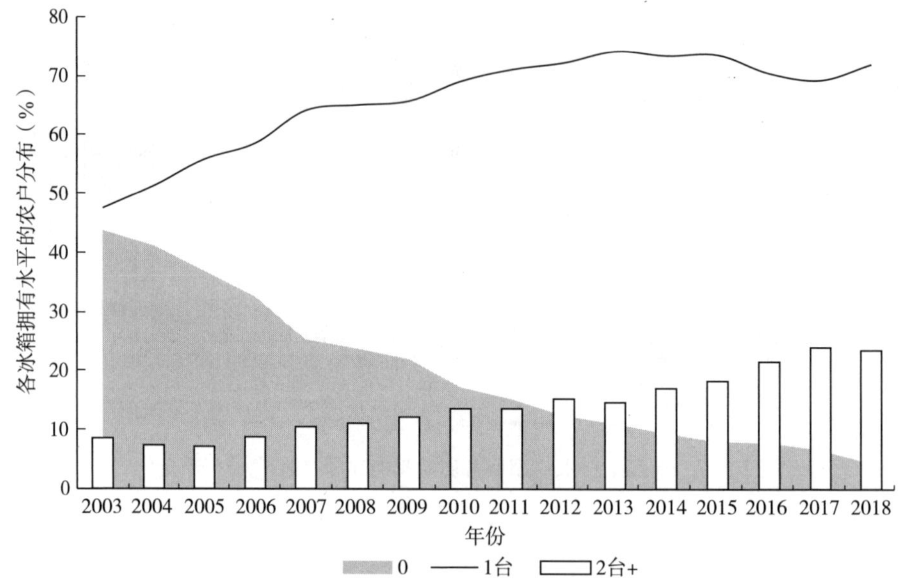

图 10－9　浙江十村农户家庭各冰箱拥有水平农户的分布及变化

从图 10－9 中可以看出，作为城里人标准生活必需品的电冰箱也开始大规模地走进农家，在 2003 年时电冰箱对农户家庭而言还不是很普及，43.80%的农户家庭没有电冰箱，47.60%的农户拥有 1 台，8.60%的农户拥有 2 台及以上。经过 10 年的发展，到 2013 年，这种状态发生了显著变化，没有电冰箱的农户比例下降至 11.07%，相比 2003 年下降了 32.73 个百分点；拥有 1 台的农户比例大幅上升至 74.25%，相比 2003 年增加了 26.65 个百分点；拥有 2 台及以上的农户比例也呈增长趋势，相比 2003 年增长了 6.09 个百分点。再经过 5 年的发展，到 2018 年，没有电冰箱的农户比例进一步下降到个位数，为 4.43%，拥有 1 台的农户比例进一步上升至 72.03%，拥有 2 台及以上的农户比例上升至 23.54%，分别比 2013 年下降了 6.64 个百分点、下降了 2.21 个百分点、上升了 8.85 个百分点。

应该说，在很长一段时间里，拥有电冰箱对农户而言都是奢望，一方面中国电冰箱行业发展起步较晚，生产成本较高，产品供应较少；另一方面农户收入较低，尚处于解决温饱问题的阶段，电冰箱的价格是一般老百姓所不能接受的。另外，传统农户的生活方式与城里人不同，剩菜剩饭有家养猫狗鸡猪等处理，果蔬直接到田野摘取，肉类等很少食用，电冰箱的需求程度自然有限。但随着农村经济的发展，尤其是食品消费的商品化和货币化程度的大幅提高，农民生活方式向城市看齐，肉类、鱼虾、奶类等高品质食品消费日益增多，冰箱日益成为农村居民生活的必需品。当然，次贷危机以来国家出台的“家电下乡”等财政支持政策也刺激了农村居民对耐用家电产品的消费。

10.2.3　“世纪型”耐用品消费

我们将空调、微波炉、电饭煲以及热水器等部分耐用消费品划分为“世纪型”消费品是因为进入 21 世纪后这部分消费品快速普及，且普及面扩展非常迅速。就空调而言（表 10-5），浙江农户空调拥有量在进入 21 世纪后呈快速上升趋势，百户拥有量由 2003 年的 31.20 台上升至 2010 年的 108.22 台，首次达到了户均一台，相比 2003 年增长了 2.47 倍，再经过 8 年的发展到 2018 年上升到 184.71 台，相比 2010 年增加了 70.68%，相比 2003 年则增加了 4.92 倍。可见，目前空调对于浙江农民而言早已不是什么耐用奢侈消费品了，而正在成为一种必需消费品。空调拥有量的大幅上升主要有以下两个方面的原因：第一，全球气候变暖，空调在夏季已成为人民避暑的重要利器；第二，空调生产技术的进步使其成本不断下降，且能耗不断下降，确保了农户家庭既能“买得起又能用得起”。

从空调普及程度上看（表 10-5），在 2003 年，没有空调的农户比例高达 77.00%，拥有 1 台的农户占 17.60%，拥有 2 台的农户仅占 3.60%，拥有 3 台及以上的农户仅占 1.80%；经过 10 年的发展，到 2013 年，没有空调的农户比例已大幅下降到 29.38%，拥有 1 台的农户升至 32.19%，拥有 2 台的农户有 21.93%，拥有 3 台及以上的农户占 16.50%，分别相比 2003 年下降了 47.62 个百分点，上升了 14.59 个、18.33 个和 14.70 个百分点；再经过 5 年的发展，到 2018 年，没有空调的农户比例进一步下降到19.32%，拥有1台的农户占比上升至30.78%，拥有2台的农户占比上升至24.95%，拥有3台及以上的农户有24.95%，相比2013年分别下降了10.06个、1.41个百分点以及上升了3.02个、8.45个百分点。

表10－5　浙江十村农户家庭空调、微波炉百户拥有量及各拥有水平的农户分布变化

年份	百户拥有空调（台）	百户拥有微波炉（台）	空调各拥有水平的农户分布（%）				微波炉各拥有水平的农户分布（%）		
			0	1台	2台	3台+	0	1台	2台+
2003	31.20	9.80	77.00	17.60	3.60	1.80	90.20	9.80	0
2004	40.60	11.20	71.20	21.80	4.80	2.20	88.80	11.20	0
2005	54.89	15.37	65.47	23.55	6.39	4.59	85.03	14.57	0.40
2006	63.60	17.60	61.00	25.60	7.60	5.80	83.00	16.40	0.60
2007	77.94	22.27	53.64	29.76	8.50	8.10	78.74	20.24	1.01
2008	87.63	25.96	48.88	32.66	9.33	9.13	75.25	23.53	1.22
2009	94.40	29.40	44.00	35.00	10.80	10.20	71.80	27.00	1.20
2010	108.22	35.07	40.28	34.27	12.83	12.63	68.34	28.66	3.01
2011	120.24	36.27	34.47	33.47	18.04	14.03	66.33	31.06	2.61
2012	126.71	40.96	32.53	32.13	21.29	14.06	61.24	36.75	2.01
2013	137.83	42.05	29.38	32.19	21.93	16.50	60.16	37.63	2.21
2014	147.79	46.99	27.91	31.73	21.49	18.88	58.43	38.15	3.41
2015	155.73	46.28	24.75	31.59	23.74	19.92	56.74	40.24	3.02
2016	175.96	48.69	22.22	30.71	24.85	22.22	55.96	40.40	3.64
2017	181.05	48.79	19.96	30.65	25.00	24.40	55.44	40.73	3.83
2018	184.71	52.52	19.32	30.78	24.95	24.95	52.52	43.66	3.82

就微波炉的消费看（表10－5），21世纪之初微波炉的消费量还较低，在2003年百户拥有量仅为9.80台；经过10年的发展，到2013年，百户拥有量大幅上升至42.05台，相比2003年增长了3.29倍；再经过5年发展，到2018年，百户拥有量进一步上升至52.52台，相比2013年增长了24.90%。从微波炉普及程度上看，其普及程度还不及空调。在2003年，没有微波炉的农户比例高达90.20%，拥有1台的农户不足10%，仅为9.80%，拥有2台及以上的农户为零；经过10年发展，到2013年，没有微波炉的农户比例下降至60.16%，拥有1台的农户占比上升至37.63%，并且出现了拥有2台及以上的农户，这一比例为2.21%；再经过5年发展，到2018年，没有微波炉的农户

比例继续下降至 52.52%，拥有 1 台的农户占比继续上升至 43.66%，拥有 2 台及以上的农户增加到 3.82%。微波炉的使用是生活便利化和现代化的标志之一，但在浙江微波炉的普及程度较冰箱、洗衣机等家电要低很多，微波炉的消费市场在农村还有巨大潜力和空间。

从表 10－6 中可以看出，观察期内，“世纪型”耐用品中的热水器和电饭煲拥有量和普及程度呈快速上升趋势，百户拥有量分别从有记录的 2003 年的 30.00 台和 57.90 台上升至 2018 年的 100.80 台和 124.35 台，分别增长了 2.36 倍和 1.15 倍。伴随热水器和电饭煲拥有量的快速增加，其普及程度也得到了大幅提高，热水器的普及程度从 2003 年的 28.20%上升至 2018 年的 83.50%，电饭煲的普及程度从 2003 年的 54.60%上升至 2018 年的 96.58%。相较而言，电饭煲的普及程度显著高于热水器，这也是农户家庭非农化的显著体现，有助于进一步解放农村妇女的劳动力。

表 10－6　浙江十村农户家庭热水器、电饭煲百户拥有量及各拥有水平的农户分布变化

年份	百户拥有热水器（台）	热水器各拥有水平的农户分布（%）			百户拥有电饭煲（台）	电饭煲各拥有水平的农户分布（%）		
		0	1 台	2 台+		0	1 台	2 台+
2003	30.00	71.80	26.60	1.60	57.90	45.40	51.60	3.00
2004	36.20	65.60	32.60	1.80	75.40	30.20	64.60	5.20
2005	43.71	59.08	38.32	2.59	85.63	22.16	70.86	6.99
2006	48.40	54.60	42.60	2.80	90.80	19.80	70.40	9.60
2007	57.29	47.17	48.99	3.85	95.95	14.98	75.10	9.92
2008	60.65	44.42	51.32	4.26	100.00	14.00	73.63	12.37
2009	70.00	36.40	57.80	5.80	104.60	10.80	75.40	13.80
2010	75.55	34.87	57.31	7.82	108.62	10.02	73.35	16.63
2011	74.95	33.07	59.92	7.01	110.42	8.22	76.75	15.03
2012	80.72	27.91	63.86	8.23	114.46	6.02	75.90	18.07
2013	82.29	26.36	65.79	7.85	115.09	8.05	71.63	20.32
2014	89.16	22.29	69.28	8.43	116.89	7.43	70.68	21.69
2015	89.34	20.52	70.62	8.85	122.13	5.63	70.22	24.14
2016	96.57	18.59	70.51	10.91	123.84	6.26	67.68	26.06
2017	100.40	18.55	67.74	13.71	128.83	5.65	65.93	28.43
2018	100.80	16.50	71.23	12.27	124.35	3.42	72.03	24.55

10.2.4 “奢侈型”耐用品消费

我们之所以把计算机、小汽车、摩托车等这一类消费品定义为“奢侈型”消费品，一个重要的原因就是这些商品一般价值较高或需要一定的能力才能驾驭，如计算机的拥有和使用。曾经，计算机是高学历、高素质人才的专用工具，但随着半导体材料生产技术的进步，计算机生产成本快速下降，价格的平民化和使用的“傻瓜化”，以及互联网技术的普及和推广，使计算机开始进入寻常百姓家。

从对浙江十村农户家庭的观察情况看（表 10－7），农户家庭拥有计算机的数量及其普及程度均快速增长，百户拥有计算机数量在 2003 年仅为 9.60 台，但到 2018 年猛增至 72.03 台，增长了 6.50 倍，在所有耐用消费品中增长最快。随着计算机拥有量的爆发式增长，其普及程度也呈直线上升趋势，已由 2003 年的 9.00%上升至 2018 年的 57.75%。可见，随着互联网技术和服务的普及，已改变城市人生产生活方式的计算机势必也会改变农村老百姓的生产生活方式，尤其是在浙江，各类“淘宝村”的诞生加速了这一过程。

表 10－7　浙江十村农户家庭“奢侈型”耐用品百户拥有量、各拥有水平的农户分布及普及情况

年份	百户拥有摩托车（辆）	摩托车各拥有水平的农户分布（%）			百户拥有小汽车（辆）	小汽车普及程度（%）	百户拥有计算机（台）	计算机普及程度（%）
		0	1 辆	2 辆+				
2003	41.60	64.40	30.40	5.20	6.80	6.20	9.60	9.00
2004	42.80	63.80	30.60	5.60	7.60	6.40	14.80	12.20
2005	47.50	60.88	32.14	6.99	9.38	7.98	19.96	17.17
2006	48.40	60.20	32.80	7.00	11.60	9.80	23.60	20.40
2007	54.05	57.09	33.60	9.31	14.98	12.75	26.32	23.89
2008	53.75	57.40	33.27	9.33	16.63	14.00	29.01	26.37
2009	56.20	56.00	33.40	10.60	18.20	15.60	42.20	34.40
2010	61.92	54.51	31.46	14.03	26.65	20.44	50.50	40.48
2011	66.13	54.31	30.06	15.63	27.45	22.85	64.13	47.49

（续）

年份	百户拥有摩托车（辆）	摩托车各拥有水平的农户分布（%）			百户拥有小汽车（辆）	小汽车普及程度（%）	百户拥有计算机（台）	计算机普及程度（%）
		0	1 辆	2 辆＋				
2012	67.47	54.02	30.32	15.66	28.31	24.10	66.47	52.01
2013	68.41	55.53	27.57	16.90	34.00	28.17	69.82	52.72
2014	68.67	55.42	28.11	16.47	38.15	31.93	72.69	54.02
2015	67.20	55.94	28.37	15.69	47.69	35.01	71.03	56.14
2016	70.10	54.75	28.48	16.77	50.10	38.79	72.32	56.77
2017	69.15	55.65	27.22	17.14	50.81	39.11	74.19	58.06
2018	63.18	59.36	26.16	14.49	51.51	40.64	72.03	57.75

随着时代的发展，人类社会的交通工具也发生了重大变化，农村社会的交通由基本靠走，到依靠自行车，再到依靠机动化的摩托车、小汽车，一步一步从传统到现代化转型升级。随着人们交流活动半径的扩大，越来越需要安全、可靠、高效的代步工具，摩托车对自行车的取代就应运而生。尽管在摩托车诞生之初，价格还较昂贵，普通老百姓还较难以消费得起，但随着技术的发展，其成本逐渐走低，曾经摩托车是许多农村婚娶必备的嫁妆。从对浙江十村农户的观察情况看（表 10－7），摩托车的百户拥有量已由 2003 年的 41.60 辆上升至 2018 年的 63.18 辆。从摩托车各户均拥有水平的农户分布上看，没有摩托车的农户比例呈先降后升的“U”形走势，由 2003 年的 64.40%降至 2012 年的 54.02%，为观察期以来的最低点，之后开始缓慢上升，到 2018 年升至 59.36%；拥有 1 辆的农户占比呈缓慢下降走势，由 2003 年的 30.40%降至 2018 年的 26.16%，整个观察期内仅下降了 4.24 个百分点；拥有 2 辆及上的农户占比呈上升趋势，由 2003 年的 5.20%上升至 2018 年的 14.49%。

汽车是现代工业化的产物，在发达国家，汽车是基本的代步工具，而对于中国人来说拥有小汽车曾是一个梦想。尽管随着中国汽车工业的发展，小汽车的私人购买比例逐步提升，但对于中国农村老百姓而言拥有小汽车仍是一个不小的奋斗目标。从浙江农村看，农户家庭拥有小汽车的数量和普及率虽然较城市而言还不高，但其发展速度不容忽视，百户拥有量已由 2003 年的 6.80 辆上升至 2018 年的 51.51 辆。随着拥有量的快速上升，其普及率也呈快速上升趋势，由 2003 年 6.20%大幅上升至 2018 年的 40.64%，在整个观察期内上升了 34.44 个百分点。当然，小汽车在农村的快速普及与 2009 年政府出台小排量汽车购置税减免政策有关，2009 年“汽车下乡”政策施行后浙江农户家庭汽车拥有量和普及程度均出现显著提高，说明这一政策契合了农户需求，产生了巨大的消费效用。正是由于小汽车的快速普及，导致了自行车拥有量和普及程度的大幅下降，也抑制了摩托车的进一步普及。

10.2.5 “联动型”耐用品消费

在耐用品消费中，有些商品尽管本身价值不高，但存在明显的附加消费，诸如移动电话与电话费，所以我们将这些商品定义为“联动型”耐用消费品。从表 10-8 中可以看出，随着时间的推移，浙江农户家庭“联动型”耐用消费品的拥有量呈上升趋势，特别是移动电话上升幅度最大，百户拥有量由 2003 年的 102.00 部上升至 2018 年的 251.71 部，16 年增长了 1.47 倍。从年度变化上看，移动电话百户拥有量增速呈先快后慢走势，尤其是近年来增速明显放缓，大有饱和趋势。随着移动电话爆发式增长，其普及程度也呈现快速上升趋势，没有移动电话的农户占比已由 2003 年的 35.40%降至 2018 年的 4.83%，拥有 1 部移动电话的农户占比从 2003 年的 38.00%降至 2018 年的 13.28%；与之相对应的是拥有 2 部和 3 部及以上移动电话的农户占比呈大幅上升趋势，其中拥有 2 部的农户占比从 2003 年的 18.00%上升至 2018 年的 35.41%，拥有 3 部及以上的农户从 2003 年的 8.60%猛增至 2018 年的 46.48%。与此同时，固定电话拥有量呈现大幅下降趋势，百户拥有量由 2003 年的 87.00 部下降到 2018 年的 47.89 部。具体看，百户拥有固话量呈先增后降的走势，从 2003 年的 87.00 部上升至 2007 年的 104.45 部，为观察期最高值，达到户均 1 部的水平，但早期固话安装具有垄断性且初装费高昂，加之后来移动通信技术普及，行业竞争加剧，故后期固话百户拥有量呈大幅下降走势，到 2018 年降至 47.89 部，比 2007 年减少了一半还多。从普及程度上看，没有固话的农户比例呈先降后升趋势，从 2003 年的 21.80%降至 2007 年的

13.36%，之后持续升至 2018 年的 57.55%，即一半以上的农户没有固话；拥有 1 部固话的农户占比呈下降走势，从 2003 年的 70.60%下降至 2018 年的 37.83%；拥有 2 部及以上固话的农户占比呈先升后降走势，从 2003 年的 7.60%上升至 2005 年的 16.97%，为观察期内最大值，之后开始波动下降，到 2018 年降至 4.63%，为观察期内最低点。从移动电话和固话的拥有量和普及程度变化看，两者之间呈现典型的相互替代性，随着 5G 时代的来临，固话拥有量和普及程度还将继续下降，直到慢慢退出历史舞台。

表 10－8　浙江十村农户家庭固话和移动电话百户拥有量及各拥有水平的农户分布情况

年份	百户拥有固话（台）	固话各拥有水平的农户分布（%）			百户拥有移动电话（部）	移动电话各拥有水平的农户分布（%）			
		0	1 台	2 台+		0	1 台	2 台	3 台+
2003	87.00	21.80	70.60	7.60	102.00	35.40	38.00	18.00	8.60
2004	92.00	18.20	73.80	8.00	115.80	30.40	36.00	23.60	10.00
2005	104.59	14.77	68.26	16.97	130.74	25.55	35.13	26.15	13.17
2006	101.00	14.40	72.80	12.80	147.20	20.60	34.80	27.20	17.40
2007	104.45	13.36	73.48	13.16	163.97	15.99	31.98	31.17	20.85
2008	103.85	15.42	70.79	13.79	176.67	16.43	25.76	31.64	26.17
2009	95.40	20.00	66.40	13.60	194.20	14.00	20.40	34.40	31.20
2010	99.40	20.84	65.53	13.63	206.21	11.42	19.24	33.27	36.07
2011	92.18	23.65	63.53	12.83	220.44	10.42	15.23	34.07	40.28
2012	86.95	26.10	63.05	10.84	223.49	8.03	16.27	35.14	40.56
2013	80.28	29.18	61.97	8.85	234.61	7.85	14.89	32.80	44.47
2014	73.90	35.14	56.63	8.23	238.96	7.23	13.05	34.14	45.58
2015	74.04	39.84	52.52	7.65	246.48	5.63	14.29	31.79	48.29
2016	62.22	45.05	47.88	7.07	251.31	5.66	13.54	31.72	49.09
2017	60.69	48.79	43.15	8.06	251.01	5.24	13.71	33.47	47.58
2018	47.89	57.55	37.83	4.63	251.71	4.83	13.28	35.41	46.48

就“联动型”耐用消费品照相机和录像机的拥有水平和普及程度看（表 10－9），在整个跟踪观察期内，百户拥有照相机量呈“∩”形上升趋势，录像机百户拥有量呈下降走势。就照相机而言，百户拥有量从 2003

年的13.20台上升至2015年的23.14台，为观察期最高点，随后开始下降，到2018年降至17.91台，但相比2003年仍然增长了35.68%。就录像机而言，百户录像机拥有量从2003年的14.00台持续下降至2018年的6.64台，下降了52.57%。从照相机和录像机的普及度程度上看，照相机普及程度与拥有量走势相似，也呈“∩”形上升趋势，从2003年的12.00%上升至2010年的19.64%，为整个观察期最高点，之后逐渐回落，到2018年降至15.49%；录像机普及程度与其百户拥有量走势相似，均随时间推移呈下降走势，由2003年的12.80%下降至2018年的6.04%。在21世纪初，照相机和录像机对农民而言或许算是奢侈品，但随着智能手机的问世与普及，特别是国产高端智能手机价格的平民化，让功能单一的照相机逐渐失去往日辉煌，正是智能手机的普及，严重抑制了人们对照相机和录像机的消费和其普及程度的提高。

表10-9　浙江十村农户家庭照相机、录像机百户拥有量及各拥有水平的农户分布情况

年份	百户拥有照相机（台）	照相机各拥有水平的农户分布（%）		百户拥有录像机（台）	录像机各拥有水平的农户分布（%）	
		0	1台+		0	1台+
2003	13.20	88.00	12.00	14.00	87.20	12.80
2004	15.20	86.40	13.60	14.40	86.60	13.40
2005	14.77	86.23	13.77	12.77	88.42	11.58
2006	17.40	85.00	15.00	13.80	87.40	12.60
2007	20.24	83.81	16.19	14.17	87.04	12.96
2008	19.07	82.76	17.24	14.40	89.86	12.17
2009	21.60	82.00	18.00	11.20	89.40	10.60
2010	22.85	80.36	19.64	11.82	88.78	11.22
2011	21.64	81.16	18.84	10.82	89.98	10.02
2012	22.09	80.72	19.28	8.63	91.77	8.23
2013	20.12	81.49	18.51	9.26	91.15	8.85
2014	21.08	82.13	17.87	8.03	92.17	7.83
2015	23.14	81.89	18.11	7.04	93.36	6.64
2016	20.00	82.83	17.17	8.69	93.33	6.67
2017	20.56	82.46	17.54	7.06	93.15	6.85
2018	17.91	84.51	15.49	6.64	93.96	6.04

10.3　生活居住条件

10.3.1　住房消费

随着农户家庭生活由温饱型向小康型转变，住房消费目标也从生存向享受转变，因此住房消费便成了农户家庭消费的重要内容。住房消费水平和质量直接体现了农户生活水平的高低。本章从住房消费的数量和质量两个方面加以分析。

10.3.1.1　住房水平

从表 10－10 中可以看出，在整个观察期内，浙江十村农户家庭住房水平呈一种稳定上升趋势，人均住房面积由观察期初的 64.43 平方米上升至 2018 年的 91.33 平方米，16 年增长了 41.75%。从时间变化趋势看，住房面积改善与农业支持政策和农户收入增长紧密相关，每当农户收入增长快时，住房面积增速也较快。具体而言，在 2003—2006 年，中央政府实施农村税费改革和农业补贴政策，农户收入增长较快，这一阶段人均住房面积从 64.43 平方米上升至 73.04 平方米，增长了 13.36%；2007—2009 年受次贷危机的影响，大批私营企业倒闭，大量农民工失业重新回到农村，农户收入增长放缓，人均住房面积徘徊不前，到 2009 年降至 70.52 平方米；2010 年国家开始实施统筹城乡发展战略，健全了强农惠农政策体系，人均住房面积再次步入增长阶段，到 2014 年增加到 88.58 平方米；随着中国经济增速放缓，经济下行压力增加，人均住房面积再次回落，到 2017 年降至 85.42 平方米，2018 年反弹到 91.33 平方米，创出观察以来的最高值。

表 10－10　浙江十村农户家庭住房条件及其变化

年份	人均住房面积（平方米）	各住房结构农户占比（%）			各住房类型农户占比（%）		
		钢筋混凝土	砖木	其他	楼房	砖瓦房	其他
2003	64.43	72.28	23.22	4.51	91.97	5.49	2.54
2004	65.25	72.81	22.51	4.68	91.43	5.87	2.70
2005	67.77	77.63	18.04	4.33	93.12	4.58	2.30

（续）

年份	人均住房面积（平方米）	各住房结构农户占比（%）			各住房类型农户占比（%）		
		钢筋混凝土	砖木	其他	楼房	砖瓦房	其他
2006	73.04	78.65	17.58	3.77	93.25	4.50	2.24
2007	70.96	79.09	17.41	3.51	92.85	4.61	2.54
2008	70.42	81.06	15.76	3.18	93.46	4.21	2.34
2009	70.52	82.48	14.65	2.87	93.46	4.30	2.24
2010	74.73	82.77	14.57	2.66	93.36	4.44	2.20
2011	75.88	82.88	14.02	3.10	93.38	4.95	1.66
2012	80.09	82.82	13.63	3.55	92.82	4.91	2.27
2013	81.91	81.50	14.18	4.32	90.97	4.77	4.26
2014	88.58	82.77	13.00	4.23	91.11	4.78	4.11
2015	85.39	82.42	13.26	4.32	91.36	4.53	4.10
2016	85.52	83.59	12.74	3.68	93.87	3.87	2.26
2017	85.42	84.65	12.34	3.01	93.73	3.63	2.65
2018	91.33	85.46	12.02	2.52	93.47	3.85	2.68

10.3.1.2 住房结构和类型

随着经济的发展，农户家庭住房条件得到了明显的改善，这不仅体现在人均住房面积增加上，还体现在住房结构和类型的变化上。在住房结构上，随着现代化、工业化造房运动的兴起，浙江农户家庭住房以钢筋混凝土结构为主，且其主体地位呈强化趋势，其占比从 2003 年的 72.28%增加到 2018 年的 85.46%，16 年增加了 13.19 个百分点。传统砖木结构占比呈显著下降趋势，由 2003 年的 23.22%下降至 2018 年的 12.02%，下降了 11.20 个百分点；其他住房结构占比较小，且随时间推移呈小幅下降趋势，由 2003 年的 4.51%降至 2018 年的 2.52%，整个观察期内仅下降了约 2 个百分点。显然，随着时代的发展，农村传统砖木结构的住房逐渐被钢筋混凝土结构住房所取代，这也是农村住房建造成本大幅上升的原因之一。

在住房类型上，楼房是浙江农户家庭住房类型的绝对主体，在整个观察期内楼房占比都处于 90%以上。砖瓦房占比自有记录的 2003 年的

5.49%微降至 2018 年的 3.85%，16 年只下降了 1.64 个百分点。其他类型的住房占比在整个观察期内一直处于微不足道的地位（表 10－10）。

10.3.1.3　住房水平的分布

从图 10－10 中可以看出，农户家庭人均住房面积水平分布随着时间的推移呈现如下变化：人均住房面积不足 30 平方米的小面积户大幅减少，16 年减少了 12.14 个百分点；人均住房面积在 30～50 平方米的农户呈缓降走势，16 年下降了 5.09 个百分点；人均住房面积在 50～70 平方米和 70～90 平方米的农户占比保持相对稳定，整个观察期内分别下降了 0.09 个和 1.31 个百分点；而人均住房面积 90 平方米以上的大面积户占比呈大幅上升趋势，由 2003 年的 20.60%上升至 2018 年的 39.24%，增加了 18.64 个百分点。

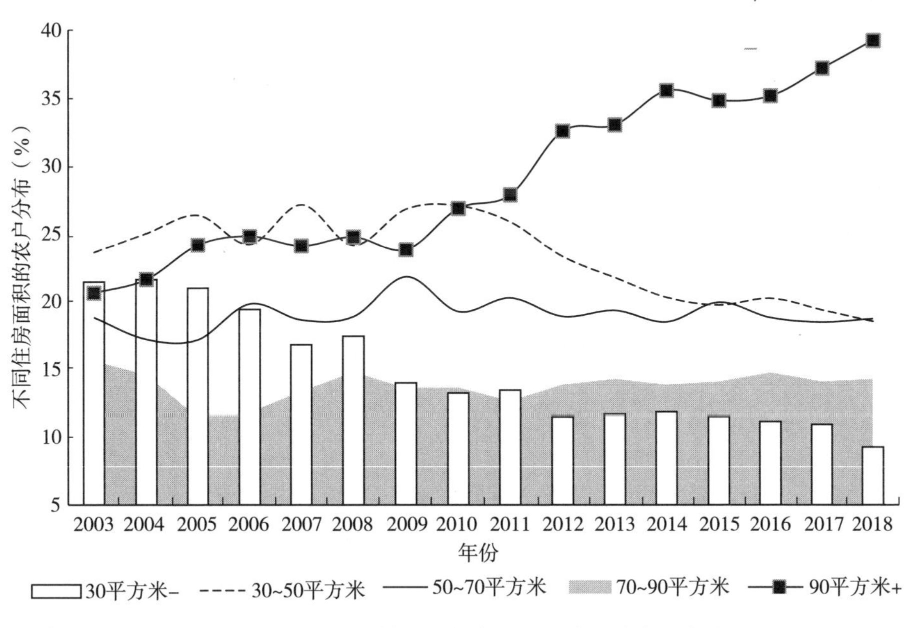

图 10－10　浙江十村不同住房面积的农户分布及变化

观察期内，浙江农户人均住房面积最集中分布的区间是 90 平方米以上，其集中度在 2018 年高达 39.24%，同年，人均住房面积不足 30 平方米的农户仅有 9.26%，人均住房面积在 30～50 平方米和 50～70 平方米的农户占比旗鼓相当，分别占 18.51%和 18.71%，人均住房面积在 70～90

平方米的农户占比为14.29%。从不同住房面积的农户分布看，浙江农户家庭住房面积已发生了质的变化，集中度最高的区间由观察初期的30～50平方米转移到90平方米以上，小面积户占比大幅减少。由此可见，随着浙江农村经济的发展，在住房消费上，不仅住房类型和结构有了明显的变化，而且住房面积也有质的变化，传统砖木结构的小户型住房已经被钢筋混凝土结构的大面积户住房所替代。

10.3.2 居住条件

随着农村经济的发展，农户家庭生活水平和质量的提高是多方面的，不仅体现在衣食住行的消费水平上，还体现在衣食住行的消费质量上，特别是居住条件的改善，如如厕条件、电的消费、饮水情况、取暖设施以及燃料使用等。就如厕条件看（表10-11），随着居住条件的改善，浙江农户家庭室内如厕占绝对主体地位，且其地位随时间推移呈强化趋势，其占比由2004年的67.48%上升至2018年的96.69%，室内如厕接近完全普及的程度。室外如厕占比呈明显下降趋势，由2004年的23.37%大幅降至2018年的2.69%。公厕如厕和无厕所占比分别从观察初的4.27%和4.88%下降至2018年的0.62%和0。从照明的普及情况看，在浙江农村，照明早在21世纪初就得到了全面普及，油灯时代彻底成为历史。

在饮用水方面，自来水是主体，且其占比呈逐年上升趋势，由2004年的75.61%上升至2018年的100%，实现了自来水全面普及。2004年，虽然仍有23.99%的农户饮用深、浅井水，但随着政府加大对农村基础设施的投资力度，这部分农户也逐渐摆脱了“不安全饮水”的困局，饮用深、浅井水的农户分别于2018年和2012年全部接入自来水。

表10-11 浙江十村农户家庭生活居住条件（a）

单位：%

年份	如厕条件				照明普及程度	饮水情况			
	室内	室外	公厕	无厕所		自来水	深井水	浅井水	江河湖
2004	67.48	23.37	4.27	4.88	99.59	75.61	13.62	10.37	0.41
2005	73.82	20.45	2.04	3.68	99.39	75.26	14.11	10.43	0.2

（续）

年份	如厕条件				照明普及程度	饮水情况			
	室内	室外	公厕	无厕所		自来水	深井水	浅井水	江河湖
2006	77.24	18.29	0.81	3.66	99.6	75.65	14.29	10.06	0
2007	76.39	19.51	0.82	3.29	100	83.78	14.58	1.64	0
2008	81.37	15.32	0.83	2.48	100	85.92	13.46	0.62	0
2009	85.63	12.32	0.62	1.44	99.59	83.37	16.22	0.41	0
2010	87.3	10.86	0.61	1.23	99.8	94.27	5.52	0.2	0
2011	88.82	9.35	0.61	1.22	99.8	94.09	5.7	0.2	0
2012	89.84	8.54	0.61	1.02	100	98.17	1.83	0	0
2013	92.31	6.28	0.4	1.01	100	98.18	1.82	0	0
2014	94.48	4.5	0.2	0.82	100	97.96	2.04	0	0
2015	94.74	4.45	0.4	0.4	100	98.79	1.21	0	0
2016	95.71	3.68	0.2	0.41	99.8	98.77	1.23	0	0
2017	96.95	2.65	0.2	0.2	100	99.39	0.61	0	0
2018	96.69	2.69	0.62	0	99.79	100	0	0	0

注：2003 年数据缺失。

在取暖设施方面，浙江地处东南沿海，取暖主要依靠空调，且其主体地位随时间推移呈强化趋势。从表 10－12 中可以看出，空调占比从观察初期 2004 年的 25.41%上升至 2018 年的 70.81%；暖气、火坑、火炉等取暖设备占比呈下降趋势，总占比由 2004 年的 12.40%下降到 2018 年的 6.21%；无取暖设备的农户占比下降幅度更大，由 2004 年的 62.20%下降至 2018 年的 22.98%，15 年间减少了 39.21 个百分点。

在生活燃料使用上，煤气和液化气是浙江农户家庭能源消费的绝对主体，且其主体地位随时间推移呈强化趋势。具体而言，选择煤气和液化气的农户占比从 2004 年的 79.27%上升至 2018 年的 96.06%，煤气和液化气已接近全面普及的程度。由于农户家庭生产和生活的“去农化”，曾经大力推广的可再生清洁能源沼气推广也面临极大的困难，占比一直较少，占比最高的年份也仅有 1.44%（2009 年），2018 年直接降到零。柴草作为农村传统的主要燃料已经开始慢慢被煤气、液化气以及电能所取代，主要使用柴草作为燃料的农户占比已由 2004 年的 18.09%大幅下降至 2018 年的 3.11%。煤炭和其他燃料在整个观察期内均处于微不足道的位置，这与浙江地处沿海，冬季不需要大力取暖相关。

就互联网普及程度看，进入 21 世纪以来，电子商务、移动支付等快速发展，互联网也开始快速进入农家，互联网普及率自有记录的 2009 年的 34.93%大幅上升至 2018 年的 63.07%，在短短的 10 年中增加了近 30 个百分点。近年来，尽管浙江农村互联网普及程度得到了大幅提高，但相比城市来说还有较大上升空间，这可能与农村农民的文化素质水平有关，毕竟使用计算机需要一定的文化知识，互联网的普及程度与计算机的普及程度相当，且二者相互制约。

表 10-12　浙江十村农户家庭生活居住条件（b）

单位：%

年份	各取暖设备占比					各类燃料占比					互联网普及率
	空调	暖气	火坑	火炉	无取暖设备	煤气和液化气	沼气	煤炭	柴草	其他	
2004	25.41	0.81	2.85	8.74	62.20	79.27	0.20	1.83	18.09	0.61	—
2005	32.31	0.20	1.43	9.41	56.65	83.16	0.00	0.82	15.20	0.82	—
2006	35.94	0.20	2.01	8.23	53.61	85.14	0.00	0.20	13.86	0.80	—
2007	42.30	0.00	0.41	8.62	48.67	85.60	0.00	0.82	13.17	0.41	—
2008	49.07	0.21	0.62	8.70	41.41	81.16	0.62	0.00	17.18	1.04	—
2009	52.88	0.41	2.88	5.35	38.48	83.95	1.44	0.21	13.17	1.23	34.93
2010	56.06	0.21	2.05	6.98	34.70	84.84	1.23	0.00	11.89	2.05	38.49
2011	56.30	0.41	5.08	3.46	34.76	87.40	1.22	0.00	9.15	2.24	45.62
2012	59.96	0.41	1.42	7.52	30.69	90.20	0.82	0.00	8.16	0.82	50.20
2013	62.63	0.20	0.81	8.28	28.08	92.32	1.21	0.00	6.06	0.40	52.36
2014	64.01	0.20	0.82	7.16	27.81	93.44	0.20	0.00	5.94	0.41	54.53
2015	66.40	0.20	0.20	7.29	25.91	92.51	0.61	0.00	6.28	0.61	55.38
2016	68.24	0.41	0.00	7.79	23.57	93.92	0.63	0.00	5.03	0.42	56.03
2017	70.96	0.20	0.20	5.52	23.11	93.85	0.61	0.00	4.71	0.82	61.22
2018	70.81	0.00	1.45	4.76	22.98	96.06	0.00	0.00	3.11	0.83	63.07

注：2003 年数据缺失；互联网接入指标的调查从 2009 年开始。

综上，进入 21 世纪以来，农村居民的如厕条件得到了极大改善，农村居民从意识上已完全接受了室内如厕这一“现代文明”的产物，饮用水、照明以及炊事用能等生活居住条件正在以前所未有的速度趋同于城市居民，农村居民与城市居民居住条件的差距不断缩小。

10.4　小结

民以食为天，食品消费是维持人类生存和繁衍的前提。食品属于经济学上的必需品，理论上讲弹性较小，但随着时代的变迁，食品消费种类和结构已发生巨大变化，主要表现在：原粮消费日趋减少，绝大多数农户家庭粮食消费依赖市场解决。随着生活水平的提高，食用油消费量增加，但消费结构正在发生变化，植物油的消费份额逐渐上升，动物油的消费份额不断下降。代表高品质食品的肉类、鱼虾、禽肉和禽蛋等的消费量呈大幅上升趋势，部分取代了果蔬的消费；在肉类消费结构中，随着农户收入的增长，牛肉因营养价值丰富而逐渐被农民接受，部分替代了猪肉消费。进入 21 世纪后，由于果蔬价格的持续上涨，导致农户家庭果蔬消费量减少。随着调味料的不断丰富，农户的食糖消费量呈逐年减少趋势。

在耐用品消费方面，“传统型”的消费品，如缝纫机和自行车等逐渐退出历史舞台，而大型家具的消费结构更加优化；“开放型”耐用消费品（如彩电、洗衣机、电冰箱等）和“世纪型”耐用消费品（如空调等）的消费呈现出普及态势，且与农户的个性化偏好和实际需要越来越趋向一致，尽管“开放型”和“世纪型”耐用消费品的普及程度都较高，但仍存在升级的空间，在满足农民需求的消费减税、补贴的条件下，农村消费市场还有较大提升空间，尤其是契合农户“买得起用得起”需求的耐用品消费市场；“奢侈型”耐用品（如汽车、计算机等）和“联动型”耐用品（如移动电话等）的消费呈快速增长态势，特别是随着农户收入的提高以及国家出台“汽车下乡”政策后，农民离自己的汽车梦越来越近了。

在住房方面，随着农村经济的发展、人们生活水平的提高，浙江农户家庭不仅住房面积得到了扩大，而且住房结构和类型得到了明显改善，传统砖木结构的小户型住房已经被钢筋混凝土结构的大面积住房所取代。在生活居住条件改善方面，浙江农户家庭生活条件改善的“城市化”倾向日益明显，如厕、照明、饮用水条件以及燃料消费等与城镇居民无异，其他方面也正在以前所未有的速度趋同于城市居民，与城市居民居住条件的差距不断缩小。

参考文献

李崇光，宋长鸣，2016. 蔬菜水果产品价格波动与调控政策［J］. 农业经济问题（2）：17－24.

后　记

在从最初调研到撰写完稿的过程中，我们受到了来自多方的真诚帮助和关爱。没有他们的倾力支持，本书无法顺利完成。这些善意的扶持，虽无偿，但却最无价，千金难换，特在此一一感谢。

首先感谢全国农村固定观察点办公室和浙江省农业农村厅发展规划处及基层县（市区）观察点办诸位领导、同仁的全力支持。2003 年以来，启用新版观察表，虽说基本定型，但不时有微小变更和调整，让我们在数据梳理、分析时，还是需要经常打扰他们，观察点的同志们在问卷说明、数据使用上给予了我们毫无保留的鼎力支持与协助，对此特别感谢。

为了有更切实的了解和认识，2018 年 7 月起，我们陆续去金华金东区石板堰村、丽水莲都区河边村等几个观察点进行实地考察，考察过程得到省县村观察点同仁们的全力配合、协调帮助，详细周到安排以及全程陪同进村、入户、走访，极大地方便了我们的考察行动并提升了考察效率。各观察点村的村民，不管是村主任等村级领导，还是访户，都对我们热情接待、耐心畅聊，使得几次实地走访都顺利、圆满完成。从根本上来说，本书赖以完成的基础便是十几年来观察农户成员们持久的一点一滴的原始记录、各级管理部门工作人员认真负责的整理统筹，从这个意义上讲，我们都是这本书的作者，为这个高速发展的激荡时代下浙江农户的奋斗痕迹留下一笔记录，供之后回顾总结。虽然无法在此将给予我们支持的每个人的名字一一列出，但他们的行为我们在心中时刻感念、铭记不忘，对此表示诚挚的感谢！

其次感谢上海交通大学安泰经济与管理学院一直以来的培养、呵护，给予高度自由的研究空间以及为本书出版提供资金支持，这是我们长期以来能潜心、专注“三农”领域研究的强大的后盾。安泰是经济、管理二合一的综合学院，有诸多优秀的教研师长、前辈和同事，涉及的研究领域也横跨社会、经济的方方面面，虽然有系别之分，但学院对个体研究方向少有过多细致的干预。在“高大上”的国际化大都市中给予一片充分成长的沃土，我们才能安心扎根、做各种“接地气”的研究，这种信赖和支持是十分宝贵和难得的。对此，我们唯有不忘初心，继续脚踏实地、奋蹄前行，才是最好的回报。

最后要特别感谢南京师范大学彭小辉副教授对本书作出的重要贡献。在书稿的完成过程中，彭小辉博士帮助撰写了名义消费和实物消费两章内容的初稿。虽然沿袭之前山西相关专著编纂时的思路，同时考虑任务的综合完成和未来发展，在署名时未作罗列，但有必要在此做出专门说明和致谢。

2022年2月28日

“华村一家”团队已出版专著名录

1. 史清华，1999，《农户经济增长与发展研究》，中国农业出版社。2001 年获浙江省社会科学青年优秀成果一等奖。
2. 史清华，王安庞，申潞玲，2000，《农户消费行为及购买力问题研究》，山西人民出版社。
3. 史清华，等，2001，《山西粮食增长、发展与安全研究》，山西人民出版社。2001 年获山西省科技进步（软科学）二等奖。
4. 史清华，2001，《农户经济活动及行为研究》，中国农业出版社。
5. 贾生华，田传浩，史清华，2003，《中国东部地区农地使用权市场发育模式和政策研究》，中国农业出版社。2004 年获浙江省第十二届哲学社会科学优秀成果二等奖。
6. 史清华，2005，《农户经济可持续发展研究——浙江十村千户变迁（1986—2002）》，中国农业出版社。2008 年获第三届中国农村发展研究奖专著奖；2009 年获第五届教育部人文社会科学优秀成果二等奖。
7. 张改清，2005，《农户投资与农户经济收入增长的关系研究》，中国农业出版社。
8. 史清华，武志刚，程名望，2007，《长三角农家行为变迁（1986—2005）》，上海三联书店。2008 年获上海市第九届哲学社会科学优秀成果三等奖。
9. 张跃华，2007，《需求、福利与制度选择——中国农业保险的理论与实证研究》，中国农业出版社。
10. 史清华，2009，《中国农家行为研究》，中国农业出版社。2011 年入选国家新闻出版总署第三届“三个一百”原创出版工程。2012 年获第六届教育部人文社会科学优秀成果二等奖。2016 年获第六届张培刚发展经济学奖。
11. 史清华，晋洪涛，晋鹏程，2012，《中国农村文化市场发展研究》，中国农业出版社。2012 年国家出版基金资助项目。2014 年获第六届中国农村发展研究奖（专著类）提名奖；2014 年获上海市第十二届哲学社会科学优秀成果二等奖。
12. 程名望，2012，《中国农村劳动力转移：机理、动因与障碍——一个理论框架与实证分析》，同济大学出版社。2008 年获上海市优秀博士论文；2014 年获上海市第十二届哲学社会科学优秀成果一等奖。
13. 晋洪涛，2013，《理性与效率：农户粮食生产行为研究》，中国农业出版社。2014 年获

2013 年度河南省哲学社会科学优秀成果二等奖；2014 年获 2013 年度河南省教育厅人文社会科学研究优秀成果特等奖。

14. 朱喜，2015，《农村信贷配给：成因，影响与对策》，中国农业出版社。
15. 徐翠萍，史清华，2016，《中国农户收入、生产行为与技术效率研究》，中国农业出版社。2013 年获上海市优秀博士论文，2013 年获国家优秀博士论文提名。
16. 张跃华，2017，《农业保险：理论、实证与经验》，中国农业出版社。
17. 彭小辉，王玉琴，史清华，2017，《山西农家行为变迁：1986—2012》，中国农业出版社。2018 年获江苏省第十五届哲学社会科学优秀成果三等奖。
18. 彭小辉，史清华，2018，《制度变迁及其绩效：中国农家行为研究》，中国农业出版社。
19. 袁方，史清华，2019，《农民工福利问题研究》，中国农业出版社。
20. 万广华，史清华等，2019，《中国扶贫理论研究》，中国农业出版社。
21. 张锐，史清华，2019，《农村能源消费的结构升级路径研究》，中国农业出版社。2021 年获浙江省第二十一届哲学社会科学优秀成果二等奖。
22. 盖庆恩，2020，《中国农村劳动力资源配置扭曲及其影响研究》，中国农业出版社。
23. Qinghua Shi，Yan Gao，2020，*Sustainable Development of Rural Household Economy*：*Transition of Ten Villages in Zhejiang*，*China*，*1986-2002*. 上海交通大学出版社和 Springer.